어떤 행동은
나라를 바꾼다

MZ 세대를 위한 공직 세계

공직사회를 바꿔야
대한민국이 날아오른다

어떤 행동은 나라를 바꾼다

김우호
지음

SIGONGSA

이 책을 쓰는 이유

4차 산업혁명 시대! 공직사회는 거대한 변화의 흐름을 맞닥뜨리고 있다. 최근 사회 각 분야에서 디지털 시대로 빠르게 전환하는 흐름과 함께 디지털 네이티브가 사회의 주류로 등장했다. 디지털 시대의 키워드는 '파괴적 혁신'이다. 파괴적이라 함은 예전에 우리가 알고 있던 것이 더 이상 통용되지 않는다는 의미다. 즉, 고도 성장기에 공직사회의 근간을 이루던 계급 관료제와 직업공무원제, 그리고 이를 바탕으로 설계한 채용, 보직관리, 보수, 성과평가 등 기존 공직시스템이 더는 유의미하지 않다는 뜻이다. 따라서 이제 새로운 공직시스템을 준비할 때가 되었다.

우리 사무실에는 40~50대와 20~30대, 전혀 다른 두 세대가 함께 근무하고 있다. 두 세대는 성장 환경도 다르고 가치관이나 사고하는 구조도 완전히 다르다. 기억해야 할 사실은 디지털 시대의 주인은 디지털 세대이고, 베이비붐 세대는 디지털 이민자라는 사실을 인정하고 받아들여야 한다는 점이다. 이제 기존 조직이나 인간관계에서 통용되던 전통적인 권위나 연대의식이 약화될 수밖에 없다. 20~30대 디지털 세대는 계급제와 연공서열, 형식주의를 창살 없는 감옥으로 인식한다.

근무 방식도 재택근무 병행, 시차 출퇴근제 등 유연 근무 제도의 도입이 민간 기업의 일반적인 근무 형태로 자리 잡아가는 시점이다. 재택근무가 기업의 생산성을 해치지 않으면서 개인의 직무 만족도를 높여주고 있다는 뜻이다. 사회가 고도로 발전하면서 수직적인 의사결정보다 공정성과 평등의 가치가 강조되고 개인은 더욱 안정과 행복을 추구하면서 우리 국민의 개인주의 성향이 강해졌다. 이로 인해 공직문화 또한 수평적으로 재구성되었다. 기존 베이비붐 세대 중심으로 운영해 온 공직시스템으로는 이들 디지털 세대를 담을 수 없다. 디지털 세대는 이미 공직사회 전면에 등장했다. 태어난 순간부터 디지털 세상과 함께해 디지털 이전의 시대는 모르는 세대가 사회 구성원이 될 날도 머지않았다. 우리는 시대 변화에 맞춰서 공직시스템을 다시 설계해야만 한다.

우리나라 공직사회의 밑그림은 유교적 유산 속에서 발전해 온 청빈한 관료제를 기반으로 한다. 대한민국 건국 이후에는 급속한 산업화와 민주화를 겪으며 해외 유수의 행정 제도, 도구를 수입하여 활용했고 대한민국의 외형적 성장과 함께 현재 세계 최고 수준의 행정 시스템을 갖추게 되었다. 자화자찬이 아니다. OECD 등 국제기구와 국제사회에서도 우리나라는 수준 높은 정부 운영 조직과 서비스 공급 체계를 지닌 것으로 인정한다.

이처럼 그간 성장을 거듭해 온 정부 관료제는 최근 환경의 변화를 맞닥뜨려 전례 없는 도전을 받고 있다. 환경의 변화는 점점 빨라지고, 국민

어떤 행동은 나라를 바꾼다

의 요구와 눈높이는 나날이 높아져 가는데, 객관적으로 정부가 이에 잘 대응하고 있다고 확답하기 어렵다. 물론 근본적인 문제는 늘 지적되듯이 관료제가 가진 경직성과 수동성이다. 우리 공직사회는 촘촘한 계급과 정원, 예산과 법령에 종속되어 덩치는 크나 정작 주요 현안에는 주저하는 모습이 현주소다. 공직사회는 그저 철밥통 혹은 무사안일이라는 이미지에서 벗어나기가 힘든 것일까. 특히나 코로나19 이후 민간 부문의 위축과 함께 부정적인 시선은 더욱 짙어졌다.

내 30년의 공직 경험을 돌아보면, 언론이나 국민 여론은 과거에도 정부와 공직사회를 마냥 호의적으로 대하지 않았다. 그런 견제야말로 본연의 역할이 잘 이루어진다는 증거이기도 하다. 그러나 최근에 관찰되는 문제의 양상은 기존과 확실히 다르다. 무엇보다 그간 관료 사회를 지탱해 온 공무원들의 자긍심이나 사명감을 찾기가 어려운 상황이다. 위로 올라갈수록 정치권이나 대통령실의 눈치를 보고, 자신이 해당 직위에 있을 때 문제만 생기지 않았으면 좋겠다는 자세가 일반화되어 있다. 이와 함께 관료사회 내부에 균열이 발생하면서 지속 가능성을 잃어가는 모양새다. 공무원 시험 응시자의 급속한 감소와 신규 공무원들의 조기 퇴직, 공무원의 자살 소식까지, 현재 한국 공직사회는 서서히 무너져 내리고 있다.

대한민국은 이미 최고의 행정 시스템을 갖춘 국가이므로 일련의 소요는 일시적인 문제나 개인 문제에 불과하다고 치부할 수도 있다. 하지만 현재 공직의 등용문은 과거 최고의 인적자원이 모여들어 각축을 벌이는 경쟁의 장에서 점점 멀어지고 있다. 국가공무원 공채 시험만 해도 매년 수십만 명의 수험생들이 몰려들어 '역대 최고 경쟁률'을 경신한 것이 불과 3년 전이었는데, 딱 3년 사이에 지원자가 반토막 났다. 또한 입직한 지 얼마 되지도 않은 많은 신입 공무원이 공직을 이탈하고 있다. 그뿐만 아니라 수십 년 동안 전문성을 쌓은 관리자들이 민간으로 눈을 돌리고 있어 우수한 인적자원의 잠재력을 활용할 기회가 사라지는 일도 발생한다. 실제로 국과장급 사람들이 민간 기업으로 많이 이동하고 있다. 심지어 공직에 남아있는 관리자들은 일을 열심히 해서 성과를 내 중요한 보직으로 이동하려는 의지나 승진하려고 노력하는 모습이 사라져 가고 있다. 공직 인적자원의 관리 체계에 균열이 생겼다는 진단이 가능하다.

문제점을 진단했다면, 처방은 어떻게 내려야 할까. 다시 기본으로 돌아가 보자. 공무원은 헌법 제7조에서 명시하듯이 국민을 책임지고 국민을 위해 봉사하는 존재다. 공직사회는 사적 이익 추구를 위해 모인 집단이 아니다. 공적 봉사에 임하며 느끼는 개개인의 자긍심이야말로 진정한 공직 동기부여의 원천이다. 따라서 공직혁신의 지향점은 공직자에게 자긍심을 부여하는 유능하고 신속한 관료제가 되어야 한다. 이것이야말로 국민에게 진정으로 응답하는 길이기도 하다.

공직혁신은 단일 부처만의 문제가 아니다. 정부의 기능, 공무원 제도, 행정 절차 등 정부 운영 체제의 전방위적인 혁신을 통해 관료제의 유연성과 적극성을 회복하는 일이 우리에게 주어진 공직혁신의 핵심 과제다. 성공적인 혁신을 위한 전제 조건으로 두 가지가 필요하다. 첫째, 현 공직사회를 공무원들이 자긍심을 품고 신바람 나게 근무할 수 있는 일터로 만들어 주는 것이다. 둘째, 공직시스템과 공직문화를 새로운 디지털시대에 맞게 바꾸고 디지털 세대를 수용하고 담을 수 있는 그릇으로

어떤 행동은 나라를 바꾼다

변화시켜야 한다. 이제 공직시스템의 뿌리인 계급제와 직업공무원제부터 손볼 때다.

그동안 공직사회를 비판하는 내용이나 공직혁신의 필요성에 대해 주장하는 글은 많이 봤지만, 구체적인 처방까지 제시한 책은 거의 본 적이 없다. 나는 운 좋게도 공무원 인사와 조직을 총괄하며 정부의 서무 업무까지 담당하는 총무처에 입직했다. 행정안전부, 인사혁신처, 대통령비서실 등에 근무하면서 공직시스템과 공무원 인사관리 분야에서 많은 혁신적인 작업에 직간접적으로 참여할 기회를 얻었다. 더욱이 인사혁신처는 공직사회와 공무원을 고객으로 하는 기관이다. 다시 말해 공무원들이 자긍심을 품고 정책과 서비스의 질을 높이기 위해 진심으로 애쓰고 공직사회를 신바람 나게 일하는 환경으로 만들어 주는 일이 주 임무다. 나는 인사혁신처의 처장과 차장을 역임한 사람으로서 공무원들이 더 이상 좌절하지 않고 공직사회가 더 이상 망가지지 않도록 할 역사적인 의무가 있다. 그래서 감히 30여 년간의 공직 경험을 바탕으로 2030년대가 요구하는 새로운 대한민국 공직사회의 모습을 구체적으로 제시하고자 한다.

돌아보건대, 공직혁신이란 기존의 판을 갈아엎고 새로운 틀을 만드는 것만은 아니다. 기존의 체계를 바라보는 관점의 전환만으로도 혁신이 시작된다. 하루아침에 모든 것을 바꾸자는 것이 아니다. 지금까지 빅뱅식 개혁이나 혁신이 성공한 사례는 많이 보지 못했다. 변화의 방향을 잡고 거대한 물줄기를 바꿔주면 물은 그쪽으로 흘러가게 되어 있다. 그 속도와 성과는 정치와 역사의 몫이다.

이 책은 아카데믹한 연구 결과를 정리한 학술서나 이론서가 아닌 실행을 위한 전략서다. 관련 업무를 담당하여 직접 수행했던 현장 실무자의 경험을 공유하는 글이자 정책과 제도를 개선하는 아이디어를 제시한 글이다. 2030년을 대비하고, 공직혁신의 불씨를 되살리는 데 큰 쓰임새가 있기를 바란다.

퇴임 후 고맙게도 대학교나 공공기관, 정부 기관의 초청을 받아 30회 이상 특강을 했다. 본 원고는 「정부 및 공공 부문의 인사혁신 쟁점과 방향」이라는 특강 자료와 내 30여 년 공직 경험을 바탕으로 작성한 것이나 마찬가지다. 특강 자료를 만들 때 이창길 교수의 『대한민국 인사혁명』(나무와 숲, 2020)과 김태유, 신문주 교수의 『정부의 유전자를 변화시켜라』(삼성경제연구소, 2009)라는 책을 탐독했다. 본 원고를 쓸 때도 이분들의 책에서 많은 영감을 얻었다. 공직혁신과 인사혁신에 관심이 있는 분들은 일독을 권한다.

이 책은 나의 공직 경험을 정리한다는 의미도 있지만, 공직생활을 함께한 선후배님들이 평소 하고 싶었던 말을 내 손을 빌려 대신한다는 의미도 있다. 그래서 글을 써 내려가기가 더욱 힘들었다. 글이 막히고 개선 방안을 제시하는 일이 혼란스러울 때마다 공직의 선후배나 동료들에게 자문하고 함께 토론도 했다. 그런 과정에서 잠깐 포기할까도 생각했지만, 그때마다 많은 사람이 내가 다시 힘을 내서 글을 쓸 수 있도록 독려하고 응원해 줬다. 특히 인사혁신처 후배 직원들의 지원과 응원의 힘이 컸다. 비서실에서 함께 근무하며 동고동락한 유지만 과장, 양태원 과장, 김재선 과장, 정해준 사무관, 임영완 사무관과 원고를 처음부터 끝까지 꼼꼼히 살펴봐 준 박성희 국장, 신혜라 과장에게 감사드린다.

공무원 퇴직 후에 공직 경험을 공유하며 더 많이 배울 기회를 주신 서울대학교 행정대학원과 서울시립대학교, 남서울대학교 교수님들과 학생들에게도 큰 빚을 졌다고 생각한다. 부족한 원고임에도 이를 꼼꼼히 챙겨준 시공사 추윤영 편집자를 비롯한 시공사 편집부에 진심으로 감사드린다. 그리고 무엇보다 내가 공무원 생활에 전념할 수 있도록 헌신적으로 지원해 준 그 누구도 대신할 수 없는 부모님, 아내 류창교, 딸 서현과 아들 강현에게 세상을 다 채울 만큼 커다란 고마움을 전한다.

2025년 봄
김우호

목차

1부 무너져 가는 공직사회 되살리기

1장 MZ 세대에게 진정한 공무원을 말하다!

2장 MZ 세대를 위한 공직혁신

2부 가장 먼저 손봐야 할 계급제

3부 MZ 세대를 위한 채용과 보상 혁신

 **MZ 세대를 위한 정년 혁신**

 **5부** **MZ 세대에게 전하는 마지막 당부**

1

무너져 가는
공직사회
되살리기

공무원은 대한민국이라는 극장에서
자신이 맡은 배역을 수행하는 연기자다.
정부는 무대이고, 공무원은 배우다.
그리고 관객은 바로 대한민국 국민이다.
공무원이 맡은 모든 직위는 배역이 된다.

1장

MZ 세대에게
진정한 공무원을 말하다!

1
나는 왜 공무원이 되었을까?

내가 대학을 다닌 시기는 1980년대다. 5·18 광주민주화운동 직후였기 때문에 당시 사회와 대학에서는 한목소리로 군사독재 정부 타도와 민주화를 외쳤다. 대학가는 최루탄 속에서 매일 시위가 지속되고, 시위 주동자들이 잡혀 들어가고, 수업은 제대로 이루어지지 않았다. 나는 그 대열에 깊이 들어가지 못했다. 중간지대이자 회색지대에서 "어떻게 살 것인가?"를 고민하고 방황하며 대학 4년을 보냈다. 하지만 당시 정치와 사회 현실은 나에게 특별한 메시지를 던져 주었다. 민주주의와 자유, 이성이 억압되는 사회에서 이를 변화시키는 데 무언가 기여하고 역할을 하는 삶을 살아야겠다는 마음가짐이 들었고 이는 내 진로의 방향에 결정적인 영향을 미쳤다. 나는 공무원이 되기로 결심했다.

당시에는 공무원 시험을 준비하는 사람들에 대한 부정적인 인식이 강했다. 노동자와 농민 등 소외계층의 삶을 외면하고 본인의 영달을 추구하는 기회주의자로 비판받는 시대여서 숨어서 공무원 시험을 준비하는 사람들도 있었다. 나는 당시에 모든 사람이 행복한 세상, 더 나은 세상을 만들기 위해서는, 당장 맞서 싸우는 것보다 더 중요한 대안이 있다고 생각했다. 정책을 수립하고 집행하는 정부에 들어가서 실질적으로 변화시켜 나가는 일이 보다 현실적인 행동이라고 믿었다.

그래서 나는 공무원이 되어 근본적으로 공공의 이익을 위해서 살아가고 또 기회가 닿는 대로 정책을 통해 사회를 변화시키는 데 힘을 보탤 것이라고 대외적인 공표를 했다. 그러고 나서 공무원 시험공부를 시작했다. 인간 내면에 잠재해 있다는 권력욕과 명예욕이 과연 내게 없었다고 말할 수 있을까?

당시에 '지식인의 허위의식'이라는 말이 유행했다. 사회를 개혁하고 소외된 사람들을 위해 살아가는 척하며 자신의 영달을 꾀하는 위선적이고도 이중인격적인 행태를 지적하는 말이다. 나의 출발점이 지식인의 허위의식이 아니었다고 자신 있게 말할 수는 없다. 하지만 적어도 이러한 의식에 물든 채로 공무원 생활을 하지 않겠다는 굳은 다짐을 했다. 그리고 나는 이 마음을 공직생활 내내 지키려고 노력했다.

공무원이 되면 국가인재원에서 6개월 동안 시보 교육을 받는다. 당시 공무원 20여 명을 모아 '간두諫頭회'라는 모임을 직접 조직해서 활동하고 있었다. 간두라는 말은 조선시대 사간원에서 임금에게 목을 내밀고 옳은 것을 간언하는 행위를 뜻한다. 다시 말해 목을 내놓고 소신 발언하는 것을 의미한다. "이왕 공직에 들어왔으니 말할 건 말하고 바꿀 건 바꾸면서 멋지게 공직생활을 해보자!"라는 취지에서 만든 모임이다.

내가 과연 실제로 이렇게 공무원 생활을 했을까? 이렇게 살면 왕따가 되거나 잘린다는 것을 바로 알아차리고, 간두회의 소명 같은 건 마음 한곳에 꽁꽁 숨겨두고 살아왔다. 말할 걸 말하고 바꿀 걸 바꿔가면서 소신 있게 공직 생활을 하려면 먼저 조직에서 실력과 내공을 쌓아야 하고 인정받는 게 우선이다. 그래서 열심히 노력해 왔고, 여러 영역에서 정책도 많이 만들어도 보고, 보람된 일도 많이 해왔다.

하지만 30여 년간 공직 생활을 하면서 주어진 공직시스템과 문화 속에 매몰된 채 보낸 시간도 있었다. 내가 펜을 든 건 어떤 시스템과 문화가 시대 변화에 못 따라가고, 문제가 있더라도 이를 개선하거나 바꾸려는 노력보다는 그 속에서 안주하며 그대로 유지한 나의 관성과 태도를 반성하기 위함도 있다. 중하위직 공무원으로 있을 때야 조직에서 인정받고 살아남기 위하여 기존 시스템에 어쩔 수 없이 순응하는 건 충분히 이해할 수 있다. 근무연수가 늘어나고 직급이 실장, 차관, 장관으로 높아지면 "그럴만한 힘이 없어서 못 했다."라는 말은 더 이상 성립되지 않는다.

특히 1급 이상 공무원들은 한 사람 한 사람이 해당 분야에서 직원들을 대표하고, 국민을 대표하고, 대한민국을 대표하는 사람들이다. 예를 들어 보자. 고용노동부 고용정책실장은 대한민국 고용 정책과 서비스 관련 최고 자리다. 공직에서 고용과 관련하여 그보다 더 전문성 있게 결정 내릴 수 있는 사람은 대한민국에 없다. 인사혁신처 국장, 차장, 처장은 대한민국 공무원들을 위한 공직혁신, 인사혁신을 할 수 있는 최고 자리고, 최고 전문가다. 내가 그 자리에 있을 때 공직시스템과 인사혁신에 최선을 다하지 못한 것 같아 문득 후회가 밀려올 때가 있다.

　이제 우리 공직시스템과 공직문화를 바꿔 줘야 할 시기다. 고용정책실장이 밑에서부터 충분한 전문성과 직업의식을 쌓고 올라와서 대한민국 고용 정책의 발전을 위해서는 무엇이든 할 수 있도록 공직시스템을 만들어 줘야 한다.

2
공무원은 어떤 자세로 살아야 할까?

대한민국 사회가 격동을 겪고 있다. 이념갈등, 계층갈등, 지역갈등, 성별갈등, 세대갈등 등, 끊임없는 갈등으로 몸살을 앓고 있다. 국제 정세나 경제도 불확실성이 가득해 만만치 않다. 한국 사회가 흔들리고 있다는 말까지 나온다. 이런 시기일수록 공직자가 중심을 잡고 경제와 사회가 제대로 돌아갈 수 있도록 애쓰면서 국제사회에서도 뒤처지지 않도록 버팀목이 돼줘야 한다. 공직사회가 무너지면 대한민국이 무너진다. 국민들도 공직자가 마음을 다잡고 중심을 잡을 수 있도록 격려하고 관심을 두고 바라봐 줘야 한다. 물론 공무원이 잘못하면 책임도 과감히 물으면서.

　그럼 공직자는 어떤 자세로 일하고, 살아가야 하는가? 나의 공무원 선배 중에는 자타가 공인하는 아주 모범적인 공무원[1] 한 분이 계

1　총무처를 시작으로 대통령비서실 인사수석으로 공직을 마무리한 김명식 선배님이다. 저서로 『국가와 공직』이 있다.

신다. 내가 초임 공무원 시절인 사무관 때 그분에게서 배운 극장 모형이 아주 인상 깊어 여기에 소개하고자 한다.

공무원은 대한민국이라는 극장에서 자신이 맡은 배역을 수행하는 연기자다. 정부는 무대이고, 공무원은 배우다. 그리고 관객은 바로 대한민국 국민이다. 공무원이 맡은 모든 직위는 배역이 된다. 무대 위에서 연기할 역할은 기본적으로 법과 규정에 따라서 주어지는데, 개인의 가치관이나 철학보다는 국민이 정해준 역할을 잘 수행하도록 최선을 다해야 한다. 관객인 국민들은 무대 위의 공직자가 맡은 역할을 잘 수행하는지, 얼마나 잘하는지, 잘 못하는지 바로 알 수 있다. 역할을 제대로 못해 관객이나 연출자가 그만두라고 하면 무대 위에서 언제든지 내려올 마음의 준비가 되어 있어야 한다.

배우는 무대 위에서 사적인 목적을 실현하거나 관철하려고 해서는 안 된다. 그리고 공직 연기자는 관객의 목소리에 항상 민감할 필요가 있다. 일반 배우에서 주연급 배우로 성장하기 위해서는 자신의 역할을 명확히 인식하고 이를 잘 수행해 내야 한다. 물론 무대 밖, 개인으로서 역할도 있다. 하지만 배우가 대한민국이라는 극장에 속해있는 한, 무대 위에 있을 때는 국민 전체를 위해 일하는 자세가 가장 중요하다. 이것이 바로 선공후사先公後私의 정신이다.

그런데 아무래도 무대 위의 연기자로 생활하다 보니 개인 생활에 제약이 많을 수밖에 없다. 나는 이것이 공무원이나 공공 부문 종사자들의 숙명이라고 생각한다. 말도 마음대로 못 하고 행동도 마음대로 못한다. 좋을 때 마음껏 좋아할 수도 없고, 아플 때 쉬이 아프다고 할 수 없고, 고통스러울 때 마음대로 고통을 호소할 수 없는 존재다.

본래 공공영역에서 사는 사람들은 이런 걸 감수하며 살겠다고 선택한 사람들이다. 공무원을 비롯한 공공 부문 종사자들은 공적인 영역에서 공익을 위하는 마인드를 가지고 국가와 사회, 타인을 위해서 크고 작은 일을 하는 사람들이다. 더 좋은 사회, 더 좋은 국가를 만들어 더 많은 사람이 행복하게 살아가도록 만들어 나가는 사람들이다. 사회적 형평과 정의와 공정을 실현해 가며 사회 곳곳에서 어렵고 힘들게 살아가는 소외된 사람들에게 따뜻한 꿈과 희망을 주는 사람들이다. 이 얼마나 가슴 떨리고 벅찬 일인가? 공직자란 이런 사람들이다.

3
공무원은 어떤 일을 할까?

대한민국의 모든 국민은 정부 정책의 영역에서 벗어나 살아갈 수 없다. 식품 정책이 있어 우리가 안전하게 먹을 수 있고, 교통 정책이나 도로 정책이 있어서 쉽고 편안하게 출근할 수 있다. 기업은 산업 정책, 중소기업 정책, 금융 정책, 환경 정책, 소비자 정책 등이 있어 제대로 운영된다. 이를 뒤집어 보면 대한민국 공무원은 모든 영역의 일을 다 담당하고 있다는 말이다. 나는 대학에서 강의할 때 공직을 꿈꾸는 학생들에게 이렇게 말하곤 한다. "공직에는 여러분들이 꿈꾸는 모든 분야가 다 있습니다. 공익을 추구하는 마인드를 가지고 있는 사람들은 충분히 도전해 볼만 해요. 공공의 가치를 위해 일해볼 만합니다!."

우리 사회의 영역은 크게 사적인 영역과 공적인 영역으로 구분된다. 절대왕정 시기, 수많은 사람의 희생을 거쳐 이성과 자유를 쟁취하며 근대에서 현대 사회로 이어져 왔다. 서양에서 아담 스미스의 자유시장주의가 자본주의의 근간이 된 이후 역사는 사적 자유의 영역을 꾸준히 확대해 왔다. "어떻게 쟁취한 자유인데, 이걸 다시 국가와 정부에게 넘겨주겠느냐?"라는 인식이 현재까지 지배적이다. 특히 70년대 이후 신자유주의가 풍미하면서 정부는 비효율적이어서 민간의 경영 기법 도입과 감축관리를 해야 하고 정부의 기능을 시장에 대폭 넘겨줘야 한다는 신공공관리론New Public Management이 주류로 형성되어 지금까지 이어지고 있다. 사적 자유의 영역이 계속 확대되어온 것이다.

그러나 2000년대 이후 신공공관리론에서 지나치게 강조하는 효율성을 비판하고, 행정은 경쟁이나 효율성보다는 다른 부분들을 중시해야 한다는 의견이 나오기 시작했다. 바로 민주성과 대응성을 추구하며, 공동체주의의 조정자나 봉사자 역할을 해야 한다는 주장이 그것이다. 이러한 주장은 점차 힘을 얻으며 경쟁이나 효율성이 중요하다는 쪽과 비등해지고 있다. 즉 정부가 공공서비스의 전달이나 공공 문제를 해결하는 과정에서 민간이나 시민단체와의 협력적 네트워크를 적극 활용해야 한다는 뉴거버넌스론New Governance이 등장했다. 또한 관료들은 시민들로 하여금 공동의 이해관계를 표현하도록 하고 사회문제의 해결 과정에서 협상과 중재 기능을 담당하는 봉사자로서의 역할을 강조하는 신공공서비스론New Public Service도 등장했다.

공적인 영역이 잘 관리돼야 사적인 영역에서의 자유로운 활동이 가능할 것이다. 공적인 영역은 주택, 의료, 교육, 복지, 고용·노동 등의 분야에서 사회적인 차별을 해소하고 소외계층을 지원하는 것에서부터 출

1 · 무너져 가는 공직사회 되살리기

발한다. 또한 부의 불평등이나 불공정한 경쟁을 해소하고 사회적 담론 형성의 지원까지 광범위하다. 이러한 공적인 영역이 관리되지 않으면 사적 자유를 보장하기 어려울 것이다. 그러면 결국 약육강식과 승자독식의 무한경쟁 사회가 될 수 있다. 이러한 공공 영역을 줄여나가면 각자도생의 사회가 된다. 개인의 이익들이 충돌하여 돈의 힘, 권력의 힘이 무기인 사회로 흘러간다. 사회적 가치의 배분이 왜곡되고, 빈부격차가 심해지고, 권력의 편차가 커지면서 갈등이 극심한 사회로 이어지기 쉽다. 실제로 지금 그런 사회로 가고 있으며 이념, 부, 가치의 양극화 현상이 줄어들기는커녕 점점 심해지는 양상이다. 따라서 공공의 영역, 함께 더불어 살아가는 영역을 어느 정도까지 확장해 나가면서 잘 지킬 필요가 있다. 또한 정부와 행정, 그리고 공무원들이 공적인 영역을 잘 관리하여 '모든 사람이 더 나은 생활'을 할 수 있도록 적극적인 역할을 해야 한다. 이제 공공 영역을 확대하면서 공공의 가치를 실현해 나가야 한다.

존 롤스John Rawls의 정의론에 따르면, 공공성은 사회적인 합의에 도달한 공공의 가치를 말한다. 이때 합의에 이르기 위해서는 깊이 생각하고 충분히 의논하는 절차가 선행되어야 한다. 공무원은 자신의 분야에서, 즉 복지공무원은 복지의 영역에서 건설교통공무원은 건설·교통의 영역에서 다양한 참여자들의 담론을 모아 공공의 가치에 대한 사회적 합의를 이끌어내야 한다. 그 후 이 합의된 공공의 가치를 구체적인 현장, 다시 말해 자신의 영역에서 정책과 사업, 서비스의 형태로 실천하는 사람들이어야 한다.

공공의 본질적인 가치는 공익이다. 그와 동시에 정의이며, 사회적 형평이고 자유와 평등이며, 복지이다. 생산성, 효율성, 효과성, 합법성

어떤 행동은 나라를 바꾼다

등은 수단일 뿐 본질적 가치가 될 수 없다. 공공 영역의 확대와 공공 가치의 실현이 사회 양극화와 분열을 막는다. 포용적인 사회, 사회 통합으로 가는 길의 중요한 방법이 될 수 있다. 공무원은 각자의 영역에서 이런 일을 하는 사람들이다.

여기서 한 가지 짚고 넘어가고 싶은 것이 있다. 바로 행정학의 역할이다. 경영학과 경제학은 사적인 영역을 관리하며 시장경제를 발전시켜 나가는 학문이다. 반면에 행정학은 공적인 영역에서 사회 공동체의 이익, 공익이나 공동선, 공공 가치를 다루는 학문이다. 정부 운영이나 행정은 민간 기업과 같이 진행할 수도 없고, 그렇게 운영돼서도 안 된다. 민간 기업처럼 수입과 지출 사이의 손익 계산을 해가며 비용을 줄이고 수익이나 생산성을 높이는 일을 우선하는 경영을 해서는 안 된다. 공무원은 기업가처럼 기업의 이익이나 사적인 이익을 중시해서는 안 된다.

그러나 많은 사람이 '공무원도 경영 마인드를 가지고 일해야 한다.'라고 말한다. 그래서 많은 공무원이 '사기업 직원처럼 일해야 할까?' 갸우뚱하며 혼란을 겪고 있다. 물론 정부나 기업이나 관리 방식과 일하는 방식은 비슷할 수 있다. 그러나 경영 마인드를 가지고 일하면 결국 기득권 쪽에서 일할 수밖에 없는 게 현실이다. 공무원은 따뜻한 인류애를 지녀야 하며, 공익 마인드를 품어야 한다. 공무원은 공공의 영역이 어디까지인지, 공공의 이익(공익)이 무엇이며 이를 어떻게 창출할 것인지, 공공이 추구하는 가치는 무엇이 되어야 하는지 끊임없이 고민하고 탐구해야 한다. 행정학은 바로 이런 걸 연구하는 학문이다. 이런 걸 학생들에게 가르쳐야 한다. 우리나라에도 '정의란 무엇인가!'라는 하버드대 명강의로 유명한 마이클 샌델처럼 훌륭한 교수님들이 얼마든지 있다.

4
공무원의 근무 환경은?

우리나라 공무원들은 직업공무원제와 계급제를 근간으로 하는 정부 행정 조직에서 일한다. 직업 이름 앞에 별도로 '직업'이라는 단어가 붙은 직업은 '직업공무원'이 유일하다. '평생 직업으로서 신분을 보장해 주고 먹고살게 해 줄 테니 다른 생각하지 말고 국가와 국민을 위해 봉사하며 살아라.'라는 의미로 '직업'공무원이다. 정부가 바뀌더라도 직업으로서 신분을 보장해 줄 테니 사명감을 지닌 채 소신 있게 일해 달라는 의미도 된다.

공무원의 계급은 잘 알려져 있다시피 9급에서부터 시작한다. 위로 올라갈수록 숫자가 적어지고, 1급까지 역삼각형의 수직 구조인 '계급제'를 형성하고 있다. 계급제는 공무원 개인이 어떤 자격과 능력을 갖추고 있는지에 따라서 계급을 먼저 정하고 동일 계급에 있는 사람은 그 계급에 해당하는 직무는 어떤 직무든지 모두 수행할 수 있다는 것을 전제로 한다. 5급 사무관 계급은 기획재정부의 경제 정책이나 보건복지부의 복지 정책, 국토교통부의 주택 정책 등 5급 직무에 해당하는 어떤 업무도 모두 담당할 수 있다. 그래서 공무원이 되면 한 직위에 짧게는 1~2년, 길게는 2~3년에 한 번씩은 자리를 옮겨 다니며 업무를 할 수 있다. 또한 부처 간 이동도 많이 한다. 그리고 성과를 내며 일정 연차를 쌓으면 상위 직급으로 승진할 수 있다.

나는 과장 때 여덟 번이나 자리를 옮기고 국장으로 승진했다. 이러한 계급제는 인력 자원을 탄력적으로 운영할 수 있다는 장점이 있다. 또한 공무원들에게 다양한 경험을 통한 거시적인 시각을 키워줄 수 있다. 조직에 대한 충성심과 목표 지향성을 강화할 수 있다는 것도 좋은 점이다. 그뿐만 아니라 순환보직으로 어떤 분야에서나 일할 수 있는 일반 행정가를 양성하는 일이 가능하다. 반면, 공무원들은 각자가 선택한 전문적인 분야에서 전문성을 쌓을 수 없고, 연공서열 중심으로 승진과 보상이 이루어질 수밖에 없다는 단점이 있다.

공무원의 채용, 보직 관리, 승진, 평가, 보수 등은 모두 계급제를 바탕으로 설계되어 있다. 따라서 공무원 조직에서 사람의 가치와 신분은 곧 계급으로 치환된다. 사람에게 값어치를 매겨 너는 100원, 나는 50원 이런 식으로 계산된다. 이런 현상은 비단 공무원 조직에만 해당하는 일은 아니다. 공공기관이나 민간 기업도 별반 다르지 않다.

일정한 직급(계급)으로 입직하게 되면, 여러 보직 경로를 거쳐 승진할 수 있는 보직으로 갈 수 있다. 거기서 승진하게 되고, 또 승진한 그 직급에서 똑같은 경로를 반복한다. 문제는 위로 올라갈수록 자리는 한정되어 있는데 승진할 사람은 계속 많아져서 보직과 승진에 목숨을 거는 현상이 나타나는 것이다. 자기 분야에서 전문성을 쌓아 더 좋은 정책과 서비스를 개발하기 위해 노력을 할 여건이 안 된다. 또한 위계적인 계급 구조에서는 모든 판단과 행위의 기준이 국민의 입장이 아니라 상사의 지시와 명령이 된다. 보고하면 책임이 위로 올라가고 임무가 끝난다. 계급제하에서 상관에게 자신의 의견을 자유롭게 제시하는 일은 결코 쉽지 않다.

이러한 계급제는 고도성장 시기에 국가 발전을 이끄는 데 큰 역할을 해왔다. 하지만 공직사회의 인적 구성이 베이비붐 세대 중심에서 디지털 세대 중심으로 이동하고 있는 최근 상황에서는 한계가 많다는 평가를 받고 있다. 그래서 민간 기업, 공공기관, 정부 조직 할 것 없이 모두이 계급제적 성격을 완화하거나 문제가 심한 부분은 폐지하려는 노력을 많이 기울이고 있다.

평가와 보상 측면에서는 연공서열을 타파하고 직무와 성과 중심으로 전환하려는 다양한 시도가 이루어지고 있다. 조직이나 인력 배치를할 때도 계급을 축소하고 직급과 직위를 분리하는 등 수직적 의사결정구조의 비효율성을 제거하려는 노력이 곳곳에서 이루어지고 있다. 이제 더 이상 20~30대 젊은 친구들을 계급의 철창에 가두어 두고서는조직을 운영하며 성과를 낼 수 없다는 것을 잘 알기 때문이다.

나는 이 책을 통해 이제 계급제는 그 수명을 다해가고 있으며, 공무원들이 사명감을 품고 신바람 나게 근무할 수 있는 일터를 만들기 위해서는 계급제부터 개편하거나 폐지해야 한다는 인식하에서 이에 대한확실한 방향을 제시하고자 한다.

5
공무원들은 정말 무사안일할까?

사회에서 크고 작은 사건이 발생할 때마다 공무원들이 무사안일하고복지부동하고 있다고 비판하는 언론 보도가 이어진다. 폭설, 폭우를 미리 대비하지 못했다는 작은 일에서부터 미국의 반도체나 자동차 산업의 규제 정책에 제대로 된 사전 대응을 못했다는 일까지 공무원들을 질책하는 일은 다양하다. 여기서 끝나면 오히려 다행이다. 국민의 생명이 달린 일, 송파 세 모녀 사건과 수원 세 모녀 사건 등 복지 사각지대에 놓인 사람들을 그대로 방치한 일에는 더욱 매서운 비난이 가해진다. 오송 지하차도 참사와 같이 큰 인명 사고에 현장 대응을 즉각적으로 못했다는 비판이 일기 시작하면 정말 아찔하다. 금세 넘어갈 수 있는 작은 사건뿐만 아니라 많은 인명 피해가 발생한 참사까지 무사안일, 복지부동의 사례는 차고 넘친다. 분명히 일부 공무원들이 잘못해서 그런 일들이 일어날 수 있고 잘 대응하지 못한 책임도 있을 수 있다. 30여 년 공무원 생활을 해오며 이러한 국민의 질책에 항상 무거운 책임감을 느끼면서 한시도 마음이 편해 본 적이 없는 것 같다.

무사안일과 복지부동은 주어진 업무를 게을리하거나 제때 적절히 처리하지 못하는 무책임한 공무원, 사회 변화의 흐름에 미리 대응하지 못하는 무능한 공무원의 모습을 표현하는 말이다. 공무원의 부정적인 이미지와 인식을 이야기할 때 항상 등장하는 용어다. 이보다 더 심한 말도 있다. 무능하고 부패한 집단, 관피아라는 말이다. 거의 범죄자 집단으로 취급하는 무서운 표현이다.

나는 공무원을 옹호하거나 공무원이 잘하고 있다고 변명하고 싶지 않다. 왜 이러한 상황에서 더 잘 대응하지 못할까, 라고 말하고 싶다. 또, 앞으로 더 잘 대응하려면 어떻게 해야 할까를 이야기하고 싶다.

먼저, 우리나라 정부나 공공기관의 행정서비스 수준이나 질이 정말 다른 나라에 비해 낮을까? 행정서비스의 질이 낮아 국민들의 삶의 질 또한 낮아지고 있을까? 가슴에 손을 얹고 판단해 보자. 나는 아직까지 일반적인 민원 처리나 보조금 지급 등 우리 행정의 현장 서비스는 세계 최고 수준이라고 생각한다. 이는 외국 경험을 하고 온 사람들이 이구동성으로 하는 말이기도 하다. 그런데 많은 사람이 불편을 느끼고 답답해하는 일이 있다. 바로 인허가 분야와 관련된 일이 그것이다.

환경 폐수의 배출시설 인허가나 신고를 접수한 경우로 예를 들어보자. 민원 접수 이후 구청 의견을 받아오라, 주민 동의가 필요하다, 환경영향평가를 받아야 한다는 등 각종 요구를 하면서 일이 3개월, 6개월, 1년 이상도 지연될 수 있다. 계속 처리가 미뤄지는 상황에서 담당 공무원이 좋게 보일 리 만무하다. 그럼 이 담당 공무원은 어떻게 일하고 있는지 알아보자.

현재 대한민국 정부에서 일하는 공무원은 117만 여명이다. 공공기관 등 공공 부문에 종사하는 정규직과 비정규직 근로자까지 더하면 약 220만 명 정도가 된다. 우리나라 전체 취업자 수가 대략 2,700만 명쯤 되니, 약 8% 정도의 사람들이 공공 부문에 종사한다. 2021년 기준 프랑스는 21.1%, 영국은 16.9%, 미국은 15%이고 OECD 평균은 18.6%이다.

220여만 명이나 되는 그 많은 공무원은 다 어디에서 무엇을 하고 있을까? 도대체 나의 민원은 언제 처리될까?

정부나 공공 부문의 조직은 그냥 아무렇게나 편제되지 않는다. 아주 세밀하고 복잡한 과정을 거쳐 만들어진다. 정부 기능은 정책 영역, 대기능(국), 중기능(과), 소기능(팀)으로 분류한다. 소기능 아래에 여러 개의 단위 과제를 두고 단위 과제나 사업별로 공무원을 배치한다. 통상 공무원 1명이 적게는 단위 과제 3~4개, 많게는 5~10개까지 담당하고 있다. 자치단체 기능을 예로 들면, 환경국 산하에 기후환경과, 매립지정책과, 자원순환과, 대기보전과, 수질관리과, 하수과 등의 과가 있다.

하수과에는 예산인력의회관리팀, 하수계획팀, 하수관리팀, 하수시설팀 등을 두고 각 팀별로 공무원 1~3명 정도가 수십 개의 단위 과제 사업을 분담한다.

이런 구조에서 환경 폐수처리시설 담당 공무원은 폐수 배출 시설의 인허가나 신고 접수를 처리한다. 본인 업무의 1/n로 말이다. 업무 성격상 도시정책과나 건축과, 수질환경과는 물론 관할 구청과 협의해야 하고, 지방 환경청과 협의해야 할 수도 있다. 만약 이 한 사람의 공무원이 아프거나 의회에 불려 가거나 출장 가거나 더 시급한 업무가 발생하는 등의 상황이 생기면 어떨까? 현실적으로 그 옆에 있는 동료 직원이 자신의 업무를 지연해 가면서 이 업무를 대신해 주기 어려운 구조다. 그 직원이 인사이동으로 다른 부서에 가는 상황이 발생할 수도 있다. 이런 상황은 중앙부처의 경우도 마찬가지다. 우리나라 탄소중립 정책, 부동산 정책, 전기자동차 정책 등을 직접 담당하는 공무원은 한두 명이라고 보면 된다. 그래서 자리 하나하나가 중요하고, 공무원 한 사람 한 사람이 중요하다.

그런데 대한민국은 법치주의 국가다. 법을 너무나도 중요시하고 법을 전공한 사람들이 사회 권력을 장악한다. 법을 어기면 한 방에 나락으로 떨어지고 자그마한 실수에도 그렇게 관대하지 않은 법 만능주의 국가에 가깝다. 공무원 사회도 마찬가지다. 법과 시행령, 예규에 따라 매뉴얼이 아주 상세히 마련돼 있다. 평소에는 이 매뉴얼에 아무도 관심을 갖지 않지만 자그마한 문제라도 발생하면 이 매뉴얼대로 했느냐 안 했느냐를 철저하게 따진다. 단 하나라도 매뉴얼에서 벗어나는 일이 있다면 반드시 책임을 물도록 되어 있다. 공무원 조직은 통상 1년에 두어 번 감사를 받는다. 민원인이 딱해서 민원인의 입장 즉, 국민의 입장에서 법령을 해석하여 업무를 처리해 준 경우는 거의 감사의 대상이 된다. 이를 소명하는 데 진을 빼야 한다. 징계까지 가는 일도 많이 봐왔다.

반면 민원인의 요구를 들어주지 못하거나 이해관계자가 업무 처리로 피해를 입는 상황에서는 직권 남용으로 고소, 고발되는 경우도 비일비재하다. 공무원이 직권 남용으로 고소, 고발당한 건수가 2023년에 27,985건이었고, 24년 상반기에만 2만 7천여 건에 달했다. 검찰이나 경찰 조사를 받아본 사람이나 이를 옆에서 지켜보는 동료들은 이게 얼마나 번거롭고 위험한 일인지 잘 알고 있다. 몸을 사릴 수밖에 없다. 누구를 위해 이러한 법을 제정하고 매뉴얼을 만들었는가? 결국 피해는 고스란히 국민들에게로 돌아간다.

또한 최근 사회 환경은 엄청나게 빠르게 변화하고 있다. 국민들의 의식 수준과 요구 수준 또한 계속 높아지고 있다. 반면에 정부와 공직 시스템은 여기에 부응하지 못하는 실정이다. 지금은 4차 산업혁명 시대이자 디지털 시대, 인공지능 시대다. 국민소득 3만 달러 시대인데, 현재의 공직시스템은 우리나라의 과거 70~80년대 산업화 시대, 고도성장 시대 때 설계된 시스템을 그대로 유지하고 있다. 이런 시스템하에 있는 공무원은 마치 아날로그나 2G 옷을 입고 5G 시대의 현실을 따라가려고 하는 거나 마찬가지다. 이러다 보니 공무원들도 답답하고 미칠 지경이다.

공무원이 움직이기 싫어서 무사안일하거나 복지부동하는 것이 아니라 활동하고 싶어도 활동할 수 없는 족쇄에 채워진 것이다. 그렇다면 그 족쇄는 과연 무엇일까? 그리고 족쇄를 풀어줄 열쇠는 또 무엇인가?

어떤 행동은 나라를 바꾼다

다시 폐수 배출 시설의 인허가 사례로 돌아가 보자. 여기에는 조직 내외부의 정말 다양한 이해관계자들이 얽혀 있다. 조직 내부에서 협의를 거쳐야 할 곳은 수질관리과, 도시정책과, 건축과, 자원순환과, 기후환경과 등이다. 조직 외부에는 신청 업체와 경쟁 업체, 과거 불허가 업체에다 인근 마을의 주민들, 환경단체, 언론 등이 있다. 지켜보는 눈이 한둘이 아니다. 또 그 지역 기초 의원, 광역 의원에다 자체 감사, 행안부 감사, 감사원 감사까지 넘어야 할 산 또한 셀 수 없이 많다. 거기에다 기관장이나 상사는 본인이 있는 동안 문제를 일으키지 말아 달라는 사인을 보낸다. 실제로 공무원 스스로도 문제를 일으키지 않아야 좋은 보직으로 가고 승진도 잘할 수 있다는 의식을 무시할 수 없다.

이러한 험한 산을 넘으며 일 처리를 하는 사람들이 공무원들이다. 공무원들은 이러한 폭탄을 수십 개씩 안고 산다고 해도 과언이 아니다. 그런데 이런 입장에 놓인 공무원들에게도 불행인지 다행인지 탈출구는 있다. 선배들이 그간의 경험을 바탕으로 쌓아 올린 매뉴얼, 생존을 위해 잘 만들어 놓은 매뉴얼이라는 게 있다. 또한 1~2년 사이에 그 자리에서 다른 자리로 옮겨 갈 수 있는 순환보직이라는 제도도 있다. 상사도 수시로 함께 바뀐다. 이 또한 계급제가 만들어 낸 공직시스템이다.

만약 어떤 자리에 있는 공무원이 그 분야의 전공을 갖고 평생 그 분야에서만 일해야 한다고 가정해 보자. 그러면 당연히 그 분야에 대한 전문성을 쌓아 시대 변화를 따르거나 이끌어 가려고 할 것이다. 자신이 처리하고 해결할 일을 함부로 미루거나 방치하지 않을 것이다. 그 분야에서 평생 봐야 할지도 모를 사람들을 막 대하지도 못할 것이다. 그 분야에서 역량이 없거나 일을 못하다고 평가받으면 갈 곳이 없어지고 도

태되기 때문에 전문가적인 사명감과 직업정신을 갖고 일할 가능성이 높다. 본래 프로는 자신에게 주어진 일을 대충대충 하지 않는다. 그 세계에서 살아남고 성공하기 위해서 끊임없이 실력을 쌓고, 자신의 일과 관련된 사람들에게 인정받으려고 노력한다. 공무원도 그렇게 만들어 줘야 한다. 충분히 그럴만한 자질을 갖춘 사람들이라고 국민들도 인정하고 있다.

그렇게 되려면 우선 계급제에 바탕을 둔 공직시스템을 일 중심, 직무 중심으로 바꿔야 한다. 그 분야에서 평생 한 우물을 파며 인정받도록 만들어줘야 한다. 이것이 무사안일과 복지부동의 족쇄를 풀어줄 열쇠다. 이제 그렇게 만들어 가보자!

내 공직 경험상 무사안일하고 복지부동한 태도의 공무원은 대부분 성장하지 못하고 중간에 고꾸라졌다. 그리고 대부분의 공무원은 이런 말을 듣는 것을 굉장히 싫어한다. 끝까지, 공무원으로서의 자부심을 지키려고 저항한다.

어떤 행동은 나라를 바꾼다

6
책임감과 적극성 그리고 혁신성을 어떻게?

지금까지 공무원과 공무원 조직은 책임감이 없고 적극성이나 창의성도 없고, 전문성과 사명감도 결여된 사람들이자 집단이라는 비판을 받아왔다. 이건 질책의 의미일 수도, 더 잘하라는 격려의 의미일 수도 있다. 중요한 건 공무원들은 이러한 국민의 비판을 무조건 겸허하게 받아들여야 한다. 국민은 관객으로서 무대 위에서 연기하는 공무원의 일거수일투족을 다 지켜보고 평가하기 때문이다.

총무처에서 공직 생활을 했고 대학교에서 행정학을 강의하는 이창길 교수는 "관료들은 원래 적극적이고 혁신적인 사람들이다. 상당한 위험을 감수하고 공무원 시험을 선택해서 수년간을 투자한 혁신가들이며, 능동적이고 창의적인 마인드 없이 고위직에 임명되기는 어렵다. 자기 소관의 업무, 정책에 대한 역할과 책임을 완수하기 위해서는 적극적이고 혁신적인 마인드를 갖지 않을 수 없다."라고 말한 바 있다. 그는 관료들이 창의적인 사고를 지니고도 혁신적인 행동을 보이지 않는 이유 또한 밝혔다. 관료 사회에 관료들의 사고와 행태를 제약하는 보이지 않는 손이 존재하는 것이 그 원인이라는 것이다.

보이지 않는 손은 권위적이고 계층적으로 이루어진 관료제를 뜻한다. 공무원들이 직접 대면하는 상사들, 엄격한 규정과 절차 같은 업무적이고 제도적인 환경, 위계적인 관료 문화도 보이지 않는 손이다. 관료들은 이러한 보이지 않는 손 때문에 스스로 변하고 싶어도 변할 수 없다. 그러면서 이제는 근대 관료제 모형에 집착하지 말고 새로운 공직사회

의 모형을 만들어야 한다고 이야기한다. 그는 관료제의 철창(어항이라고
도 함)을 깨부수어야 한다고 주장한다.

이창길 교수가 관료제의 철창(어항)이 무엇인지 구체적으로 말하지
않았으나 나는 이걸 계급 관료제, 단도직입적으로 말하면 계급제로 본
다. 계급제가 관료들의 책임감, 적극성, 창의성을 모두 가로막고 있다. 공
직시스템의 근간을 계급에서 일 중심으로 바꿔야 한다. 이를 통해 공직
사회를 새로 세워가야 한다. 공무원들이 사명감과 책임감을 지닌 채 적
극적이고 창의적으로 일할 수 있는 일터를 마련해 줘야 한다.

100만 명이 넘는 공무원들을 계급제의 철창에 가둔 채 4차 산업혁
명 시대를 함께 열어가자고 할 수는 없다. 이제 이걸 깨뜨려 나가자! 이
미 많이 깨져 있어서 조금만 더 방향을 잡고 노력하면 된다.

국민과 공무원 모두 우리나라 공무원의 역량을 우수하다고 인식
공무원의 역량이 우수하다고 생각하는 비율: 공무원(72.48%), 국민(52.97%)

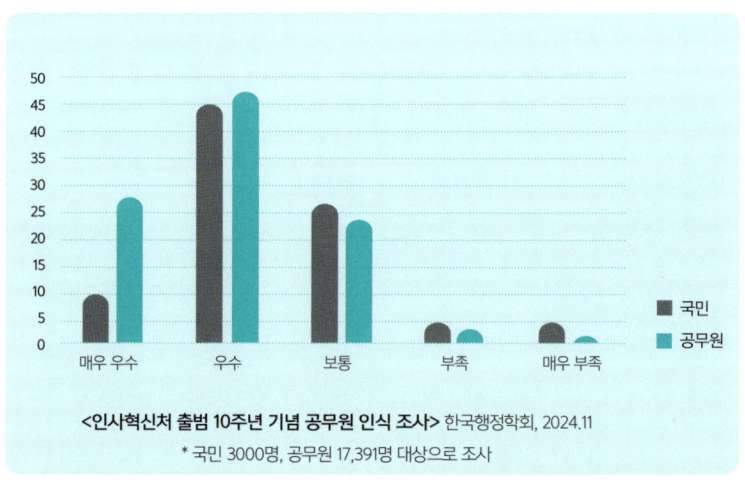

<인사혁신처 출범 10주년 기념 공무원 인식 조사> 한국행정학회, 2024.11
* 국민 3000명, 공무원 17,391명 대상으로 조사

어떤 행동은 나라를 바꾼다

2장

MZ 세대를 위한
공직혁신

1
나는 죄인인가?

　나는 퇴직 후 2년 동안 검찰 소환 조사를 여덟 번이나 받았다. 세 건의 직권 남용 사건 때문이었다. 새벽에 집을 나서 검찰에 갈 때, 저녁 늦게 조사를 마치고 나올 때 한강이나 산으로 향했던 선배들의 마음과 상황이 조금이나마 이해되었다. 나는 문재인 정부 초대 인사비서관을 역임했다. 인사비서관은 대통령의 인사를 보좌하기 위한 역할로 인사 추천 프로세스를 관리하는 사람이다. 정부의 어느 직위에 인사 요인이 발생하면 먼저 직위 분석을 시작한다. 그 후 다양한 후보자를 추천받거나 발굴하여 인사추천회의에 상정한다. 추천 후보자가 선정되면 이후 인선 절차를 진행한다. 인사비서관을 인사 과정에서 상당한 권한을 행사할 수 있는 자리라고 생각하는 사람들도 있다. 하지만 이는 사실이 아니다. 대통령비서실의 인적 구성이나 업무 특성상 부처 출신 일반 비서관이나 행정관들은 주요 의사결정 라인에 끼기가 쉽지 않다.

대통령 인사에 관한 문제는 어느 정부를 막론하고 꾸준히 제기되어 왔다. 인사로 인한 법적인 책임은 주로 공공기관 임원 인사에서 발생한다. 공공기관 인사는 정부 부처에 비해 감시의 눈에서 상대적으로 자유롭다. 따라서 법적 절차를 준수하는 것보다 관례나 관행에 따라 이루어져 왔다. 노무현 정부 시절 공공기관 인사를 공정하고 투명하게 관리하기 위하여 공공기관 운영에 관한 법률을 제정했다. 기관장을 포함해 모든 공공기관 임원을 공모로 선발하는 것이 주 내용이다.

당시 나는 청와대 인사수석실의 인사 제도 담당 행정관이었다. 그 당시의 초안이나 대통령의 생각은 추천 방식을 다양화하고, 비선이나 특정인에 의해 인사가 좌지우지되지 못하도록 만드는 것이었다. 추천을 공식화하면서 인선 절차도 공개적으로 하는 방식이었던 걸로 이해한다. 그런데 나중에 통과된 법을 보니 앞의 추천 절차는 다 없어지고 대통령제에서는 거의 실현 불가능한 이상형인 완전 공모제로 바뀌어 있었다. 한마디로 요약하면 현행 법 체계에서는 대통령이나 기관장 등 인사권자가 함께 일할 사람을 발굴하여 추천할 수 있는 근거가 거의 없다고 보면 된다. 인사권자나 기관장이 자신과 함께 일할 사람을 선택할 수 없도록 법과 제도를 만들어버린 것이다. 법에서 정한 대로 규정을 지키며 공모하면 되지 않겠냐고 순진하게 주장할 수 있다. 대통령제를 바꾸지 않는 한 공공기관 임원 인사가 이 법대로 운영될 가능성은 거의 없다는 것이 중론이다. 2007년 법 제정 이후 지금 이 순간에도 이 법을

어떤 행동은 나라를 바꾼다

지키며 인사한 사례는 거의 없다.

따라서 공공기관 운영에 관한 법률 아래에서는 대통령이나 장관, 기관장이 행하는 대부분의 인사를 불법 또는 비법인 상태로 만들어 문제를 제기할 수 있다. 실제로 직권 남용이나 업무 방해 혐의로 문제가 제기되어 수사와 재판을 받는 사람이 엄청 많다. 이 법이 악법이나 다름없는 이유는 수많은 공직 희망자들이 공모 과정에서 진검승부도 못해보고 우롱당하여 결국 좌절하게 만들고 있기 때문이다. 공모 제도에 대한 국민들의 불신을 뿌리 깊게 심어놓아 정부 인사 전체를 믿지 못하는 정서가 확산되고 있다. 그래서 특정 분야에 역량 있는 인사가 공모에 지원해 들러리 역할만 하다가 우세를 당하느니 처음부터 아예 지원조차 하지 않는 것이다.

지금 중요한 것은 하루라도 빨리 정치권에서 영국이나 프랑스처럼 법을 개정하는 일이다. 최적임자를 공개적으로 발굴, 추천하고 역량을 철저히 검증하는 쪽으로 현실에 맞게 법을 개정해야 한다. 이제 더는 방치할 수 없다. 이미 17년 동안이나 방치했다. 지금 바로 개혁해야 한다.

우리나라와 같이 대통령제인 미국의 경우 대통령이 임명하는 직위를 별도로 정해 놓고 있다. 대통령이 임명하는 직위가 아닌 공공기관 인사를 임명하는 직위도 임명권자에게 상당한 재량을 부여하고 있다. 대통령은 국민의 선거에 의해 선출된 사람이다. 대통령이 국정 운영의 성과를 내게 하려면 대통령의 가치나 국정 철학을 같이 공유하는 사람을 정당하게 선발하여 기용하도록 시스템을 만들어 줘야 한다. 그에 대한 책임 또한 대통령이 지도록 해야 한다. 다만 이 경우에도 공정하고 투명한 절차는 기본 전제로 보장해야 한다.

우리나라의 현실은 어떤가? 투명한 인사 절차를 통해 공정하게 사람을 선발한다는 것을 대외적으로 천명하기 위해 공모제도는 도입하였다. 그러나 역대 정권에서 쭉 해왔던 관행대로 공모전에 임명권자가 추천하고 공모 후에 검증하는 과정을 거쳐 임명한다. 공모 절차는 추천자가 공정하게 임용되었다는 명분을 쌓기 위한 도구, 이미 형식적인 절차로 전락해 있다.

　　대통령실의 인사 추천 프로세스는 상당히 정교하게 설계되어 있다. 대통령실 내에도 서로 이해관계가 다른 사람들이 인사추천위원회에 참여하는 까닭에 추천 인사를 정할 때 과거처럼 특정인이 좌지우지하는 상황은 쉽게 발생하지 않는다. 인사추천위원회는 대통령실 수석들이 참석하며, 비서실장이 위원장을 맡고 있다. 이 인사추천위원회에서 추천 인사를 결정한다. 그 후, 공모 절차에 따르도록 하는데 여기서부터 문제가 발생한다.

　　공공기관 운영에 관한 법률에 추천 절차가 따로 규정되어 있지 않은데도 불구하고 대통령실에서 후보자를 추천하면 공정한 공모 절차를 위반하게 되는 것이다. 하지만 대부분의 인사가 이런 절차로 이루어지고 있다. 그렇다 보니 공공기관 인사에 대해 공모 절차를 형식적으로 만들어 버린 후, 직권 남용이나 업무 방해를 했다는 혐의로 고소, 고발과 조사가 언제든지 가능하다. 현재도 진행하고 있는 것이다. 이와 함께 정부가 바뀌면 새 정부 사람들이 전 정부에서 임명된 공공기관 임원들에게 사표를 강요한다는 시비까지 발생한다.

　　이런 상황에서는 누구도 인사 문제로부터 자유로울 수 없는 처지다. 각종 인사 문제 때문에 국정 동력이 떨어질 수밖에 없다. 역대 정부

어떤 행동은 나라를 바꾼다

가 모두 이런 절차를 거쳐 인사를 해 왔고, 지금 현 정부도 그렇게 하고 있다. 이대로라면 다음 정부도 그렇게 인사를 할 것이다. 어떤 형태로든 공기업 인사에 관여하는 사람들은 교도소 바로 근처를 걷는 상황에 처하게 된다. 그들은 수사 기관의 캐비닛 속에 있는 자료가 꺼내지지 않고 직권 남용의 공소시효인 7년이 조용히 지나가기만을 바라며 불안하게 기다릴 수밖에 없다. 그래서 나는 줄곧 공공기관 인사시스템을 현실에 맞게 개선하자는 주장을 해 왔다.

정부의 실장, 국장, 과장급은 어떻게 선발하고 있을까? 국과장급 공무원을 공모를 통해 뽑은 후 임용하는 개방형 공직 임용제도라는 것이 있는데, 2000년 초에 도입하여 운영 중이다. 이 제도는 무늬만 개방형이라는 비판을 많이 받는 한편, 그래도 공직사회의 민간 개방과 경쟁 분위기 조성에 큰 역할을 하고 있다고 나름 평가받는다. 여기도 공모 진행부터 선발까지 법에 규정된 까다로운 절차를 거친다. 그런데 공공기관 인사 선발 절차에는 없는 중요한 과정이 한 가지 있다. 후보자의 풀이 넓지 않은 분야나 특수 전문 분야, 기관장이 특별히 요청하는 분야의 직위는 공모전의 헤드헌팅 제도를 통해 후보자를 물색하여 공모에 응하도록 안내하는 일이 그것이다. 이 과정을 거쳐 공모에 응한 사람들은 최종 임용 대상에 속하게 된다. 혹은 해당 직위에 걸맞은 사람을 민간에서 찾아 스카웃하는 방법이 있다. 이 방법은 최적임자라고 평가받는 전문가를 영입하여 자리에 앉히는 것으로 실제로 많이 쓰고 있다.

이처럼 전문가를 발굴하고, 추천하여 공모에 응하도록 지원해 주거나 필요하면 바로 스카웃하는 방법을 제도화해 놓아 좋은 인재를 얻는 것이다. 내가 인사혁신처에 있는 동안 이러한 추천 제도나 스카웃 제도

1 · 무너져 가는 공직사회 되살리기

가 남용되었다거나 부적절하게 운영했다는 지적이나 비판은 받은 적이 없다.

공공기관 주요 간부도 이 제도를 통해 다수 선발하고 있다. 기관장이 특정한 사람을 발굴하여 공식적으로 추천하고 나서 오픈된 공모 절차를 통해 다른 후보자들과 경쟁하도록 만들고 있다. 이때 그 특정한 사람은 해당 분야의 성과를 창출하고 개혁과 혁신을 추진하기 위해 경영 능력이 있거나 해당 업무나 기관에 대해 잘 이해하고 있는 사람이다. 우리나라의 경우 유능한 적임자가 웬만해서는 스스로 공모에 응모하지 않는 관행이 있어서 이런 장치를 마련한 것이다.

헤드헌팅과 민간 스카웃에 더해 개방형 임용에서는 역량평가라는 걸 별도로 받고 있다. 역량 평가에서 탈락하면 공직에 임용될 수 없는 제도를 두고 있다. 공모 절차를 통해 서류와 면접을 통과했더라도 따로 역량평가를 받아야 한다. 현재 기준으로 역량평가에서 5점 만점에 2.5점 이상을 받아야만 임용 자격을 부여한다. 이렇게 이중 삼중으로 장치를 설정해 뒀기 때문에 역량이 부족한 사람들은 대부분 걸러진다.

그럼 공공기관 임원을 선발하는 제도는 어떻게 바꿔야 할까? 공공기관 임원 인사의 선발제도를 개선하는 방안은 그렇게 복잡하지 않다. 가장 큰 원칙은 공정성과 투명성으로, 모든 절차를 공개적으로 진행하는 일이다. 다만, 국정 철학이나 국정 과제를 실행하는 기관에 대해서는 인재 발굴과 추천의 절차를 확실히 규정하는 등 정치적인 임용을 제도화해야 한다. 이를 통해 후보자의 자질과 역량을 검증하는 일을 철저히 거친다. 구체적으로 미국의 사례처럼 사전에 대통령이나 기관장이 임명할 수 있는 직위나 추천할 수 있는 직위를 정해 놓는 게 바람직하다. 해

어떤 행동은 나라를 바꾼다

당 직위에 대해서는 어느 정도 재량권을 부여해 주는 것이다. 최종 임명하기 전에 제3의 전문기관에서 임명 예정자가 그 직위에 필요한 역량을 갖췄는지를 평가하도록 해서 역량 평가를 통과한 사람을 임명하도록 시스템을 만들면 된다. 사실 이런 시스템은 현재 다 조성되어 있고 운영되고 있기 때문에 임원을 선발하는 법에 이런 절차만 규정하면 된다.

이렇게 간단한 방법인데도 17년 이상 방치하는 이유는 무엇일까? 그간 이런 내용의 개정 법률안들이 몇 개나 제안되었다. 이 법안들은 국회에 계류하다가 결국 폐기되었다. 여야는 지금까지 기본적인 방향에 대해서는 적극 찬성한다고 하면서도 정치적인 합의를 이끌어 내려는 의지나 노력이 전혀 없었다.

그 첫 번째 이유로 공모 제도라는 명분 좋고 이상적인 선발 제도에 인사권자의 재량 요소인 추천권을 얹어 주는 쪽으로 공모제를 완화하는 것은 위험하다는 인식을 꼽을 수 있다. 이는 공정성과 개혁의 후퇴라고 비판받을 수 있다는 것이다. 고양이 목에 방울을 다는 격이라고 생각하는 시각이다. 두 번째, 여당이나 대통령실의 입장에서는 이러한 논의 자체가 쟁점화되는 것 자체를 싫어한다. 만약 쟁점화가 되면 기존 인사를 향한 비판이 제기되는 일과 함께 인사의 범위가 대폭 줄어들어 인사권이 약화되기 때문이다. 지금은 전 공공기관이나 공직 유관 단체까지 인사 추천을 하고 있다. 그런데 대통령이 임명하는 직위를 한정하도록 법이 개정되면 인사권이 대폭 축소되는 것은 불 보듯 뻔한 일이기 때문이다.

세 번째, 야당 입장에서는 법 개정이 되어도 바로 혜택이 돌아오는 것이 아니기 때문이다. 오히려 정부와 여당을 공격할 수 있는 무기가 없어지기 때문에 굳이 서둘러서 추진할 필요가 없다. 또한 그들은 다음 정부에 집권하여 여당이 될 수도 있다. 이러한 이유로 똑같은 역사가 전 정부, 지금 정부, 다음 정부, 그다음 정부까지 계속 되풀이되고 있다.

다시 처음으로 돌아가겠다. 나는 대통령비서실 인사비서관과 대한민국 정부 인사혁신처장을 지낸 사람으로서 현행 공공기관 인사시스템의 법과 현실 운영의 괴리에서 자유로울 수 있는가? 적어도 정부 인사의 중요한 정책과 운영을 담당해 온 사람으로서 당연히 책임을 져야 한다. 시스템 속에서 움직였을 뿐이고, 그 시스템을 바꿀 힘은 없었다는 말은 구차한 변명이다. 그 속에서 한 방울씩 떨어지는 꿀맛에 취해 적극적으로 바꿀 의지가 없었던 것이다. '한나 아렌트'가 『예루살렘의 아이히만』이라는 책에서 이야기한 악의 평범성 속에 빠져 있었던 것이다.

그래서 나는 죄인이다!

이제부터라도 더는 죄를 짓지 않기 위해, 역사의 죄인으로는 남지 않기 위해 속죄하는 마음으로 목소리를 낼 것이다. 공공기관 인사시스템 문제를 포함하여 공직시스템 혁신과 공직사회 개혁을 외칠 것이다. 그리고 실제로 개선이 이루어질 수 있도록 힘을 모을 것이다.

이 책에서는 정부 기관의 인사시스템을 중심으로 개선 방안을 도출하려고 한다. 공공기관도 결국 정부의 인사시스템을 근간으로 하기 때문에 이 책에서 말하는 개선 방향에서 크게 벗어나지는 않을 것이다.

2
나는 대한민국 공무원이다

　　나는 김영삼 정부 때 공직에 들어왔다. 신기하게도 보수 정부와 진보 정부를 각각 3번씩 경험했다. 진보 정부의 대통령실 인사수석실에서 2번 근무했고, 정무직인 인사혁신처장까지 하고 퇴직했다. 보수 정부에서도 심사임용과장을 상당히 오랫동안 맡아 정부 인사를 담당해 본 경력이 있다. 인력기획과장, 인재채용국장 등 핵심 보직들을 두루 거쳤다. "나는 보수인가, 진보인가! 보수로 분류되는가, 진보로 분류되는가?" 이런 우문을 던지는 이유는 현재 공무원들이 이런 상황에 내몰리고 있기 때문이다. 언제부터인가 공무원 사회에서는 특정 정권에서 부역했다는 이유로 낙인찍는 악습이 생겼다. 보이지 않는 불이익을 당하는 공무원들이 목격되기 시작했다. 주어진 상황에서 열심히 일했을 뿐인데 직권남용 등으로 고생하는 공무원이 주위에 하나둘씩 나타나기 시작하면서 공무원 사회는 극도로 움츠러들기 시작했다.

　　내가 아는 모 부처의 후배 공무원은 해당 부처에서 나름 에이스로 커오면서 선후배 직원들로부터 인정을 받아왔다. 하지만 전 정부 대통령실에서 근무했다는 이유로 2년 반이나 한 직위에 묶여 있었다. 그는 후배들이 1급으로 승진하는 걸 지켜보다가 공직을 그만두고 나왔다. 또 다른 동료 공무원은 전 정부에서 대통령실 비서관을 하고 부처에 복귀했는데, 복귀 후 정부가 바뀌어 그때부터 2년이 넘게 무보직으로 검찰조사를 받고 있다. 그는 아직도 대기발령 중이다. 내 후배 공무원 중 하나는 개방형으로 들어온 과장급 공무원이다. 그는 공직사회에서 개방형 직위로 입직한 공무원 중 성공 사례로 자타가 인정하고 있다. 하지만 과거 특정 언론사에 근무했다는 이유만으로 재계약을 못했다. 이러한 사례는 정부 부처와 관계없이, 공공기관에 이르기까지 수없이 많다. 심지어 지금 이 순간에도 발생하고 있다.

나는 보수도 아니고 진보도 아니다. 그냥 '대한민국의 공무원'이다. 나는 자랑스러운 대한민국의 공무원이고 싶다. 문재인 정부 공무원도, 윤석열 정부 공무원도 아니다. 나를 포함한 대부분의 공무원은 보수와 진보를 떠나 국민의 입장에 서서 일해 왔다고 자부한다. 특정 정부를 위해 부역한 게 아니라, 국민이 선택한 정부의 국정 철학과 국정 과제 수행에 전념해 왔다. 대부분의 공무원은 정부 교체와 관계없이 일반적인 보직 경로에 따라 열심히 일한다. 현재의 정부가 어느 정부이든 간에 주어진 소임을 다하려고 노력한다.

나는 문재인 정부 때 인사혁신처장을 맡았다. 당신은 문재인 정부에 충성해서, 진보 공무원으로 분류되어 그 자리까지 간 거 아니냐고 반문할 수 있다. 나는 공직 생활 내내 나 자신을 보수와 진보로 구분해서 생각해 본 적이 없다. 특정 정부에 더 충성해야겠다고 마음먹은 일도 없다. 인사혁신처 근무 당시, "인사혁신처의 고객은 공무원과 공직사회이므로 정부와 이념을 떠나 공무원과 공직사회가 잘 될 수 있도록 최선을 다하자는 마음가짐으로 업무에 임했다. 공무원과 공직사회가 잘되면 국민들도 잘되고 국가도 잘될 것이다."라고 내 자신과 직원들에게 수없이 이야기했다. 나는 진보 정부든 보수 정부든 공무원과 공직사회의 성공을 위해 끊임없이 노력하고 혁신하는 정부에게 박수를 보내고 충성할 것이다.

그러면 왜 이러한 프레임이 등장했을까? 정치가 행정을 지배하고, 정치가 행정에 너무 깊숙이 개입하면서 생긴 현상이다. 정치가 행정을 지배하는 가장 쉬운 방법이 바로 인사로 공무원을 잡는 방법이다. 사람은 자신의 신분 문제 앞에서 누구도 자유로울 수 없다. 정치가 각자의 이념과 진영 논리를 통해 각종 사회적 이슈를 선점하고 사회 문제에 개입하여 적극적으로 해결하려는 의지를 보이는 일을 나쁘게 평가할 수는 없다. 그러나 정책의 세부 결정과 집행 과정에까지 이념과 진영 논리의 잣대를 들이대는 것은 공무원들에게 자기편만 되어 달라는 것이다. 과거 정치가 행정을 지배하는 엽관주의의 폐해를 극복하고자 실적주의와 직업공무원 제도가 공직사회의 근간으로 자리 잡아 왔는데, 이제 이게 급속히 무너지고 있는 것이다. 시대 변화에 따라 기존의 제도가 변해가는 일은 정상이다. 과연 그 변화의 방향이 맞는지에 대해서는 확실한 점검이 필요하다.

본래 정치는 사회적 가치의 권위 있는 배분에 대한 의사결정, 다시 말해 정책 결정을 주로 담당해 왔다. 행정은 이를 구체화해 대국민 접점에서 효율적으로 집행하는 영역을 담당해 왔다. 과거 엽관주의 시대에서 경험한 바와 같이 정치가 행정을 지배하는 순간 큰일이 발생한다. 정치가 공무원 인사를 장악하면 정치와 행정은 함께 부패하게 된다. 공무원은 그 세계에서 살아남기 위해서 정치권의 눈치를 볼 수밖에 없다. 이런 상황에서 행정의 대응 능력이나 전문성은 기대할 수 없다.

지금 공직사회는 바닥에 완전히 엎드려 있다. 과거 공공의 이익과 가치를 실현하기 위해 사명감과 열정을 품었던 공무원들은 최소한의 주어진 일만 하면서 승진이나 영전을 포기하고 있다. 서로 가려고 했던 대통령실에도 안 가려고 한다. 주무과나 핵심 보직에도 그렇게 매달리지 않는 분위기다. 능력이 많은 에이스들이 이미 예전부터 민간 기업으로 이동하는 추세다. 망하기 일보 직전의 회사 모습같다. 공직사회가 무너져 가고 있는 것이다. 아니, 이미 무너져 내린 상태다.

3
영혼이 있는 공무원 타령

공직사회가 이 지경이 되었는데도 아무도 이런 상황에 문제 인식을 갖거나 위기의식을 느끼는 것 같지 않다. 그냥 '그러면 안 되는데…' 하고 걱정하는 정도다. 뭐 당장은 큰일이 일어날 리 만무하다. 법과 규정, 매뉴얼에 따라 기본적인 일만 하고 큰 사고 안 치려고 노력하면 밖에서 보기에 잘 굴러가는 것 같다. 4·16 세월호 참사, 이태원 참사, 오송 지하차도 참사 등 큰 사고가 한 번씩 터질 때마다 대처 방식이 어떤가? 땅에 엎드린 채 숨죽여 기다리면서 '이 또한 지나가리라.'는 태도를 많이 봐왔다. 본래 관료제는 감정도 없고, 배려도 없고, 영혼도 없는 기계다. 그 관료제 안의 공무원들은 영혼이 없는 기계의 한 부품에 불과하다. 쓸모 있으면 계속 쓰고 쓸모가 다하면 언제든지 버릴 수 있는 존재다.

공무원들은 이런 상황을 잘 알고 있다. 특히 무서운 정치권력이 행정과 공무원을 통제하는 상황에서는 영혼을 가진 인간으로 존재하는 것보다 영혼이 없는 기계의 부품으로 살아가는 일이 생존 방법이라는 것을 잘 알고 있다.

이런 현실에서 "요즘 공무원들 태도에 문제가 많다. 사명감도 없고, 국민은 염두에 두지도 않는다. 공무원 너희들, 정신 똑바로 차리고 국민과 사회와 국가를 위해 헌신하고 봉사하라."고 아무리 외쳐본들 공허한 메아리일 뿐이다. 공무원에게 영혼이 없다는 말은 정책 결정이나 집행을 할 때 국민의 입장에서 판단하고 행동하지 않는다는 뜻이다. 특정 정권이나 자신이 속한 조직, 모시는 상사의 입장이나 이익을 위해 일하고 이들에게 충성한다는 말이다. 더구나 우리나라 공직사회는 계급제가 근간이라는 사실을 잊어선 안 된다. 현실적으로 계급제하에서는 지금 자신의 생사여탈권을 쥐고 있는 정권이나 조직, 상사에게 충성할 수밖에 없는 구조다. 영혼이 있는 공무원이 되어 국민의 입장에서 소신이나 사명감을 갖고 행동했다가는 바로 찍힐 것이다.

그럼 공무원에게 소신과 사명감이란 무엇인가? 위에서 언급했듯이 국민의 입장에서 판단하고 행동하는 것이다. 공무원은 자기 자신의 소신, 가치관, 철학을 실현하기 위해 공직에 들어가서는 안 된다. 그러면 위험하다. 국민이 선택한 정부의 국정 철학과 국정 과제에 충성하는 일이 곧 국민에게 충성하는 일이다. 모든 정부에는 국정 철학과 국정 목표가 있다. 이를 구체화해서 정책으로 만든 것이 바로 국정 과제다. 정부가 교체되면 이 또한 모두 교체된다. 5년에 한 번씩 공무원들이 해야 할 일들의 방향이 크게 바뀌는 것이다. 탈원전 정책을 맡았다가 정부가 바뀌어서 친원전 정책이 국정 과제가 되면 어떨까? 새로운 국정 과제의 입장에서 국가와 국민의 이익을 최대화하기 위해 노력해야 한다. 이게 공무원들의 숙명이다. 정말 본인의 개인 철학이나 소신으로 친원전 정책을 받아들이기가 힘들면, 거기서 벗어나면 된다. 이런 공무원들을 소신

1 · 무너져 가는 공직사회 되살리기

이 없다느니, 새 정부에 아부한다느니 하는 굴레를 씌워선 안 된다. 친원전 정책이든 탈원전 정책이든 넓게 보면 원자력 발전소 정책, 즉 에너지 정책의 큰 틀에서 추진하는 일이다. 공무원들은 정부의 에너지 정책 생태계를 잘 이해하고 있는 전문가들이므로 어느 쪽을 택하든 국가와 국민에게 이익이 되는 쪽으로 정책을 만들 수 있다. 따라서 공무원을 그 분야의 전문가로 대우해 주는 것이 마땅하다.

공무원을 소신이나 사명감을 품은, 진정한 전문가로 일하게 만들려면 구체적으로 어떻게 해야 할까? 정치는 정치의 역할을 잘하고 행정은 행정의 역할을 잘하도록 시스템을 바꿔야 한다. 정부가 바뀌면 정치권은 새 정부의 기조에 따라 국정 철학을 정립하고, 그 국정 철학을 바탕으로 국정 목표를 제시하고, 이를 구체화하여 국정 과제를 선정하는 일까지 주도적으로 수행한다. 행정은 국정 철학, 국정 목표, 국정 과제를 부처나 부서의 과제로 세분화한다. 이를 제도화, 사업화하면서 효율적으로 집행하는 것이다. 여기서 중요한 게 있다. 국정 과제의 범위 내에서 이루어진 공무원의 판단이나 결정에 대해서는 광범위한 재량권을 부여하는 것이다. 설사 그 사이에 정부가 바뀌더라도 책임을 묻지 않는 것이다.

이렇게 되면 공무원들은 국민이 선택한 정부에 충성할 수 있다. 이는 결국 국민에게 충성하는 일이다. 다시 말해 정부가 바뀌더라도 국민이 선택한 정부의 국정 철학을 따르는 일이 되므로, 비록 전 정부에서 수행했던 국정 과제와 반대인 일을 하더라도 상관이 없다. 국민의 입장에서 행동하는 일이라는 정당성이 생긴다.

이렇게 되려면, 또 하나의 전제 조건이 필요하다. 현 공직시스템의 근간인 계급제의 해체다. 계급제의 특성은 사람에게 계급을 먼저 주고 그 계급에 맞는 직위를 부여하는 것이다. 4급 서기관이라는 계급의 사람은 같은 계급에 해당하는 직위는 무엇이든 다 갈 수 있다. 계급제하에서는 업무에 관심을 둘 필요가 없다. 사람만 잘 통제하고 지배하면 조직의 모든 것이 다 장악되는 거나 마찬가지다. 그런데 사람은 인사를 통해서 얼마든지 통제와 지배가 가능하다. 실제로 그렇게 통제되고 있다. 계급제만큼 사람을 잘 지배하고 통제하는 수단은 없다. 고도성장 시대에는 이런 계급제가 국가와 사회 발전에 큰 역할을 했던 것이 사실이다. 하지만 이제는 세상이 흘러가는 원리 자체가 다르다. 우리나라는 신분제 사회가 아니다! 공직 체계를 직무와 일 중심으로 편제하고 일의 가치를 동등하게 여기면 공무원들은 한 자리에서 오래 근무하면서 전문성을 쌓을 수 있다. 하는 일을 향한 사명감도 자연스레 따라온다. 그뿐만 아니라 정치적 외압이 있더라도 이에 쉽게 넘어가지 않을 것이다.

계급제를 해체하는 일이 가능할까? 지금 당장 계급제를 폐지하자는 주장은 오히려 개혁하지 말자는 말과 같다. 큰 혼란만 가중될 것이다. 실제로 계급제가 조직에 기여하는 바도 많다. 계급제 개혁은 쉽지 않고 시간이 오래 걸리는 작업이 될 것이다. 그래서 계급제의 단점, 문제점을 걷어내며 계급제의 속성을 완화해 가자는 것이다. 사람 중심의 공직시스템을 직무와 일 중심으로 전환하자는 것이다. 나는 그 방법들을 이 책에서 하나하나 제시하고자 한다.

공직사회 개혁을 위해서 이제 더 이상 "공무원들의 행태나 인식을 개선해야 한다. 공직문화를 적극적으로 일하는 문화로 바꿔야 한다. 공무원들에게 영혼을 가지고 일하도록 독려하고 교육해야 한다."는 등의 공허한 주장은 하지 말자. 이제 공직시스템을 바꿀 시기가 도래했다. 공무원들을 가두는 현행 공직시스템의 근간인 계급제를 손보는 것만이 유일한 방법이다.

코이라는 물고기가 있다. 우리가 연못에서 흔히 볼 수 있는 노란 비단잉어가 바로 코이다. 이 물고기는 어항에서는 5~8cm, 연못에서는 15~25cm까지 자란다. 그런데 강에서는 무려 1m 20cm까지 큰다. 노는 물에 따라 성장하는 크기가 무려 20배나 넘게 차이가 난다. 우리나라 공무원들을 담은 그릇은 계급제라는 어항이다. 공기업이나 사기업도 별반 다르지 않다. 우리 직장인들이 노는 물이 어항이라는 이야기다. 잠재력이 엄청난 사람들이 공직이나 공공 부문에 들어오면 달라진다는 소리가 있다. 경쟁의식도 사라지고 넓은 시야도 좁아지고 미래 비전도 없이 정체된다고 비난하곤 한다. 하지만 그 원인은 공무원 개개인에게 있지 않다. 그 공무원을 담은 그릇, 즉 인사 운영 시스템에 있다.

이제 공무원들이 정말 좋아서 신바람 나게 근무하는 일터가 되도록, 자신이 좋아하는 일을 사명감과 보람을 갖고 평생 할 수 있도록, 그리고 무엇보다 정치권 눈치 안 보고 국민과 국익을 위해서 헌신할 수 있도록 공직시스템을 다시 세워야 한다. 그러려면 계급제부터 뜯어고쳐야 한다.

4

공직사회를 바꾼 세 변곡점

나는 1994년, 공직에 입문했다. 30여 년 공직생활을 했다. 그간 수없이 많은 공직 개혁, 인사혁신을 추진해 왔으나 30년 동안 큰 틀의 변화는 경험하지 못했다. 31년 전 내가 공직에 들어왔을 때 운영되던 공직 시스템의 기본 골격은 아직도 그대로다. 심지어 공직혁신의 내용도 비슷하다. 그때나 지금이나 공직문화 혁신, 전문성 제고, 공직사회 개방과 성과 중심으로의 전환, 공직윤리 강화 등 근본 내용이 놀라우리만큼 유사하다.

그런데 크게 달라진 것이 있다. 내가 공직에 입직한 94년은 김영삼 정부 초창기였다. 그 당시 공직에 대한 평가나 선배 공무원들의 자긍심과 사명감은 매우 높았다는 기억이 생생하다. 당시에 공무원 시험에 합격하면 마을에서 잔치를 여는 경우도 있었다. 합격자의 고향이나 출신 학교 등 그 사람이 살아온 발자취 곳곳에 시험 합격을 축하하는 플래카드가 걸리는 일도 흔했다. 몇 날 며칠 퇴근도 안 하고 밤낮없이 사무실과 현장을 누비는 공무원들의 모습을 흔히 볼 수 있었다. 더구나 민간 기업에서도 인사 및 조직관리 시스템 혁신을 위해서 공직의 인사, 교육, 보상, 근무 시스템을 벤치마킹하기도 했다. 적어도 인사 및 조직관리 측면에서 민간 부문과 어깨를 나란히 한 시기였다. 당시 나는 사무관이었다. 많은 제도를 직접 고안하여 정책화하는 역할도 여러 번 수행했다. 기자나 교수, 국회 보좌관들까지 수시로 만나며 자문하고 서로 의견을 교환하고 교류도 많이 했다.

그런데 31년이 지난 2025년 대한민국 공직사회는 어떤 모습인가? 대내외적인 평가가 거의 바닥에 이르렀다. 공무원의 자긍심과 사명감은 땅에 떨어진 지 이미 오래다.

공직 지망생들이 급감했다. 그뿐만 아니라 어렵게 공무원 시험에 합격하고 공직에 들어온 젊은 청년들이 공직을 그만두고 떠나는 사례가 일반화된 상황에 처했다. 더 심각한 것은 20~30년 공직에서 전문성을 쌓아온 관리자들이 공직을 그만두고 민간으로 떠나거나 떠나려고 마음먹고 있다는 것이다. 말 그대로 대한민국 발전의 한 축을 담당해 왔던 공직사회가 크게 흔들리고 있다.

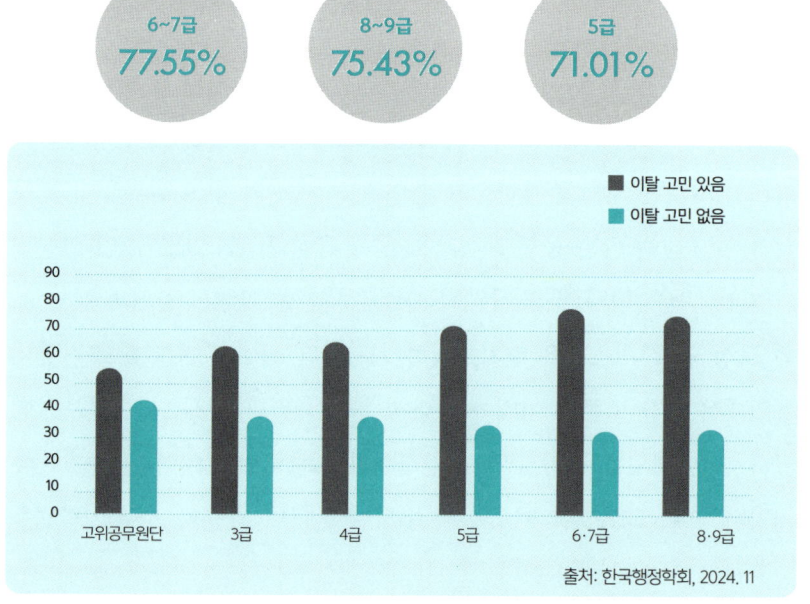

직급별 이탈 고민으로 알아보는 공직 매력도
공직 이탈에 대한 고민: 있음 75.19%, 없음 24.81%

6~7급
77.55%

8~9급
75.43%

5급
71.01%

■ 이탈 고민 있음
■ 이탈 고민 없음

출처: 한국행정학회, 2024. 11

어떤 행동은 나라를 바꾼다

나의 30년 공직생활 동안 공직사회를 크게 바꾼 세 가지의 변곡점이 있다. 1997년 IMF 외환 위기 사태, 2014년 세월호 참사, 2020년 코로나 팬데믹 확산이 바로 그것이다.

무엇보다도 IMF 사태는 공직사회에 대한 국민의 신뢰에 처음으로 깊은 금이 간 사건이었다. 앞에서 이야기했듯이 90년대 초중반까지만 해도 공직에 대한 국민들의 평가와 믿음은 그렇게 나쁘지 않았다. 공무원들도 사명감과 자긍심을 품고 일하는 사회의 엘리트들이었다. 많은 국민은 관료 집단의 권위나 엘리트 의식을 싫어했지만, 공직 종사자들이 우리나라의 성장에 기여했다는 생각 또한 지니고 있었다. 일제강점기와 한국전쟁의 폐해를 딛고 전 세계에서 유례없는 성장과 발전을 이끌었다고 여긴 것이다. 그 점을 높이 평가하고 어느 정도 기대와 믿음을 품었다. 그런데 그렇게 믿어왔던 정부와 관료 집단이 하루아침에 국가 부도를 인정하고 IMF에 구제금융을 신청하는 모습을 보면서 엘리트들로서 정부를 잘 이끌어 주리라 믿었던 관료 집단에게 배신감을 느낀 것이다. 정부의 전문성에 대해서도 의심하기 시작했다. 당시 외환 시장과 경제 불안의 다양한 전조들을 미리 알아차리고 대응하지 못한 것은 시대 변화에 무감각하고 무사안일하며 전문성도 없다는 비판을 받을 만했다.

다음으로 2014년 세월호 참사는 공직사회가 무능 집단을 넘어 범죄 집단인 이른바 관피아로 취급받는 계기가 된 사고다. 국민의 생명과 안전도 지키지 못하며 국가의 기본 역할조차 제대로 하지 못한 것이다. 사람들은 그 이면에 공무원 집단의 직무 유기와 직권남용이 있다고 생각했다. 이를 오랫동안 뿌리박힌 폐단, 즉 적폐로 간주하고 공직사회 내 적폐 청산 작업이 강하게 추진되었다. 이후 문화체육관광부 블랙리스

1·무너져 가는 공직사회 되살리기

트 사건, 교육부 역사 교과서 사건 등으로 이어지고, 각 부처마다 적폐청산 TF팀을 구성했다. 우리 공직사회는 누가 적이고 아군인지 모르는 사태로 흘러갔다. 일단 모두가 적이 되는 상호불신 사회가 돼 버렸다. 직권 남용으로 처벌받는 공무원이 나오기 시작하면서 여러 자조 섞인 말들이 유행했다. '교도소 담장 위를 거니는 관료들, 복지부동을 넘어 낙지부동 하는 공직사회, 열심히 일하면 다친다.'와 같은 말들이 그것이다. 정치가 점점 사회의 각 영역을 지배하면서 행정의 자율성과 공공 영역이 계속 축소되고 있다. 다시 말해 그동안 공공 영역에서 정쟁이나 가치투쟁의 소용돌이가 일어날 때마다 사회를 중립적이고 안정적으로 유지하는 데 많은 역할을 했던 행정이 정치의 눈치를 보게 된 것이다. 이런 과정에서 공무원들은 자긍심을 상실해 갔다. 신입들은 보수라도 더 주는 민간으로 떠나려고 한다. 연차가 높은 사람들은 어떻게 하면 유탄에 맞지 않고 오래오래 살아남을까, 공개적으로 이야기하는 형국이다.

현 공직시스템은 고도성장 시대를 살아왔던 베이비붐 세대가 만들었다. 지금까지 운영하는 이 시스템은 직업공무원 제도와 계급제를 근간으로 한다. 이 시스템의 지속가능성을 향한 강한 의문이 제기되는 때, 이제 정말 인사혁신과 공직혁신을 동시에 이뤄야 할 시기다.

2020년 코로나19 확산은 공직사회에 4차 산업혁명과 디지털 시대가 가속화되고 있다는 걸 알려준 계기다. 이와 함께 이 시대의 주인은 베이비붐 세대에서 소위 MZ 세대 즉, 디지털 네이티브로 바뀌었다는 것을 확인한 일이기도 하다. 디지털 문명이 인류가 선택한 표준 문명이자 뉴노멀이 되었다. 디지털 기술이 조직의 전략과 구조, 커뮤니케이션과 시스템, 업무 프로세스와 조직 문화까지 망라한다. 지금은 인적 네트

어떤 행동은 나라를 바꾼다

워크와 조직의 업무 전반을 근본적으로 혁신하는 시대다. 모든 데이터가 서로 연결되는 디지털 플랫폼이 우리 삶의 표준 공간이 되었다. 이제 그 플랫폼 위에서 국민, 기업, 정부가 함께 사회문제를 해결해야 한다. 우리는 새로운 가치를 창출하는 정부가 필요하다. 기존의 인사와 조직 운영 시스템으로는 바뀐 시대를 따라갈 수 없다. 조직 운영 시스템의 변화가 불가피하다.

이와 함께 현재 우리 사무실에는 성장 배경이 전혀 다른 두 세대가 함께 근무하고 있다. 첫 번째 세대는 PC와 인터넷, 모바일 환경에서 태어나고 자란 20~30대 디지털 네이티브다. 또 다른 세대는 디지털 세계에서 살아남기 위해 인터넷과 SNS 등을 배워서 익힌 50대 이상의 디지털 이주민들이다. 이러한 가운데 직장 문화를 바라보는 세대별 인식 또한 실제로 크게 다르다. 설문조사 결과, 회식이나 등산과 같은 업무 외적인 친목 도모 활동에 대해 20~30대 주니어 공무원들은 50% 이상이 개인 여가시간을 침해하는 활동으로 여겼다. 또한 업무가 끝나지 않은 느낌이라고 응답한 사람들도 많았다. 반면 40~50대 시니어 공무원들은 이에 대해 평소 하지 못한 얘기를 할 수 있고, 조직 결속에 도움이 된다고 응답한 비율이 절반을 훨씬 넘었다. 이 정도의 인식 차이가 나는 두 집단이 한 사무실에서 함께 근무하고 있다. 이 사실을 인정하고 받아들여야 한다. 현재 중앙부처 20~30대 공무원 비율은 45% 내외다. 반면 1차 베이비붐 세대(1955~63년생)는 이미 다수가 은퇴했고 2025년인 올해부터 액티브 시니어, 다른 말로 '2차 베이비붐 세대(1964~74년생) 또한 본격적으로 퇴직을 시작할 것으로 전망된다. 또한 현재 조직과 인사를 모두 장악한 세대는 40~50대 디지털 이주민들이지만, 결국 다가오는 시대의 주인은 20~30대 디지털 원주민들이 될 것이다. 그 속도는 점점 빨라지고 있다.

디지털 세대를 포함한 우리가 함께 근무하는 직원들

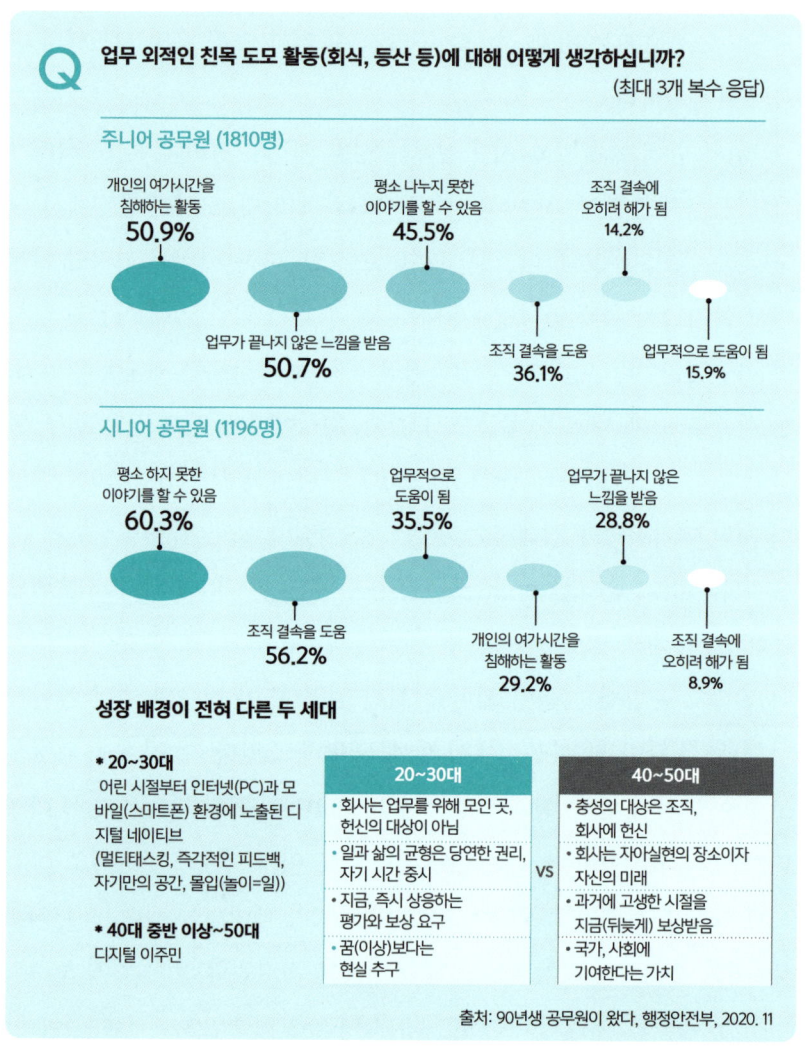

Q 업무 외적인 친목 도모 활동(회식, 등산 등)에 대해 어떻게 생각하십니까?
(최대 3개 복수 응답)

주니어 공무원 (1810명)

개인의 여가시간을 침해하는 활동
50.9%

업무가 끝나지 않은 느낌을 받음
50.7%

평소 나누지 못한 이야기를 할 수 있음
45.5%

조직 결속을 도움
36.1%

조직 결속에 오히려 해가 됨
14.2%

업무적으로 도움이 됨
15.9%

시니어 공무원 (1196명)

평소 하지 못한 이야기를 할 수 있음
60.3%

조직 결속을 도움
56.2%

업무적으로 도움이 됨
35.5%

개인의 여가시간을 침해하는 활동
29.2%

업무가 끝나지 않은 느낌을 받음
28.8%

조직 결속에 오히려 해가 됨
8.9%

성장 배경이 전혀 다른 두 세대

* 20~30대
어린 시절부터 인터넷(PC)과 모바일(스마트폰) 환경에 노출된 디지털 네이티브
(멀티태스킹, 즉각적인 피드백, 자기만의 공간, 몰입(놀이=일))

* 40대 중반 이상~50대
디지털 이주민

20~30대		40~50대
• 회사는 업무를 위해 모인 곳, 헌신의 대상이 아님		• 충성의 대상은 조직, 회사에 헌신
• 일과 삶의 균형은 당연한 권리, 자기 시간 중시	VS	• 회사는 자아실현의 장소이자 자신의 미래
• 지금, 즉시 상응하는 평가와 보상 요구		• 과거에 고생한 시절을 지금(뒤늦게) 보상받음
• 꿈(이상)보다는 현실 추구		• 국가, 사회에 기여한다는 가치

출처: 90년생 공무원이 왔다, 행정안전부, 2020. 11

5
이제 인사혁신을 넘어 공직혁신으로!

그간 IMF나 세월호 참사를 겪으며 공직사회를 환골탈태하려는 혁신이 있었다. 하지만 그 노력들은 눈에 보이는 성과를 내지 못하고 흐지부지되었다. IMF를 극복한 김대중 국민의 정부는 인사의 독립성을 강화한다. 또한 공무원의 전문성을 확보하기 위해 중앙인사위원회를 설치하는 노력을 했다. 노무현 참여정부에서는 행정자치부에 있던 인사 기능을 모두 중앙인사위원회에 이관하는 등 공직 전문성과 경쟁력을 동시에 강화하는 노력을 기울였다. 그 결과 개방형 직위 제도, 성과급 제도, 역량평가 제도, 고위공무원단 제도 등 공직 개방과 경쟁, 성과 관리에 기반한 굵직굵직한 개혁 과제가 추진되었다.

김대중, 노무현 두 대통령의 정부는 공직사회가 시대 변화에 무감각한 측면을 인정했다. 그러면서도 "그래도 관료 집단을 믿어보겠다. 공무원들의 처우를 대폭 향상해 줄 테니 전문성을 쌓고 다시 사명감을 품고 일해 달라."는 입장을 보인다. 당시 공무원의 보수는 파격적으로 인상되었다. 그와 더불어 공직을 개방하고 성과평가를 대폭 강화한다. 당시 나는 인사과에서 인사 제도 담당 사무관으로 근무하고 있었다. 이때 내가 '공직사회 전문성 제고 방안'이라는 보고서를 수없이 만들어 청와대를 비롯한 관련 부처에 보고한 기억이 난다.

당시 직무 분석을 할 수 있는 조직은 정치적 역학관계에 따라 행정안전부 소속이었다. 중앙인사위원회는 계급제의 개편에까지는 접근도 하기 어려운 구조였다. 계급제야말로 인사 조직 시스템의 뿌리인데 말이다. 이명박 정부가 들어서며, 행정안전부 소속의 한 '실'로 축소, 편입되었다. 이때부터 향후 7년 동안 인사혁신은 장관의 관심조차 얻기가 힘든 주제가 되어버렸다. 오로지 대통령실이나 정치권에서 인사 운영에만 관심을 두며 인사 시비나 인사 잡음이 언론에 많이 등장하기 시작한다.

이런 상황은 7년 정도나 지속되었다. 그러다가 2014년 세월호 참사가 발생했다. 공직사회가 관피아로 내몰리면서 또 한 번 개혁의 필요성이 크게 대두된다. 〈세월호 참사는 정부, 공직자 부정부패의 종합판〉, 〈순환보직으로 불리는 뺑뺑이 인사가 빚어낸 적폐〉, 〈신의 직장 뺨치는 ○○청 관피아.. 對 산하기관 갑질〉, 〈상인 울리는 공무원의 복지부동〉…. 당시 언론의 헤드라인이다. 공직사회와 공무원을 향한 온갖 부정적인 말들이 다 등장했던 시기다. 그 결과, 이런 공직사회의 개혁을 추진하고 공무원들의 전문 역량을 강화하고자 '인사혁신처'라는 조직이 탄생한다. 중앙부처 중 유일하게 혁신이라는 단어가 붙은 곳이다.

그런데 문제는 혁신 앞에 있는 '인사'라는 용어다. 이 조직은 당초 조직 기능과 정부혁신 기능을 포함한 공직혁신처로 설계했다. 그런데 막판에 정치 역학적인 고려로 갑자기 조직이 행정안전부에 남으며 인사혁신처가 되었다. 공직사회를 환골탈태하기 위해서는 혁신이 아주 중요한데 "너희들은 인사혁신만 해라. 정부혁신, 행정혁신, 조직혁신, 공직시스템 혁신 기능까지는 부여하지 않겠다."라고 한 거나 마찬가지다. 이렇게 또 인사와 조직을 분리해 놓은 것이다. 인사는 밥이고 조직은 밥그릇이라고 한다면, 밥과 그릇을 각각 다른 집에 놓아두고 상을 차리라는 말과 같다. 인사혁신처를 출범시키면서 공직혁신의 의지를 대외적으로 천명했으나, 아이러니하게도 실제로는 혁신을 세게 추진할 의지가 없었던 것이다.

다만 인사혁신처는 인사혁신 분야에서 많은 성과를 거뒀다. 무엇보다 공무원연금 개혁을 사회적 합의를 통해 완료했다. 전문직공무원 제도를 도입하고 적극행정을 확산했다. 또, 공무원 재해보상 제도를 도입했으며 중요직무급제의 도입과 확대를 이루어냈다. 이 밖에도 공무원 시험 과목 개편, 인재개발플랫폼 구축, 유연근무 확산 등 새로운 시대에 발맞춘 인사혁신을 통해 공직사회에 활력을 불어넣고 있다.

그럼에도 여전히 문제가 있다. 과거 중앙인사위원회 시절처럼 조직 기능이 있지 않아 공직시스템의 근본적인 변화를 위한 작업에 들어갈 수 없는 한계에 직면해 있다. 전문직공무원 제도를 예로 들어보겠다. 이 제도는 한 우물만 파며 한 분야에서 전문성을 쌓도록 만든 것으로, 2017년에 야심 차게 도입했다. 하지만 8년이 지난 현재 전국의 전문직공무원은 220명에 머물고 있다. 전문직공무원 제도를 발전시키고, 전문직공무원들을 양산하기 위해서는 근본적인 시스템을 바꿔야 한다. 보다 구체적으로 말하면, 계급제로 정원을 배분하는 원칙을 깨뜨리고 직무 중심으로 인력을 배치할 수 있도록 해야 한다. 그러려면 조직 기능을 지닌 행정안전부와 협업을 해야 하는데 현실적으로 쉽게 이루어지지 못하고 있다.

이 모든 개혁을 위해서는 인사혁신을 넘어 공직혁신으로 나아가야 한다. 지금은 공직사회의 틀을 완전히 바꿀 골든타임이다. 현재의 공직시스템으로 2030년대를 맞이하면 어떻게 될까? 대한민국의 재앙이 될 것이라고 단언한다. 앞으로 몇 년 안으로 공직시스템의 근본적인 변화를 위한 작업에 들어가지 않는다면 오늘날 우리 정치인, 학자, 고위공무원들은 직무 유기라는 죄명으로 역사의 죄인이 될 수 있다.

6
지금까지 줄기는 손도 대지 못했다

　나는 그간 공직사회 개혁을 추진하는 방안을 수립할 때마다 직간접적으로 수차례 참여했다. 김대중 정부 초반에는 공무원 교육훈련기관을 전문교육기관으로 통폐합하며 수백 명을 구조조정 했고, 사이버교육 훈련을 도입하는 등 공무원 인적자원 개발 체계를 혁신했다. 참여정부에서는 정부혁신위원회에 들어가 인사 개혁 로드맵을 수립했다. 공직을 개방하고, 공직사회를 경쟁과 성과 중심으로 개혁한다는 내용이다. 노무현 정부 후반에는 대통령비서실 인사제도비서관실에서 고위공무원단 제도를 도입하는 일을 총괄했다. 이명박 정부 때는 중국대사관에서 재외공관의 인력과 조직 효율화 방안을 수립하여 보고하기도 했다. 이는 대통령실과 외교부의 특별 과제였다. 그리고 5급 공채 폐지와 음서제도 부활 논쟁, 외교부 장관 딸의 인사 파동 등을 겪으며 공무원 채용 제도의 틀을 바꾸는 작업을 시작한다. 구체적으로 특별 채용 제도를 폐지했다. 민간 경력자를 채용하는 제도를 도입하고, 외교 아카데미를 신설했다. 또한 9급 지역인재 채용 제도를 신설했다. 이후 박근혜 정부, 문재인 정부 때도 공직사회의 크고 작은 개혁에 앞장섰다. 그 내용으로는 공직문화 혁신을 추진하는 방안, 공직 전문성을 제고하는 방안,

적극행정 체계의 도입과 활성화 방안, 직무와 성과 중심의 인사 관리 방안이다. 그뿐만 아니라 인재개발플랫폼을 구축하며 인재개발의 패러다임을 전환했다. 또한 공직 생산성을 향상하기 위한 근무혁신을 추진하는 일도 했다. 이 작업 하나하나 모두 당시에는 엄청 중요한 혁신 과제들이었다. 추진하는 데 아주 힘든 과정을 보냈지만 그만큼 보람도 많이 있었다. 고맙게도 이런 나의 노력이 통했는지 주위에서 그간 나의 인사혁신 공적을 높이 평가해 줬다. 나는 인사혁신 전문가로 인정받아 인사 분야의 최고 수장인 인사혁신처장까지 하고 나왔다.

그러나 역사는 시간순으로 바라보는 눈이 꼭 필요하다. 이러한 혁신 업무를 돌이켜 보면, 모두 그 당시에는 꼭 필요했고 해야만 했던 일이다. 하지만 큰 틀에서 보면 줄기는 그대로 놓아둔 채 나뭇가지와 잎만 손댔다는 느낌을 지울 수가 없다. 예를 들어 위계가 강한 조직 구조나 연공서열에 따른 보상, 복지부동, 전문성 결여 등의 문제는 결국 거슬러 올라가면 직업 공무원 제도와 계급제에 그 뿌리를 두고 있다. 따라서 일시적인 구조조정으로 해결할 수 없다. 조직 문화나 사람의 행태를 바꿔서 해결되기를 바라서도 안 된다. 뿌리를 바꾸지 않고서는 결코 근본적인 변화를 이끌어 낼 수 없다.

공직사회의 전문성 향상을 위해서 순환보직을 제한하며, 전보 제한 기간을 2년에서 3년으로 늘렸다. 또한 특정 전문 분야에는 전문직공무원들을 도입하는 일을 혁신 방안으로 제시했다. 이런 방안들을 적극 추진해 왔다. 하지만 계급제에서 벗어나지 못하는 한 이와 같은 방안들을 아무리 정교하게 도입한들 공허한 메아리에 불과하다. 정책을 만들어 본 사람들은 대부분 이러한 혁신 방안들이 성공하기 어렵다는 것을 알고 있다. 그럼에도 불구하고 이런 정책을 수립할 수밖에 없는 이유는 무엇일까?

계급제나 직업공무원제 같은 큰 줄기에 손을 대는 순간, 시끄러워진다. 설득해야 할 사람이나 집단도 많아지고, 시간도 오래 걸린다. 감당하기 어려운, 특정 상황이 찾아올 수도 있다. 적어도 한 자리에서 3년은 근무하면서 강력한 추진력으로 밀어붙일 자신이 없으면 그러한 혁신 아이템을 제시할 관리자는 없다. 최고지도자나 정치권에서 이러한 문제를 던져주고, 국정 과제나 주요 업무 과제로 추진하도록 동력을 부여해야 한다. 또한 공직혁신을 맡은 부서에 힘을 실어줘야 한다. 조금 시끄럽고 시간이 걸리더라도 진득하게 기다려 주는 일이 필요하다.

그간 공직혁신은 행정안전부와 인사혁신처가 애매하게 분담해 왔다. 역사를 돌이켜 보면, 90년대 중반까지 총무처에서 공무원 인사와 조직, 공직혁신 등 공직시스템 운영을 관장했다. IMF가 터진 이후 공직 인사 전문성을 제고하기 위한 개혁의 일환으로 중앙인사위원회를 신설했다. 지금 우리가 추진하는 대부분의 인사혁신 초안은 바로 이때 여기서 나왔다. 그렇게 공직사회에 성과주의와 경쟁, 개방의 바람이 불기 시작한다. 반대의 목소리에도 불구하고 고위공무원단 제도를 과감하게 도입했다.

하지만 안타깝게도 2008년 이명박 정부 때부터 중앙인사위원회가 행정자치부에 소속된 하나의 실 수준으로 흡수, 통합되면서 인사 정책이 실종되기 시작한다. 그리고 2014년 세월호 참사를 계기로 출범한 인사혁신처는 '공직 개혁 추진, 공무원 전문 역량 강화'를 내걸고 인사보다는 혁신에 방점을 뒀다. 인사혁신처는 중앙부처 중 유일하게 이름에

어떤 행동은 나라를 바꾼다

혁신이 붙은 기관이다. 하지만 아직까지 공직혁신에 있어 기대한 성과를 내지 못하고 있다는 평가다. 냉정하게 말하면, 혁신의 대상이자 수단이라고 할 수 있는 조직과 직무 분석 기능이 행정안전부에 그대로 남아있어 사실상 공직혁신이 좌절됐다고 보는 것이 옳다. 혁신 역량을 한 곳으로 모아도 공직혁신의 성공을 장담할 수 없는데, 이를 갈라놓았으니 그 성공을 기대하기란 애초에 어려웠던 게 아닐까.

이와 함께 더욱더 큰 문제가 있다. 문재인 정부도 그랬고, 지금 정부도 공직혁신에 큰 관심이 없다는 점이다. 정치적으로 어렵고 미묘한 상황에서 적게는 120만, 많게는 180만 공직자들을 건드려 헤집어 놓을 필요가 없다는 생각때문으로 추정된다.

대통령비서실 인사비서관으로 근무하면서 소위 정치권에 있는 사람들과 가끔 인사 제도나 정책에 관한 의견을 나눌 때가 생각난다. 나는 기회는 이때다 싶어 "공직사회의 연공성을 완화하고 전문성을 제고하기 위해서 계급제를 직위분류제로 전환해야 한다. 그러면서 채용, 보직 관리와 승진, 평가와 보상 체계 등을 바꿔 나갈 필요성이 있다. 지금 정부가 좋은 평가를 받고 있으니 이럴 때야말로 공직혁신을 추진할 수 있는 적기다. 그럼 훗날 지금 정부의 큰 업적으로 평가받을 것이다."라는 주장을 수차례 했다. 그때마다 "지금 지지율도 높고 분위기도 좋은데 무슨 찬물을 끼얹는 이야기냐, 괜히 분란 일으키지 말고 인사 운영이나 잘해라." 이런 분위기였다.

정치권에서 관심 있는 것은 미래 세대의 평가, 정부의 경쟁력을 얻을 수 있는 공직혁신이 아니었다. 공직 내에 본인들이 갈 수 있는 자리가 어디일까를 챙기는 일, 본인들이 지향하는 가치나 목적을 실현하기 위해 공직사회를 통제하고 장악하는 일이었다. 행정은 정치에서 요구하는 일을 말없이 해주면 그것만으로 충분하다고 생각한다. 내가 정치하는 사람들을 욕하거나 정치하는 사람과 공무원을 편 가르고자 이런 말을 하는 것은 아니다. 본래 이것이 역사적으로 정치와 행정의 관계였으며, 동시에 정치의 속성이기도 하다.

이와 반대로 대통령 지지율도 낮고 정부 분위기가 좋지 않을 때 공직사회 개혁을 강도 높게 추진하자는 주장이 힘을 얻는다. 우리가 역대 정부에서 경험했듯이 이럴 때는 항상 공직사회를 엄하게 때린다. 심지어 적폐로 몰아간다. 공직 기강을 바로잡는 모습을 보여주려고 조직과 정원을 축소하고 공무원들을 감찰하는 일도 서슴지 않는다. 2024년 제22대 국회의원 선거 결과 여당이 패배했을 때 공직 감찰반들이 정부 청사가 몰려 있는 세종시에 출몰하여 공포 분위기를 조성한 것이 최근의 사례다. 하지만 이러한 모습은 곧 흐지부지된다. 마치 언제 그랬냐는 듯이.

이런 흐름에서는 공직시스템을 개혁하여 공직사회의 전문성을 제고하자는 방안이 힘을 얻기 어렵다. 정치는 지금 당장 국민들의 관심을 끌 수 있는 직관적인 이슈를 가지고 이성보다는 감정에, 보편적인 정서에 호소하는 성향이 강하다. 그런데 이러한 개혁 주제는 사회의 거대 담론이 되기 어렵다. 논리적이고 합리적이지만 이는 아무 상관이 없다. 대중은 정치적으로 자신들에게 직접적인 도움이 되는 이슈가 아니면 쉬이 외면한다. 따라서 국민들의 지지나 관심을 끌어내기가 어렵고, 시간도 오래 걸리는 일이 된다. 그뿐만이 아니다. 성공보다는 실패할 확률이 높고, 실패하면 공무원이라는 하나의 집단을 결집시켜 등을 돌리게 만들 수도 있다.

그럼 공직사회 개혁은 결국 실현 불가능한 것이자 실패할 수밖에 없는 일인가? 대외적으로 보여주기 위한 정치적인 수사에 불과한가? 우리 공직시스템은 아직은 그런대로 쓸 만하다. 다른 나라와 비교할 때 그렇게 비효율적인 시스템은 아니니까 그냥 현 시스템 속에서 조금씩 변화를 따라가는 것이 지금 당장에는 서로에게 좋을 수도 있다. 그러나 냉정하게 생각해 볼 필요가 있다. 현재 50대 이상은 고도성장 시대에서 일자리도 쉽게 얻고, 재산도 많이 증식하고, 여러 면에서 풍족하게 사는 혜택을 누려왔다. 이 사회의 기득권이자 주축으로 자리 잡은 지 오래이기 때문에 큰 변화를 별로 원하지 않을 확률이 높다.

반면에 20~30대 젊은 세대의 입장은 다르다. 디지털 시대가 본격적으로 열렸는데, 아직도 옛 시절의 시스템에 본인들을 가두고 고루한 원칙을 따르라고만 강요하면 어떻게 될까? 이미 오래전부터 2030 세대는 역사 이래 부모 세대보다 잘 살지 못하는 첫 세대가 될 거라는 전망이 나왔다. 우리 기득권 세대의 탐욕으로 우리의 후배이자 후손들을 불행하게 만들어서는 안 된다. 지금의 조직 운영 시스템을 그대로 갖고 가다가 이 사회와 나라가 망가지면 결국 후손들의 불행으로 이어진다는 사실을 인지해야 한다.

디지털 시대의 주인공들에게 적합한 공직시스템을 현실적으로 준비하고 구축에 착수해야만 한다. 새로운 시스템이 안정화 기간을 거쳐 우리 사회에 무사히 정착하려면 적어도 10년은 족히 걸릴 것이다.

7
그간 공직사회 개혁의 대상은?

나는 28년 동안 공직생활을 하며 총 6번의 정부 교체를 경험한다. 새로운 정부가 출범할 때마다 작고 효율적인 정부, 경쟁력 있는 정부를 목표로 내세운다. 그러면서 고강도의 공직 쇄신을 이야기한다. 정부가 직접 개혁 추진에 드라이브를 걸었으나, 2~3년차가 되면 대부분 원위치로 돌아가거나 흐지부지되어 버린다. 94년 초 내가 공직에 들어올 때는 최초의 문민정부라는 타이틀을 단 김영삼 정부 시절이었다. 연일 행정 쇄신과 세계화를 부르짖었다. 정부 부처도 문화부와 체육청소년부를 통합하여 문화체육부, 재무부와 경제기획원을 통합하여 재정경제원을 만드는 등 대대적인 조직 개편이 있었다. 공무원 감축도 단행한다. 이후 김대중 정부는 공무원 1만 명 감축, 이명박 정부는 11개 중앙행정기관에서 16명의 정무직 감축을 시행한다.

새로운 정부가 탄생할 때마다 '작고 효율적인 정부'를 실현하겠다는 공직 목표를 내세운다. 작고 효율적인 정부! 어쩌면 많은 이가 동의하는 가장 바람직한 정부의 모습이다. 참 가슴 설레게 하는 멋진 구호이기도 하다. 그런데 나는 공직생활 30여 년 동안 이 구호가 얼마나 허구에 가득 찬 구호인지 경험해 왔다. 지금 우리나라 정부는 서로 유사한 일을 하는 중복 기관이 매우 많다. 필요 없는 업무나 기능도 많아 조직과 정원을 절반으로 줄여도 국가는 잘 돌아갈 거라고 주장하는 사람도 꽤 많다. 그래서 매 정부 출범 때마다 정부의 몸집을 줄이는 일을 요구한다. 실제로 공무원 정원을 감축한다. 또 정부기관의 수나 규모를 줄이는 작업에도 착수한다. 그럼에도 불구하고 정부의 규모는 계속 커져 왔다. 공무원의 수도 꾸준히 증가해 90년대 초반 88만여 명이었던 공무원 조직은 2024년 117만 명으로 30여 년 만에 1.3배 이상으로 증가한다.

정부의 기능을 축소하고 공무원 수를 줄이는 개혁 방식을 냉정하게 생각해보자! 작은 정부를 추구한다는 것은 정부와 행정의 역할을 축소한다는 뜻이다. 이를 통해 민간 부문의 자율성을 최대한 확대하는 것이다. 다시 말해 공공의 영역을 줄이고 민간 부문을 점점 확대하는 일이다. 민간 영역은 기본적으로 자유 시장경제에 의해 움직인다. 그런데 우리는 역사를 통해 시장이 전지전능하지 않다는 것을 경험했고, 지금 이 순간에도 경험하고 있다. 의료, 교육, 주택 등 사회복지가 대표적인 사례다. 사회가 발전할수록 빈부격차가 커지고 기회의 균등도 무너지고 있다. 현대 사회는 민간의 자율성을 보장하고 키우는 일도 중요하지만, 공공의 영역을 잘 관리하고 공익을 키우는 일도 이에 못지않게 중요하다. 국민을 모두 시장이라는 운동장으로 내몰아 치열하게 경쟁해서 살아남으라고 할 것인가? 아니면 국민이 함께 뛰어놀 수 있는 공간인 공공 영역을 일정 부분 확보해서 공동의 이익을 위해 힘을 모아 노력하도록 할 것인가? 이에 대한 고민이 진정 필요하다. 공공 영역에서 행정은 조정자 역할을 한다. 또한 방향을 잡는 역할을 할 수도 있고, 봉사자 역할을 할 수도 있다. 그런 역할을 할 정부가 필요하고, 행정이 필요한 시기다.

국민들도 정부가 커지면 커질수록 세금을 많이 내고 효율성도 떨어질 거라는 생각에 당장은 작은 정부 논리에 동의하고 있기는 하다. 실제로 정부가 사회 안전과 질서를 유지하는 차원을 뛰어넘기를 바라고 있다. 빈부격차를 해소하고 주택, 교육, 의료 등 사회보장정책을 확대하면서 더 많은 서비스를 제공하기를 바란다. 사회가 고도화 될수록 이러한 요구는 더욱 증가할 것이다. 이러한 수요를 충족하기 위해서는 더욱 더 큰 정부를 만들어야 한다. 정치도 이러한 국민의 요구를 외면하고서는 살아남을 수 없다. 따라서 밖으로는 작고 효율적인 정부를 내세우지만, 집권하면 소리 없이 조직, 인력, 예산을 늘려왔다. 실제로 국민들은 전지전능한 정부를 원하지만, 세상 어느 곳에도 전지전능한 정부는 없다.

이제 더 이상 정부 기능을 작게 더 작게 만들고, 공무원 수를 줄여나가는 구조조정 방식의 개혁은 하지 말자. 이러한 개혁은 당장 국민들의 동의와 지지를 이끌어 낼 수는 있으나, 지금까지 한 번도 성공하지 못했던 개혁 방식이다. 시대 변화를 전혀 반영하지 못했기 때문이다.

행정이 추구할 가치도 생각해 보자. 많은 학자가 정부와 행정은 민간 기업처럼 효율적으로 운영해야 한다고 말한다. 공무원들의 일하는 방식이 비효율적이고, 비생산적이고, 전문적이지도 않다고 비판한다. 옳은 비판이다. 그러나 다시 생각해 보면, 민간 시장이 추구하는 가치 중 가장 중요한 것은 효율성, 생산성이지만 정부나 공공 부문에서 추구하는 가치 중 중요한 것은 형평성, 공정성, 민주성이다.

공무원 한 명이 하루에 민원 10건, 20건을 처리하는 것은 중요하지 않다. 그건 단순히 기계적으로 이루어지는 업무일 수도 있다. 하루에 단 한 건을 처리하더라도 목적에 맞고 공정하게 처리해야 한다. 민주적으로 해야 한다. 민간 기업의 효율적인 경영 방식을 도입하고 싶다면, 차라리 그 기능을 아예 민간 영역으로 넘기는 게 훨씬 바람직하다. 공무원들에게 현행 공직시스템 안에서 민간 기업 직원처럼 일하라고 한다면 다 도망갈 것이다. 다시 말해 공무원들에게 더 일하라고 부추기고 생산성이나 효율성을 몇 배 더 높이라고 하는 것은 바람직하지 않다. 한계가 분명하다는 말이다.

공무원들이 공정하고 민주적인 절차에 따라 공공 부문의 가치와 공익을 최대한 실현하는 역할을 하도록 만들어 줘야 한다. 사회복지 공무원들에게 시간 배분과 이동 거리를 체크해 가면서 매일 관리 대상자의 수를 늘리라고 하는 건 오히려 복지를 받는 한 사람 한 사람의 입장에서는 혜택이 줄어드는 일일 뿐이다. 정말 취약한 사각지대에 있는 관리 대상자들에게 더 많은 시간과 조치를 행할 수 있도록 지지해 줘야 한다. 검사나 경찰들은 더 이상 유전무죄, 유권무죄가 통하지 않는다는 사실을 받아들여야 한다. 누구나 죄를 지으면 정말 공평하게 벌받는 사회를 만드는 일이 중요하지, 사건 처리나 기소 건수로 검경의 능력을 평가해서는 안 된다.

공무원을 개혁 대상으로 삼는 일에 대해서도 생각해 보자. 외부에서는 우리나라 공무원들을 전문성이나 사명감이 부족하고 무사안일하다고 생각한다. 개개인은 고지식하고, 집단은 부패하고 무능하다고 여긴다. 아직도 많은 권한과 권력을 지닌 채 신분 보장, 퇴직 후 재취업 등 온갖 혜택을 다 누리면서도 복지부동하다는 시각이다. 국민의 요구나 기대에 부응하지 못한다고 생각한다. 이게 일반적인 평가다. 그래서 현직 공무원들을 국가와 국민에게 봉사하고 헌신하는 공무원으로 모두 갈아치우거나 변화시켜야 한다고들 말한다. 물론 국민들이 공공 부문을 아주 냉정하고 부정적으로 바라보고 있다는 사실을 겸허히 받아들일 필요가 있다. 이러한 부정적인 평가에 좌절하거나 주눅 들면 안 된다. '일을 더 잘해달라'는 국민들의 당부나 요청으로 받아들여야 한다. 이건 동서고금을 막론하고 공공 부문에 종사하는 사람들의 피할 수 없는 숙명이다.

그런데 공직사회와 공무원에게 이러한 프레임을 씌워 낙인찍고 개혁의 대상으로 삼는 일이 과연 타당한가? 지금껏 경험한 바에 따르면 대한민국 공무원들은 대부분 경제적 보상보다는 공익적 활동과 명예를 선택한 사람들이다. 기본적으로 이 사회를 위해 뭔가를 하고 도움을 주는 역할을 해야겠다는 공익 마인드를 소유한 사람들이다. 또한 적어도 이런 공익 마인드를 요구받고 사는 것을 자연스럽게 받아들이는 존재들이다. 실제로 공무원들은 국가와 사회, 타인을 위하여 크고 작은 많은 일을 하고 있다. 그러면서 보이지 않는 창살에 갇힌 것처럼 말과 행동을 마음대로 하지 못하면서 살아간다. 좋은 일이 있을 때 마음대로 기뻐하지 못하고, 슬픈 일이 있어도 함부로 슬퍼하지 못하는 존재들이다.

그뿐만 아니라 한국 공무원들은 상당히 모범적인 집단에 속한다. 우리나라의 국민 범죄율은 3.6%인데 비해 공무원 징계 비율은 0.6%에 불과하다. 공무 수행 중 순직하는 공무원의 숫자는 연 80명이 넘는다. 대다수의 공공 부문 종사자들은 국민을 위해 열심히 일하고 있다.

한 가지 눈여겨봐야 할 사실이 있다. 정부를 향한 국민들의 신뢰도다. 그렇게 공무원들을 질책하면서도 미국, 프랑스, 일본 국민들보다 높은 비율인 45%의 지지를 보내고 있다. OECD에 가입된 국가 중 상당히 높은 순위이다. 이렇게 볼 때 대한민국 공직사회의 구성원들은 충분한 자질을 갖춘 사람들이다. 나는 '공무원이 자긍심을 지니고 일하면 국민들이 행복해진다', '공직사회는 이 사회를 지키는 마지막 보루'라는 신조를 품은 채 공무원 생활을 해왔다. 정책과 서비스의 질을 높여 국가가 발전하고 국민이 행복해지려면 공무원에게 자긍심을 불어넣어야 한다. 이들이 신바람 나게 일할 수 있는 공직시스템을 설계해야 한다.

한국과 OECD 주요국의 정부 신뢰도

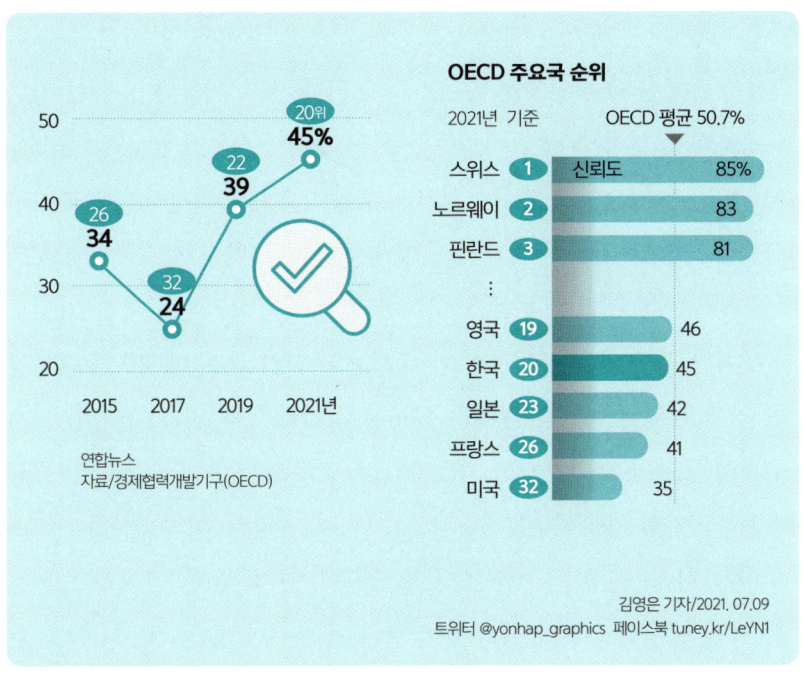

연합뉴스
자료/경제협력개발기구(OECD)

김영은 기자/2021. 07.09
트위터 @yonhap_graphics 페이스북 tuney.kr/LeYN1

시대 환경이 하루가 다르게 급변하고 있다. 공무원이 시대에 뒤떨어진 감각으로 새로운 행정 수요에 대응하지 못한다고 비판하는데 과연 이게 공무원들만의 책임일까? 공무원을 담는 그릇, 공직시스템이 그렇게 해도 살아남도록 설계되어 있기 때문이다. 이제 시스템을 바꿔 줄 본격적인 시기다. 공무원이 뛰어노는 공간을 어항에서 강으로, 강에서 바다로 확장해야 한다.

지금까지 공직사회를 개혁하기 위한 방안은 수십 차례에 이를 정도로 다양했다. 개혁이 제대로 성공하지 못했던 이유 중 하나는 개혁 대상의 초점을 공무원에게 맞췄기 때문이다. 정부 기구와 공무원 정원을 축소하는 일이 가장 흔하디흔한 개혁 방식이었다. 또한 공직 기강을 바로잡고 적폐를 청산한다는 명목으로 공직사회를 일시적으로 때리며 국민에게 보여주기식 개혁을 추진했기 때문이다. 이런 개혁은 단기적으로는 성공하는 것처럼 보인다. 하지만 절대로 바람직한 결과를 가져오지 못한다. 공무원을 무시하며 막 대하는 사회가 좋은 영향으로 이어질까? 직원을 무시하며 막 대하는 회사를 생각해 보면 된다. 공무원 무시의 피해는 결국 국민에게로 되돌아간다. 공무원도 우리와 똑같은 사람이자 누군가의 가족이다.

따라서 더 이상 단순한 조직 축소, 공무원 수 감축, 공직의 효율성 제고에만 몰두하지 말고 멀리 봐야 한다. 공무원이 정말, 제대로 일할 수 있는 환경을 구축하는 일이 우선이다. 공정하고 민주적인 정부 운영, 공무원이 자신의 전문성과 사명감을 바탕으로 신나게 뛰어놀 수 있는 공간, 그런 공직시스템을 만드는 혁신을 해야 한다. 다시 말해 공직혁신의 대상은 경직되고, 폐쇄적이고, 연공서열적인 공직시스템이 되어야 한다.

어떤 행동은 나라를 바꾼다

좀 더 구체적으로 말하겠다. 공직시스템의 근간인 계급제와 직업공무원제를 고치고 이를 근거로 설계된 채용 제도, 보직관리 제도, 보상 제도, 성과평가 제도 등을 다시 설계해야 한다. 이러한 시스템을 그대로 놓아둔 채 아무리 개혁을 외친들 항상 제자리로 돌아오게 되어 있다.

8
공직사회의 전문성을 제고하자!

공직생활 중 많이 들었던 말이 있다. 철밥통, 복지부동, 무사안일, 무능함 바로 이런 것들이다. "너희들은 일을 안 하는 게 우리를 도와주는 거다.", "참, 공무원답다."라는 비아냥도 많이 들었다. 정말 듣기 싫은 말들이었다. 국민들과 외부 전문가들 모두 공무원 사회를 가장 강하게 지적할 때 한목소리로 비판하는 내용이 있다. '무능하다', 즉 '전문성이 없다'는 것이다.

실제로 우리가 사는 세상은 과거보다 훨씬 변화의 속도가 빠르다. 많이 복잡하다. 따라서 사회 문제가 지속적으로 발생하는데 공직사회가 이에 제대로 대응하지 못한 것은 사실이다. 새만금 개발 사업이나 부동산 정책, 저출생 정책 등 한국 사회를 관통하는 주요 사회 이슈에 대응하는 정부의 행태를 볼 때마다 국민들은 깊은 한숨을 내쉰다. 국민들이 답답해하는 것도 당연하다. 공무원으로 살아온 내가 봐도 공직사회가 시대 변화에 참 무감각하다. 창의성이 없고 시야가 좁고 작은 세계에 갇혀 있는 모습이다.

그럼 공직생활 중 가장 듣고 싶었던 말은 무엇이었을까? "유능하다.", "일 잘한다."는 말이다. 아주 가끔씩 들었던 말이지만 이런 말들을 들을 때면 마음이 참 뿌듯해지면서 더욱 열심히 일해야겠다는 의지가 솟구쳤다. 야근을 해도 신이 나고 전혀 피곤함을 느끼지 못하기도 했다.

그러면 국민들이 공직사회나 공무원에게 가장 바라는 것은 무엇일까? 나의 경험을 종합해 보면 결국 답은 하나다. "일을 잘해달라!"는 것이다. 여기서 일은 좋은 정책을 만들고 질 좋은 서비스를 제공하는 것이다. 일을 잘하려면 먼저 문제를 똑바로 인식하고 그에 맞는 전략적 사고를 해야 한다. 관련된 사람들과 원활하게 소통하고 조율하는 능력도 중요하다. 또한 성과를 지향해야 한다. 변화를 부지런하게 관리하며 밝은 비전을 제시할 수 있는 역량도 필요하다. 요약하자면 문제를 해결하고 성과를 내고 미래 비전을 선보일 수 있어야 한다. 이 모든 역량을 한마디로 표현한 것이 바로 '전문성Professionalism'이다.

국민들이 전하는 일을 잘해달라는 말을 다른 말로 표현하면 전문성을 갖춘 공직사회, 전문성이 있는 공무원이 되어달라는 것이다. 즉 국민들이 실제 요구하는 것은 공무원을 때려잡으라는 것이 아니라 공무원의 전문성을 끌어올려서 일을 잘해달라는 메시지다. 따라서 이런 관점으로 인사혁신과 공직혁신에 접근해야 한다. 혁신의 목표를 '공직사회의 역량을 높이고 전문성을 제고하는 일'에 둬야 한다. 공무원들이 자기 분야에서 내공을 쌓도록 경력 개발이나 역량 개발을 지원해야 한다. 그런 다음, 본격적으로 업무 중심의 공직시스템을 쌓는 일이 필요하다. 이런 환경에서 공무원들은 누구 못지않게 열성적으로 일할 것이다.

역대 정부에서는 공직사회 개혁의 목표를 공직 비리를 척결하는 일과 공직문화를 쇄신하고 공무원의 행태를 변화시키는 일에만 두는 경향이 있었다. 아마 정무적인 감각이 있는 사람이라면 공무원의 역량 개발이나 전문성 강화, 자긍심 제고가 중요하다는 사실을 본능적으로 느낄 것이다. 하지만 이런 내용을 선거 공약으로 하고 국정 과제로 내세우자는 주장은 쉽사리 하지 못할 것이다. 이런 배경에는 신자유주의적인 기조에서 나타난 신공공관리론의 영향도 크다. 신공공관리론은 시장 기능을 강조하고 민간의 경영 기법을 도입하는 걸 추구한다. 이를 통해 작은 정부를 구현하여 효율성과 생산성을 높이자는 논리다. 뚜렷한 해결책이 없는 한, 이 주장에 반대하기는 어렵다. 국민들 또한 정서적으로 이런 개혁 방향에 동의하고 환호해 왔다.

그러나 신공공관리론의 시각에서 행정을 바라본다면, 굳이 행정이 존재할 이유가 없다. 행정과 상관없이 정부를 민간 기업을 경영하는 관점에서 생산성, 효율성을 최우선적인 가치로 두고 운영하면 그만이다. 이건 자본주의의 원리에도 부합한다. 공공의 영역은 외교나 국방, 치안에 한정하면 된다. 여기서 국민들은 행정 서비스의 고객에 불과하다. 사적인 영역을 최대한 확장하고 공적인 영역을 최소로 축소해야 한다는 시각이다.

이 관점은 이론적이고 이상적인 입장에서는 충분히 타당할 수 있다. 우리 현실에서 발생하는 사회 문제는 점점 더 많이 공공 문제화되고 있다. 공적인 영역에서 이를 해결해야 할 필요성이 커지는 중이다. 실제로 이러한 상황이 바로 행정의 수요로 이어진다. 공공 문제를 해결하기 위해 공적 영역을 복원하는 일이야말로 과거의 과오를 바로잡는 길이다. 한 공간에서 국민과 기업과 행정이 함께 머리를 맞대고 사회 정의, 형평성, 공정성과 같은 공공의 가치를 이끌어내야 한다. 이를 바탕으로 문제를 해결해야 한다. 공직사회가 이러한 행정 수요에 효과적으로 대응하고 문제를 해결하기 위해서는 고도의 전문성이 필요하다.

나는 기본적으로 공직사회의 비효율성 제거를 목표로 하는 신공공관리론의 개혁 방향에 반대하지는 않는다. 그러나 이러한 개혁 주제들은 최상위의 목표로 제시될 성격이 아니다. 중간 목표나 하위 목표 중 하나로 충분하다. 공직사회 혁신의 최상위 목표는 공직사회 역량 강화를 위한 전문성 제고다.

전문성 제고를 위한 구체적인 방법이 있다. 직위분류제적 요소를 도입하는 것이다. 이는 일과 직무 중심으로 사람을 선발하고 관리하고, 평가와 보상을 주는 방법이다. 현재 공무원들이 노는 물은 계급제라는 어항이다. 노는 물을 어항에서 연못으로, 연못에서 강으로, 강에서 바다로 넓혀주자는 뜻이다. 사람에게 계급을 부여하고 일과 관계없이 사람을 선발하고, 보직 관리나 승진, 성과평가, 보상이 연공서열을 기반으로 이루어지는 계급제라는 어항을 부숴야 한다. 나는 공직사회가 일과 직무 중심으로 공정하게 인정받는 새로운 공간을 세우기를 바란다. 새 공간인 직위분류제를 잘 만드는 것을 공직사회 혁신의 목표로 삼아야 한다.

9
공직 전문성이란?

전문가는 사전적 정의로 어떤 분야를 연구하거나 그 일에 종사하여 그 분야에 상당한 지식과 경험을 가진 사람을 말한다. 전문성은 특정 분야의 문제를 해결하는 데 있어 지식과 경험, 역량이 우수하고 지속적으로 인정받는 능력을 뜻한다. 또한 전문성은 특정 분야의 기술이나 지식 보유를 강조하는 스페셜리스트Specialist보다는 직업 가치나 사명감을 내포한 직업가적인 정신을 중시하는 프로페셔널리즘Professionalism 으로서의 의미에 가깝다. 전문성의 핵심 요소는 직업가 정신과 문제 해결 능력이다.

나는 전문성을 개인이나 조직이 특정한 분야에서 보유한 문제 해결 역량과 성과 창출 역량으로 이해한다. 이에 더해 비전을 제시하는 역량까지 갖췄다면 금상첨화다. 조직에서 일한다는 것은 문제를 해결하고 성과를 창출한다는 것이다. 여기서 문제는 발생형 문제(개선형 문제)와 설정형 문제(기회형 문제)로 나뉜다. 보통의 일은 주어진 프로세스에서 흘러간다. 하지만 일을 하다 보면 목표나 기대 수준에 미치지 못하는 경우가 있다. 이때 우리는 이를 개선하려고 노력할 수 있고, 지금 당장은 문제없지만 미래의 변화나 도전을 예측하여 이에 대비하려고 노력할 수도 있다. 이렇게 문제를 해결해 나가는 일은 곧 조직의 성과 창출로 이어진다. 냉정히 말하면 성과 창출이 없는 일은 조직의 입장에서 중요하지 않다. 그리고 어떤 조직이나 지금보다 더 나은 미래를 준비한다. 미래의 먹거리를 준비하지 않는 조직은 곧 쓰러지게 되어 있다. 2024년 대통령 신년사에서 '문제를 해결하고 행동하는 정부가 될 것'이라고 발표했는데, 이 구절이 전문성을 갖춘 정부의 모습을 잘 표현한다.

전문성을 특정 분야의 지식이나 기술을 습득하는 것으로만 이해해서는 안 된다. 예를 들어 보겠다. 전기, 전자에 대한 지식과 기술을 가지

1 · 무너져 가는 공직사회 되살리기

고 있더라도 전력 수급 및 활용, 요금 책정, 전력 시장 관리, 재생에너지 활용 등 전기와 관련한 행정 업무에 전문성이 있다고 판단하기는 어렵다. 전력 수급이나 전기요금 인상과 같은 문제가 발생했을 때 발휘되는 전문성이란 어떤 것일까? 전기, 전자 업계에 종사하는 다양한 전문가들과 이해관계자들의 의견을 수렴하거나 설득하는 일이 우선이다. 이들이 만족할 만한 대안과 정책을 제시하고 이를 성공적으로 집행해 내는 일이 바로 전문성이다. 전문성을 발휘하기 위해 필요한 여러 역량이 있다. 문제 인식, 전략적 사고, 성과 지향, 변화 혁신, 조정 통합, 국민 지향, 미래 비전 제시 등이 바로 그것이다. 해당 분야의 생태계를 잘 이해하면서 이러한 역량을 구비한 사람이 바로 전문가다.

다만, 조직이 추구하는 역량과 개인이 가진 역량이 다를 수 있다. 또한 특정한 개인의 역량보다는 조직 전체가 발휘하는 역량이 더 중요하다. 조직 차원에서 문제를 해결하고 성과를 창출하고 미래의 생존을 위해 새로운 일들을 찾는 역량이 정말 중요하다. 조직의 시스템은 사람이 바뀌더라도 조직이 학습하고, 역량을 축적할 수 있는 구조여야 한다. 무엇보다도 성과를 내고, 조직 구성원들이 스스로 발전하도록 만들어야 한다. 특정 개인 몇몇의 역량에만 좌우되는 조직은 위험하다.

10
공직사회의 전문성을 약화시키는 요인

개인의 노력 문제일까? 아니면 공직시스템의 문제일까? 흔히들 공무원 개개인의 전문성이 높아져야 공직사회 전체의 전문성이 높아진다고 생각하는 경향이 있다. 공무원들을 독려하여 능력을 발전시키고 사명감도 불어넣어 그들이 더 적극적으로 일하는 조직 문화를 형성하면 만사형통이라고 여긴다. 개인의 노력 문제나 조직 문화의 차원으로 접근하는 것이 단기적으로 눈에 보이는 성과를 거두기는 쉽다. 또한 공무원들이 행동을 바꾸는 노력으로 소극행정을 불식시키고 적극행정이 실현될 가능성이 있다는데 이에 반대할 사람은 없을 것이다.

우리가 간과해서는 안 될 것이 한 가지 있다. 공무원도 사람이다. 그냥 우리 사회에서 우리와 함께 비슷한 생각을 하며 사는 사람들이다. 누구나 어떤 조직에 들어갈 때의 마음은 똑같다. 거기서 능력을 잘 발휘해서 인정받고 싶을 것이다. 그렇게 도약하여 성장하고 성공하고 싶어 한다. 입사한 사람은 해당 조직의 시스템과 조직 문화에 빨리 적응하려고 노력한다. 얼마 못 가 그 시스템과 문화가 잘못되었다는 깨달음이 들어도 이에 저항하기란 쉽지 않다. 저항해서 바꿔 나가든지 아니면 적응해서 지내야 하는데, 일반적으로 적응하면서 살아간다. 그래서 한 명 한 명을 둘러싼 환경이 정말 중요하다. 조직 구성원에게 환경은 곧 조직 시스템이다.

공무원들도 현행 공직시스템의 근간인 계급제와 직업공무원제라는 환경에서 이에 적응하며 살아간다. 문제는 계급제와 직업공무원제도가 어디서나 통용될 수 있는 범용 인간, 일반 행정인에게만 적합한 시스템이라는 것이다. 공무원의 전문성을 끌어올리는 것과는 거리가 멀다. 게다가 정치적 외풍에 취약하기까지 하다. 그리고 지금까지 공직사회가 특정 분야에서 장기간 근무하며 전문성을 축적한 사람을 어떻게

1 • 무너져 가는 공직사회 되살리기

대했을까? 열심히 키운 전문성을 활용하여 국가와 국민들의 이익을 위해 사명감으로 일하려는 사람은 핵심 보직으로 가서 승진하려는 욕구가 없는 사람으로 취급받았다. 그 사람은 결국 조직에서 밀려나게 된다. 계급제하에서는 한 보직에서 장기간 근무하는 사람을 절대 승진시켜 주지 않는다. 승진에서 밀리게 되면 무능한 사람으로 낙인찍혀 사람 대우를 받지 못한다고 해도 과언이 아니다. 그래서 승진을 위해 어떤 수단이라도 강구하려고 한다. 해당 분야에서 오래 일하며 전문성을 쌓는 것보다 더 좋은 자리나 승진이 빠른 자리로 이동하는 일이 조직 생활의 목표가 된다. 이런 상황에서 공무원에게 지금 근무하는 분야에서 전문성을 쌓고 국민만을 바라보며 더 질 좋은 정책과 서비스를 만들어 내라고 아무리 외쳐본들 무슨 소용이 있겠는가!

공무원의 전문성을 약화시키는 원인은 공무원 개개인에게 있는 것이 아니다. 현재 공무원들이 몸담은 공직시스템에 있다. 한국의 현 공직시스템은 순환 보직을 조장하여 전문성을 축적할 기회를 주지 않는다. 특정 분야에서 전문성을 축적한 사람들을 우대하거나 인정해 주지도 않는다. 공직사회와 공무원의 전문성 확대를 목표로 공직혁신을 할 때 당장 추진해야 할 과제인 공직시스템 혁신, 이제부터 그 방법을 논의해 보자.

11

행정을 법 만능주의에서 해방시키자!

공직사회를 바라보는 외부의 시각은 차갑고 부정적이다. 아직도 많은 권한과 권력을 놓지 않고 있으면서 영혼 없이 일한다고 말한다. 공직생활 30년 경험을 되돌아보면 이런 비판을 확실히 부정하기가 힘들다.

공공 부문이 이런 평가를 받는 근본적인 이유는 무엇일까? 민간기업과 공공기관을 가르는 중요한 기준이 있다. 여기서 공공기관은 정부도 포함해서 하는 이야기다. 민간은 효율성과 생산성을 우선시한다. 공공기관은 합법성과 민주성을 중시한다. 공공기관의 업무 내용이나 절차는 법령, 규정, 매뉴얼에 자세히 정해져 있다. 이러한 법 규정들은 형식적으로라도 민주적인 절차를 거쳐 만들어진 것이고 이를 준수하지 않으면 처벌받게 되어 있다. 따라서 공직자들은 법령에 따르지 않으면 다친다는 사실을 잘 알고 있다. 사회가 점점 투명해지고 공정성이 강조되면서 역설적이게도 갈등과 불신이 깊어졌다. 이와 함께 행정도 점점 더 복잡다단하게 변하면서 법령이 판단 기준의 최우선 가치로 자연스럽게 올라왔다. 실제로 법령을 기준으로 결정짓는 일들이 점점 더 많이 발생하고 있다. 법 만능주의로 흘러가고 있는 것이다.

문제는 이런 법령이나 규정이 주로 현재나 과거를 기준으로 정해진다는 점이다. 현재의 법령에 새로운 환경이나 미래지향적인 요구가 반영되지 못하고 있다. 모든 행정 수요와 절차를 법으로 세세하게 규정할 수는 없다. 그런데 공직자들은 법에 없는 일을 인간의 상식이나 이성을 기준으로 판단하여 수행하다가 많은 사람이 고초를 겪는 모습을 직접 봐

온 사람들이다. 그래서 이런 일이 생기면 그냥 가만히 있던지, 아니면 일단 관련 법을 찾아보고 근거를 세우는 일부터 하게 된다. 보통의 경우 법령이 없으면 법이 만들어질 때까지 가만히 기다리는 것이 안전하다는 사실을 경험으로 알고 있다. 따라서 당연히 시간이 걸리게 된다. 소위 '뒷북 행정'이 일어날 수밖에 없는 시스템이다. 무사안일이나 뒷북 행정을 정당화하려는 생각은 전혀 없다. 현실이 이렇다는 것이다.

법이 존재하는 이유는 무엇일까? 법은 서로 다른 사람들이 모여 사는 세상에서 많은 사람이 평화롭고 안전하게 살 수 있도록 공기처럼 꼭 필요한 역할을 한다. 법은 사람들이 함께 살면서 자유의지를 가지고 이성에 맞는 판단을 하도록 지원하는 역할을 해야 한다. 결국 행복하게 살아가도록 돕는 것이다. 이게 소위 실질적인 법치주의 정신이다. 그런데 현실은 이와 다르다. 법이 글로 명문화되고 실체가 있는 괴물이 되어 인간을 구속하고 지배하고 있다. 어느 순간부터 사람이 법의 지배를 받는 것이 당연시되었다. 인간이 수천 년 동안 싸워서 쟁취한 이성이나 자유의지는 어느새 법의 노예로 전락해 버렸다. 우리나라의 머리 좋은 수재들이 앞다퉈 법의 하수인이 되려고 경쟁하는 양상이다.

나는 대학에서 행정법을 공부했다. 그때 행정법의 기본 정신으로 '재량권 영으로의 수축 이론'을 배웠다. 이 이론은 공무원은 인간이라서 재량이나 판단 여지를 크게 부여하면 남용의 우려가 크기 때문에 당연히 행정부의 재량권을 통제하고 제한해야 한다는 이론이다. 나는 이 입장에는 동의한다. 그런데 문제는 현장에서 '재량=자의적 판단'으로 잘못 해석하고 있다는 사실이다. 법에서 규정한 대로 하지 않으면 직권 남용으로 받아들이고 있다. 법에 행정 행위를 할 직접적인 근거가 있어야만

어떤 행동은 나라를 바꾼다

움직일 수 있다는 뜻이다. 이제 공무원에게 이성과 목적에 부합한 판단을 기대하기가 어렵게 돼가고 있다.

　우리 사회의 공공 부문은 이미 법치주의이자 법 만능주의로 들어선지 오래다. 설사 그 법이 시대에 뒤떨어져 문제가 있더라도 법령에서 정한 대로 하지 않으면 다치게 된다. 국민들은 '법대로 하겠습니다.'라는 말을 무서워한다. 준법 투쟁으로 정부와 사측을 압박하는 사례도 있다. 법을 지키겠다는데 누군가는 무서워하고 경영주가 압박을 받는다니 참, 아이러니하다.

직권남용 고소, 고발 건수

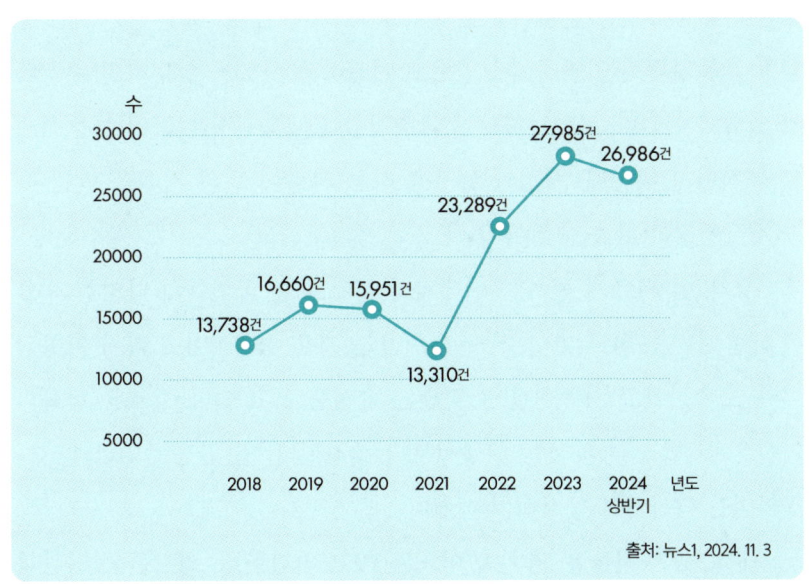

출처: 뉴스1, 2024. 11. 3

법이 공무원들의 손과 발, 머리까지 묶어놓고 있다. 연간 직권남용으로 고소, 고발되는 공무원이 몇 명이나 되는지 아는가? 이런 사건은 매년 2만여 건이 넘는다. 이런 상황에서 공무원들이 적극적으로 일하려고 할까? 법만 지키면서 딱 기본만 하려는 소극적인 자세로 임할 것이다. 그게 공무원 생활을 가장 편하고 안전하게 하는 길이라는 걸 거의 모든 공무원이 알고 있다.

국민들이 공직사회를 비판하는 거의 모든 내용이 법 만능주의에서 출발한다. 첫째 정부를 비롯한 공공기관과 공공기관에 종사하는 사람들은 아직도 많은 권한과 권력을 가진 갑의 위치에 있다고 생각한다. 누군가에게 이익을 주는 행정을 수익적 행정이라 부르고 이익을 빼앗는 것을 침익적 행정이라고 부른다. 수익적 행정과 침익적 행정, 이 두 가지가 행정의 본질이다. 또한 이 두 행정은 모두 법이 부여한 권한이다.

둘째, 공공기관 종사자들은 신분 보장이나 연금, 퇴직 후 재취업 등 엄청난 특혜를 당연하게 받으면서도 여전히 복지부동과 무사안일에 빠져 있다고 여긴다. 무엇보다도 소극행정이나 뒷북행정을 하며 능동적으로 움직이지 않는다. 행정과 행정을 하는 사람이 법의 지배를 받는 순간 소극행정이 나올 수밖에 없다.

셋째, 발 빠르게 변하는 시대와 환경에 따른 국민들의 다양한 수요에 대응하지 못하고 있다. 본래 법이라는 것은 경직적이고 과거 지향적이다. 보수적이고 기득권을 보호하는 속성을 갖고 있다. 새로운 변화와 혁신은 이 법을 파괴하는 일에서부터 시작된다. 법 만능주의하에서는 창의적인 혁신가가 등장하기 어렵다.

넷째, 공무원들은 영혼 없이 일한다고 비판한다. 확고한 공익관과 철학을 지니고 국민과 국가에 충성해야 하는데, 공무원들은 국민보다는 정권과 조직과 상사에게 충성하고 있다. 이는 구조적인 문제 때문이다. 관료제는 법적 합리성을 바탕으로 설정되었다. 관료제 모형에서는 철저한 몰인간성을 지향한다. 어쩌면 다른 이들이 먼저 관료제하에 일하는 관료를 감정과 배려가 없는 것은 물론 영혼까지 없는 기계로 취급한 것인지도 모른다. 닭이 먼저일까, 달걀이 먼저일까. 어느 쪽이든 오늘날 공무원은 법령이라는 기계의 부속품이 되어 버렸다.

최근 몇 년간 이런 공직사회의 부정적인 평가를 해소하기 위해 인사혁신처가 부단히 노력하고 있다. 공공기관을 포함한 공직사회에 적극행정 문화를 확산하고자 다양한 시도들을 하고 있지만, 아직 국민들은 이를 체감하지 못하는 것 같다. 나는 인사혁신처에서 근무할 때 공직 개혁의 첫 번째 과제로 적극행정을 내세웠다. 적극행정위원회, 적극행정 면책 제도, 적극행정 마일리지 등 관련한 정책을 강하게 추진했다. 하지만 돌이켜 보니 단기적인 성과에만 치중했지 근본적인 적극행정 정책에까지는 이르지 못했다고 자평한다. 반성한다!

우리 공직사회에 왜 적극행정이 정착하지 못하고 있을까? 나는 이역시 법 만능주의가 만연했기 때문이라고 생각한다. 적극행정이 정착하려면, 법이 현실을 못 따라가거나 관련한 법과 규정이 없을 때 새로운 판단을 해야 한다. 어떻게 해서든 법에 끼워 맞추기 식으로 진행하면 안 된다. 시대 현실과 이성에 부합한 판단을 하고, 무엇보다도 국민의 입장에서 적극적으로 해석하고 결정을 내려야 한다.

역사적인 철학자 칸트는 정언명법에서 '합목적적이고 합이성적으로 행동하라'고 주장한다. 이게 바로 적극행정의 본질에 가깝다. 소극행정을 없애고 적극행정을 불러일으키려면 지금처럼 공직문화와 일하는 방식을 개선하는 것만으로는 어렵다. 나는 적극행정을 위한 공직시스템 중 하나로 법 일몰제를 추천한다. 법 일몰제는 법과 규정을 최소화하면서 합목적적인 판단을 존중하고 인정하는 제도다. 또한 공무원들도 한 직위에서 자신이 좋아하는 일을 오래 할 수 있도록 보장해 주는 것이다. 법 일몰제와 더불어 장기간 한 우물을 파면서 일할 수 있는 환경을 만들어 주면 적극행정으로 가는 문이 활짝 열릴 것이다.

현행 계급제하에서는 순환 전보라는 것을 피할 수 없다. 현실적으로 적극행정이 나오기 힘든 구조다. 지금 하는 일이 얼마 지나면 다른 사람의 일이 될 것이고, 승진하려면 더 좋은 자리로 가능한 한 빨리 이동해야 하는데, 일에 대한 애정이나 열정, 책임감, 사명감이 쉽게 나오겠는가!

그래서 나는 '법 최소화 운동'과 '계급 타파 운동'을 함께 제안한다.

2

가장 먼저
손봐야 할
계급제

우리의 목적은 계급제라는 어항을
깨뜨리는 것이다.
그리하여 어항 속의 작은 물고기들이
강과 바다로 나가 더 큰 세계에서
더 큰 물고기로 성장할 수 있도록
자유로운 여건을 만들어 주는 일이다.

1장

계급제가 모든 세대를
좌절시킨다

1

계급제, 무엇이 문제인가?

한국 공직사회 조직은 '계급 관료제'를 근간으로 한다. 내가 공직에 들어온 지 2~3년 되던 해였을 것이다. 현재 국회의원이 된 선배 공무원에게 들은 말 중 아직도 기억에 생생한 말이 있다. "우리 공무원 조직은 말이야. 아주 냉정한 조직이야…. 피도 눈물도 없어." 처음에는 이 말을 잘 실감하지 못했는데 시간이 지나면 지날수록 인사의 차가운 칼날을 많이 목격하면서 깨달았다. 이 말은 바로 공직 인사시스템을 두고 한 말이자 "필요하면 쓰고, 쓸모없으면 버린다. 스스로 살아남아라." 라는 의미라는 것을. 계급제하에서 살아남으려면 신분 상승을 해야 한다. 신분 상승을 하려면 좋은 자리로 가는 일이 중요하고 그러기 위해서는 서로 불필요한 경쟁까지 해야 한다.

　내가 꼽는 계급제의 가장 큰 장점이 있다. 인간의 신분 상승 욕구를 자극하여 일하게 하고 성과를 내도록 만드는 강력한 도구로서 기능하여 사회 발전에 크게 기여해왔다는 점이다. 또 다른 장점으로는 범용 인재를 양성하여 적재적소에 공급하는 것을 꼽는다. 인력을 탄력적으로 운영했고 이는 고도성장 시대를 견인해온 밑바탕이 되었다고 평가한다. 반면 가장 치명적인 단점도 이야기하겠다. 모두 동일하게 소중하고 존중받아야 할 인간의 가치가 계급에 따라 다르게 평가받는다는 사실이다. 차별받는 게 당연하다는 논리는 정말 졸렬하다. "당신은 6급에 상응하는 가치를 가진 사람이니 6급에 상당하는 일만 하고, 그 위의 계급 사람들이 지시하는 명령에 복종해야 한다. 그게 싫으면 빨리 5급, 4급으로 승진해라!"

　계급제에서는 '사람 홍길동'은 없어지고 '6급 주무관 홍길동'만 존재한다. 홍길동이라는 사람의 자질이나 능력, 역량, 관심 등은 6급 주무관 수준으로만 평가받는다. 홍길동이 아무리 유능해도, 그 분야 최고의 전문가더라도 5급 사무관과 4급 서기관을 뛰어넘을 수 없다. 더 위 계급의 공무원을 넘을 수 없는 건 물론이다. 홍길동의 상사인 4급 과장은 아무리 무능하고 전문성이 없고 바보 같더라도 6급 홍길동보다 유능한 사람으로 인정받고, 그 과장의 지시가 있으면 홍길동은 따라야 한다. 공직사회에 몸담았던 많은 공무원이 퇴직 후에도 김 과장, 이 국장, 박 차관 등으로 살아가고 있다. 이게 바로 계급제의 특성이고 본질이다.

　기성세대 직장인들은 대부분 이런 계급제의 본질에 무감각하다. 익숙하고 당연한 것으로 받아들인다. 그러나 20~30대 디지털 세대들은 이런 계급제의 틀 속에 들어가면 숨이 막히고 버티기 힘들다고 말한다. 창살 없는 감옥이라고 한다. 우리 조직은 현재 이들 디지털 세대의 비율이 거의 절반을 차지한다. 이들은 또한 조직에서 핵심적인 손발 역할을 담당하고 있다. 이들에게 40~50대와 디지털 이주민들에게 익숙한 연공서열식 계급제 문화에 순응하여 계급장을 머리와 가슴에 달고 살아가라고 강요한다면 대부분 반발하거나 도망갈 것이다. 실제로 최근에 조기 퇴직이 급증하고 있다. 업무 몰입도 또한 예전 같지 않다고 한다. 이제 더 이상 디지털 세대들을 계급제의 철창 안에 가둬둘 수 없다. 지금은 계급제를 손볼 최적의 시기다.

그럼 먼저 이런 계급제의 문제점들부터 살펴보자.

2
계급제는 전문가에게 적합하지 않다

우리나라 공직사회에서 계급제는 1948년 정부 수립과 함께 「국가공무원법」을 제정하면서 본격적으로 시작되었다. 계급제는 공직을 수행하는 사람을 수직적인 계급으로 구분하여 운영하는 방식이다. 직무보다는 사람을 중심으로 공직을 구분하는 계급제는 어떤 직무를 수행하느냐는 수평적인 기능보다 계급 상호 간의 수직적인 관계를 더 중시한다. 공무원 개개인에게 계급이 우선으로 부여되고, 이후 계급에 맞춰 수행할 직무를 분배하는 방식이다.

계급제하에서 직위는 곧 계급을 뜻한다. 즉 여기서 직위와 계급은 수직적인 의미에서 동일한 개념이라고 할 수 있다. 이와 같이 계급제는 직위의 계층을 구분하고 이를 사람에게 부여해서 운영하는 방식이다. 계급은 공무원 내부의 신분으로서 공무원 개인의 신분적 위치뿐만 아니라 직무와 능력을 정해준다. 즉 계급제는 공무원이 무엇이고, 공직에서 어떤 업무를 수행해야 하는지를 규정하는 틀이다. 채용부터 보수, 임용 등 인사관리와 더불어 퇴직관리, 연금에 이르기까지, 계급제로부터 모든 인사 제도가 시작된다.

계급제하에서는 같은 계급 군에 있는 사람들은 누구나 그 계급에 상응하는 직무를 모두 수행할 수 있는 자격이 있다는 것을 전제로 한다. 내가 4급 서기관이면 국토부 주택정책과장이든 환경부 기후전략과장이든 행정안전부 재난관리과장이든 어떤 직무든 부여만 해주면 수행할 수 있는 능력과 자격이 있다고 본다. 주택 정책, 기후 정책, 재난 관리 등의 영역에 특화된 전문성이 있는지를 따지지 않고, 4급 서기관에 상당하는 자격을 갖췄으므로 그 직무를 잘 해낼 수 있다는 것이다. 실제로 정부의 인사 운영은 이러한 방식으로 이루어진다.

그래서 공무원들은 특정 분야의 전문성을 쌓으려고 노력하기보다는 어떤 직무든 맡겨만 주면 잘 수행할 수 있는 범용 인재가 되려고 노력한다. 계급제하에서는 전문가보다는 범용 인재가 우대받는다. 혼자 북 치고 장구 치고 노래까지 하는 사람, 소위 머리 좋고 공부 잘하는 사람이 성공한다. 경제 성장기에는 우수한 인재를 대량으로 확보하기 쉽고, 확보된 인재를 적재적소에 유연하게 배치하여 활용할 필요가 있었기 때문에 이 방식이 유용했다. 그러나 디지털 시대는 다르다. 혼자 북 치고 장구 치고 노래하는 시대는 지났다. 이제는 주택 정책은 주택 분야에서 특화된 능력을 지니고 오랜 내공을 쌓아온 전문가가 담당하는 것이 옳다는 사실이 증명되었다. 기후 정책이나 재난안전관리 분야도 마찬가지다.

3
계급제는 순환 보직과 승진 투쟁을 조장한다

우리 인간은 사회적 동물이다. 누구나 자신의 존재가치를 인정받고자 하는 욕구가 있다. 누군가에게 인정받는다고 할 때 최소한 자신의 레벨과 같은 위치에 있는 사람들에게 인정받고 싶어 한다. 그런데 계급제는 계급 상승, 승진이라는 제도를 두고 있다. 계급제 속에 있는 사람들에게는 승진이 곧 자신이 제대로 된 사람으로서 인정받았다는 증거가 된다. 만약 동료가 승진하여 신분 상승을 했는데 자신은 승진을 못하고 그 계급에 머물러 있으면 주변 사람들에게 한심하게 취급받고 스스로도 자괴감에 휩싸인다. 무능력자이자 낙오자로 낙인찍힌다. 심하면 사람 취급을 못 받기도 한다. 나는 단지 지금 하는 일이 좋아서 승진에 연연하지 않고 평생 이 일만 하면서 여기서 의미를 찾겠다는 사람은 조직에서 살아남을 수 없다. 그래서 조직에서는 인정받기 위해 서로 경쟁하고, 성과를 내기 위해 노력한다.

건강하게 경쟁하고 성과를 내려고 노력하는 것까지는 좋은 현상이다. 문제는 그 방법에 있다. 좋은 정책과 질 좋은 서비스를 만들기 위한 경쟁이라면 두말할 것도 없이 바람직하다. 하지만 공직사회의 경쟁은 좋은 자리, 승진이 잘 되는 자리, 소위 요직이라는 곳으로 가기 위한 경쟁이다. 승진하기 위해 온갖 수단을 동원하는 경쟁이다.

그간 나의 보직 경로를 떠올려봤다. 사무관 때 소속기관인 소청심사위원회를 시작으로 교육훈련과를 거쳐 인사과에서 서기관으로 승진했다. 이후 8개 과를 거쳐 심사임용과에서 국장급 고위공무원으로 승진했다. 전형적인 순환 보직의 모델을 따라온 것이다. 당시를 반추하니 보임 후 1년 정도가 지나면 조직에서 보다 더 인정받는 자리로 가기 위해 노심초사하며 아옹다옹했던 기억이 떠오른다. 동료도 아닌 후배에게 승진이 밀려 의기소침했던 적도 있다. 사실 나는 교육훈련 업무나 인재채용 업무에 흥미와 관심이 많았다. 나는 이 두 분야에 대해 공부도 좀 했지만 아무도 이 분야의 전문가로 인정해 주지 않는 경향이 있었다. 이게 현재 우리 공직사회의 인사 단면이다.

이처럼 계급사회에서는 보직 경쟁과 승진 투쟁을 피할 수 없다. 다양하고 이질적인 업무를 담당하는 직원들을 뭉뚱그려 하나의 계급에 배속시키기 때문이다. 따라서 계급이 어떤 이를 증명하는 것으로 고착되는 문제가 생긴다. 각 계급에 속한 이들은 신분화된 계급제 안에서 신분 상승만을 바라보며 승진 경쟁에 돌입한다. 많은 공무원이 승진에 목메는 이유다.

공공 부문에서는 근무 성과의 개념을 정확히 규정하기 어렵다는 특징이 있다. 따라서 각 실, 국에는 대체로 소위 '승진 자리'가 암묵적으로 정해져 있다. 이런 자리들은 근무 난이도가 높다고 여겨지기도 하는데, 이는 둘째 문제다. 우리 공직사회는 불필요한 순환 보직이 양산되는 문제점이 끊이지 않는다. 순환 보직의 사전적 정의는 조직의 구성원을 주기적으로 여러 부서에 바꿔 배치하거나 여러 직무를 바꿔 담당하게 하는 일, 또는 그런 인사 관리 방식이다. 공무원들이 승진에 조금이라도 유리한 보직으로 가기를 희망하고, 연쇄적으로 이동하면서 순환 보직이 양산된다. 잦은 순환 보직이야말로 공직 전문성을 떨어뜨리는 가장 큰 원인이다. 순환 보직, 그리고 이와 떼려야 뗄 수 없는 승진 경쟁이 공직사회 구성원들의 업무 역량에 미치는 영향은 결코 적지 않다.

업무 외적으로도 많은 문제점을 발생시킨다. 근무 성과평가는 상관에게 주어진 권한이기 때문에 승진을 앞둔 직원들은 상관에게 혹여나 책잡힐 일이 없을까 노심초사한다. 눈치 야근, 국·과장 모시기 등 충성 경쟁을 벌이는 경향이 나타난다. 이런 부분들이 큰 영향을 미쳐 승진자가 결정되면 어떨까? 떨어진 이들은 결과에 승복하기가 힘들고 조직 문화에 배신감을 느끼는 악순환이 벌어진다. 특히 최근에는 MZ 세대 다수가 승진 대상자가 되어가고 있다. 이들은 공정성 이슈에 더욱 민감하다. 앞으로 불공정한 승진 행태에 대한 저항과 조직 부적응 문제가 더욱 심화할 것이 자명하다.

공무원들을 이런 보직 경쟁과 승진 투쟁으로 내몰 게 아니라, 본인만의 전문성을 키워 정책이나 서비스의 질을 높이는 쪽으로 유도해야 한다. 그러기 위해서는 계급을 중심으로 업무를 배분하는 방식을 탈피해야 한다. 직무를 중심으로 그에 적합한 사람을 배치하는 시스템이 절실하다. 시스템의 패러다임 전환이 필요하다.

4

계급제에서는 국민이 안 보인다!

나의 공직 선배인 이창길 교수는 『대한민국 인사혁명』이라는 저서에서 계급제의 문제점을 신랄하게 지적하고 있다. 그 일부를 여기서 소개한다.

● ●

조직에서 계급은 지시와 보고의 통로다. 계급제적 관료제에서는 자연스럽게 상사와 부하의 관계가 성립된다. 상사는 부하에게 직무상 명령을 할 수 있고, 부하에게는 이에 복종할 의무가 주어진다. 국가공무원법에도 공무원은 상사의 직무상 명령에 복종해야 한다는 일종의 순종 의무를 규정하고 있다. 더구나 계급제에서는 누구도 보직 이동과 승진 제도에서 자유로울 수가 없다. 상사가 부하의 근무 성적을 평가하고, 보직과 승진에 결정적인 영향을 미치고 있어 업무 관계를 떠나서도 신분상 강하게 연결되어 있다. 상사가 부하직원의 사회적 목줄을 쥐고 있는 셈이다.

이런 상황에서 공무원들이 판단과 행위의 기준을 어디에 두겠는가? 공무원은 국가와 국민을 위해 일하기 때문에 국익을 판단과 행위의 기준으로 하는 것이 당연하다고 이야기한다. 그렇게 가르치지만, 조직 생활을 조금만 해본 사람들은 알 것이다. 조직에서 안전하게 살아남으려면 판단과 행위의 기준을 상사의 지시와 명령에 둘 수밖에 없다는 것을 말이다. 계급제하에서 상사의 지시와 명령에 이의를 제기하는 일역시 쉽지 않다. 현장에 갑작스럽게 어떤 일이 발생한 상황을 예로 들어보자. 이때 본인이 최종 의사결정권자가 아니라면 당장 빠른 조치를 취해 문제를 해결하기보다 상부에 우선 보고하고, 상사의 지시를 기다리게 된다. 떠올리고 싶지 않은 사건이자 한국 사회에 강한 트라우마로 남은 세월호 참사가 그랬다. 이태원 참사와 오송 지하차도 참사 역시 마찬가지였다. 국민들의 귀하디귀한 생명이 달린 참사에서조차 다급한 현장 조치에 대한 목소리는 찾아볼 수 없고, 상부로 보고한 상황 보고 전문이나 관련 서류만 남아있다. 이게 무엇을 의미하는가? 계속 위로 보고만 하다가 엄청난 비극으로 끝나버린 것이다.

> (참고) **상황 보고로 시작해서 상황 보고로 끝나버린 상황**
>
> **09:06 서해청 진도해상관제센터 VTS가 세월호와 최초 교신**
> • 세월호: 배가 기울어서 넘어가고 있다. 지금 승객을 해상으로 탈출시키면 해경이 바로 구조할 수 있는가?
> • 진도 VTS -> 서해청 상황실로 승객들 탈출 여부 질문
> • 서해청 ○○○상황 담당관: '승객 탈출은 선장이 판단할 일'
>
> **09:27 B511헬기, 세월호 상공 도착, 본청 상황실 보고**
> • 현재 여객선이 40~45도 기울어져 있다. 지금 승객들은 대부분 선상과 배 안에 있다.
>
> **09:35 123경비정 현장 도착, ㄱ○○정장의 본청 상황실 보고**
> • 해상에도 갑판에도 사람이 안 보인다. 구명정도 해상에 하나도 투하되지 않았다. 배는 좌현으로 50도 정도 기울어져 있다.
> (*이때까지도 '해경 상황실장-경비과장-차장-청장' 지휘 라인의 조치 지시가 없었음)
>
> **09:38-10:30 BH 국가안보실 ★○○대령과 해경 대화**
> • 현지 영상 있습니까? VIP보고 때문에 그런데 핸드폰으로 그 영상 좀 보내줄 수 있습니까?
> • 지금 구조 인원 얼마나 됐습니까?
> • '진도 행정 50명까지 받았습니다.' '저희가 106명까지 받았습니다.'
>   – "아 그래요. 뭐야 그러면……"
>
> ※ "구명튜브라도 착용시켜서 탈출시키세요! 빨리!" (민간 상선 두라에이스호, 문예식 선장)
>   이렇게 간단한 결정을 왜 아무도 말하지 못했던가?
> ※ 보고만 있고, 구조는 없었다! 모두 시스템 속의 일개 부품일 뿐 (한나 아렌트의 '악의 평범성')
> ※ 그들 마음속엔 위기에 빠진 승객은 없었고, 명령하고 지시하는 상관만 있었다.
>   – 위계적 계급 구조가 낳은 참극
>
> <참조> 『대한민국 인사혁명』, 이창길, 나무와 숲

공무원은 특정 개인이나 조직의 이익을 위해 일하는 존재가 아니다. 국민과 공공의 이익을 위해서 일해야 한다. 따라서 업무를 수행할 때 가장 중요한 판단 기준으로 삼아야 할 것은 국민의 입장과 더불어 공익과 국익이다. 공익은 공공의 이익을 뜻하고 국익은 국가의 이익을 의미한다. 당장 눈앞에서 국민이 고통받고 있으면 고통에서 벗어나게 해주고, 죽어가고 있으면 살리려는 조치를 최우선으로 취하는 것이 임무다. 보고는 그다음에 해도 충분하다.

또한 일을 하다 보면 상사나 상급 기관으로부터 정치적으로 민감한 업무를 받을 수 있다. 특정 개인이나 집단과 관련한 일 처리에 대해 직간접적으로 부당한 지시를 받을 수도 있다. 이 경우 자신의 의견을 제시하고 싶은 마음이 든다. 하지만 의견을 제시해서 불이익을 당할 수도 있기 때문에 대부분 말 못할 심리적인 갈등과 고통을 감추고 그 지시를 따르는 쪽을 선택한다.

히틀러 시대를 경험한 독일은 헌법에 상관의 직무상 명령에 복종하되 '의견 제시 의무'와 상관 명령의 합법성에 대한 '이의제기 의무'를 함께 규정하고 있다. 이와 더불어 부하직원의 이의제기 시, 직속상관 명령의 즉시 수행요구권도 규정하고 있는데, 이 경우에는 명령을 집행한 개인에게는 책임을 묻지 않는다. 이제 우리도 법과 제도의 정비를 통해서 상관에게는 자신의 의견을 자유롭게 제시하고, 부하직원에게는 할 말을 하는 상호 간의 관계를 정립할 필요가 있다. 윗사람 눈치 안 보고 일에 열정을 집중하도록 시스템을 편제해야 한다. 그러면 조직과 상사의 명령의 틀에서 벗어나기가 좀 더 수월할 것이다. 그뿐만 아니라 국익과 공익, 그리고 국민의 관점에서 행동할 여지가 넓어질 것이다.

5
계급제는 행정에 정치를 불러들인다

직장인들에게 회사 생활의 중요한 가치를 물으면 통상 보수와 승진을 꼽는다. 공무원들은 애초에 낮은 보수를 예상하고 들어왔으니, 특히 승진이 공직생활에서 절대적으로 중요한 요소다. 고도성장 시대에는 조직과 인원이 계속 확대되었기 때문에 조직에서 보통 수준으로만 일하고 성과를 내도 승진하는 데 애로사항이 거의 없었다. 조직에서 한두 명이 정치적인 배경을 동원해서 승진하더라도 배가 좀 아팠을 뿐이다. 그러나 4차 산업혁명 시대에 접어들면서 경제성장의 속도가 둔화한다. 이에 따라 경쟁이 치열해지면서 우리 관료제는 승진 적체 현상이 심화된다.

승진 적체가 발생하면 필연적으로 승진 경쟁이 외부로 표출되기 마련이다. 중하위직에 있는 젊은 세대들은 공정성에 대한 기대를 버리지 않고 자기 할 일을 하며 기다리는 경향이 있다. 하지만 고위직으로 올라갈수록 자리는 더 적어진다. 반면에 후보자는 더 많아져서 상당히 조급해진다. 그리고 과장급 이상, 부서장 정도의 직위에 올라가면 자신의 능력이 다른 사람에게는 뒤지지 않는다고 믿게 된다. 어떤 직위를 부여해도 다른 사람들만큼은 성과를 낼 수 있다고 자신한다. 다시 말해 자리가 사람을 만든다고 생각하는 것이다. 더구나 우리 공직시스템은 계급제로서 순환 보직이 일상화되어 있다. 통상 고위직은 한 직위의 평균 재임 기간이 1년 6개월이 채 되지 않는다. 이런 상황에서 어떤 해당 직위의 업무 수행에 필요한 전문성을 갖추었는지에 대해서도 크게 고려하지 않는다. 이런 상황에서 1급 실장급 자리가 비었을 때, 중고참 국장이라면 누구나 도전하고 싶은 마음이 든다.

그런데 관건은 실국장급 인사를 임명할 때 누구에게 권한이 있느냐다. 과거에는 내부 사정을 잘 아는 장관이나 차관이 상당한 영향력을 갖고 있었다. 상당 부분 시스템을 통해 인사가 이루어졌지만, 어느 시기부터 대통령실이나 외부의 입김이 세지기 시작했다. 얼마 전 모 부처에서 과장급 대변인을 인사하는데, 후보자가 전 정부 대통령실에서 근무했다는 이유로 거부당했다는 이야기를 들었다. 내가 잘 아는 모 부처 차관은 전 정부에서 중요 보직을 맡지 못하고 핍박받았다는 이유로 발탁됐다는 말도 들려왔다. 또 모 부처 1급은 대통령실 실세의 도움을 받고 있어 곧 차관으로 승진할 것이라는 이야기도 들었다.

나는 평생 인사만 해온 사람이다. 대통령실 인사수석실에 두 번 근무했고, 조선시대 이조전랑 자리라는 심사임용과장도 해 보았다. 경험상 하늘에서 그냥 뚝 떨어지는 우연한 인사는 없다. 모든 인사에는 스토리가 있다. 물 위에 떠 있는 오리처럼 물밑에서 엄청나게 발을 움직이는 노력을 기울여야 바라는 자리에 임명될 가능성이 높다. 하지만 최근에 들려오는 많은 인사 스토리가 대부분 정치권과 연계되어 있어 씁쓸하다.

계급제에서는 자리 하나하나가 계급에 의해 좌우된다. 어떤 사람에게 자리를 주기 위해 무슨 직위든지 만들 수 있다. 조선시대에 이를 위인설관이라고 불렀는데, 오늘날에도 조직의 구조를 기능과 함께 면밀히 뜯어보면 위인설관의 모습을 찾아보기가 어렵지 않다. 이 모든 게 계급제이니 가능한 일이다. 우리는 조선 후기의 매관매직, 미국의 엽관주의 등을 통해 역사적으로 정치가 행정에 깊게 개입하고, 행정을 지배하면 할수록 부패해진다는 사실을 배웠다. 지금과 같은 계급제하에서는 정치와의 고리를 끊어내기가 쉽지 않다.

직무 중심으로 조직을 편제하고 인력을 배치하는 일이 시급하다. 먼저 그 직위가 정말 필요한지를 따져보고, 그 직위가 필요하다면 구체적으로 무슨 일을 해야 하는지 세세히 검토해야 한다. 이 일을 하기 위해서는 어떤 자격과 자질을 보유한 사람이 필요한지를 따져보는 시스템으로 전환해야 한다. 우리나라 정부의 실장급 직위는 250여 개다. 국장급 직위는 1,100여 개가 조금 넘는 수준이다.

2007년부터 고위공무원단 제도라는 것을 도입하여 운영하고 있지만 이 역시 계급제적 형태로 운영 중이다. 당초 직무 분석을 통해 직무를 세분화하고 개방과 경쟁을 통해 자격요건을 충족하며 역량을 구비한 사람을 임명하고자 하는 취지는 이미 사라진 지 오래다. 다시 초심을 되찾아야 한다. 고위공무원부터 먼저 계급제적 요소를 털어내야 한다. 고위공무원에 직위분류제적 요소를 도입하여 정치적인 입김을 차단할 필요가 있다. 공무원을 정치로부터 해방시켜 줄 때가 드디어 찾아온 것이다.

6
중앙집권적인 인력 및 정원 통제를 하는 계급제

우리나라 공무원 제도만의 특수성이 있다. 계급제와 중앙 집권의 오랜 역사에서 이어져 온 엄격한 인력 관리다. 공무원 정원을 업무 중심으로 유연하게 운영하기가 힘들다. 정해진 규정을 따라 운영해야 한다.

현재 국가 공무원의 정원은 행정안전부에서 일원화하여 관리하고 있다. 이 역시 계급제이니 가능한 일이다. 「국가공무원 총정원령」에 따라 국가 공무원의 정원을 법령으로 규정한다. 또한 부처별 직제와 직제 시행 규칙에서는 각 부처의 계급별 정원까지 세세히 정하고 있다. 여기서 직제란 국이나 과의 기능을 정하고, 그 국·과 사람들의 직무와 직위, 직급별로 정원을 규정해 놓은 것을 말한다.

각 부처의 직제령을 행정안전부가 갖고 있으므로 국토교통부에서 주택 정책과 관련한 조직과 정원을 변경하려면 행정안전부에 국토교통부 직제령의 개정을 요청해야만 한다. 그러면 행정안전부에서 개정 여부를 검토한다. 국토교통부 소관의 조직과 정원임에도 행정안전부의 장관이 국무회의 때 개정에 대한 필요성 여부를 보고하는 이상한 모습이 매번 연출된다.

정원을 변경하는 절차도 복잡다단하다. 통상 부처의 인력 수요 변화에 따라 행정안전부에서 매년 정기적으로 그리고 수시로 직제 심사를 실시한다. 이 심사는 통상 3개월 이상 걸리며 길게는 6개월에서 1년 넘게도 걸린다. 직제 심사를 마쳤다고 끝이 아니다. 기획재정부 예산실의 인건비 심의까지 거쳐야 비로소 부처의 직제 개정이 이루어진다. 이 번거로운 과정을 통해 부처의 정원을 변경할 수 있다. 내가 직접 경험한 일을 들려주겠다. 공무원이 자신에게 필요한 교육을 맞춤형으로 추천받고 원하는 시간에 원하는 장소에서 교육받을 수 있도록 하기 위한 프로젝트를 추진할 때였다. 이른바 지능형 인재개발플랫폼으로 나는 이를 구축해 운영하기 위해서 행정안전부에 조직과 정원을 요청했다. 겨우 3명을 확보했는데 기획재정부의 인건비 심의에서 1명의 자리를 줄여 최종적으로 2명으로 결정되었다. 새로운 사업을 위해 2명의 인력을 확보하는 데 1년이 넘는 시간이 소요된 것이다. 나는 그 과정에서 수없이 많은 순간마다 사업을 포기할 결심을 할 정도로 지쳐버렸던 기억이 난다.

현재 우리나라의 공무원 제도와 인사관리 시스템은 계급제를 바탕에 둔 계급별 정원 관리로 요약할 수 있다. 디지털 환경에 발 빠르게 대응해야 하는 상황에서 관료제의 경직성을 유발하는 기존의 제도와 정원 관리 체제를 향한 부정적인 의견이 거세지고 있다. 관건은 현 체제가 행정 환경의 변화를 적시에 적절하게 대응할 수 있느냐다.

계급제에 기반한 중앙집권 방식의 인력 관리의 틀에서 벗어나야 한다. 부처와 기관에서 일 중심으로 인력을 배치해 유연하게 활용할 수 있도록 환경을 바꿔줘야 한다. 총정원은 묶어두더라도 기관장들에게 인력 배치와 활용에 대한 자율성을 부여하면서 책임 행정을 요구하는 시스템으로 전환해야 한다.

7
조직 문화를 폐쇄적으로 만드는 계급제

계급제는 폐쇄형 충원을 기반으로 한다. 폐쇄형 충원이란 업무별로 적합한 사람을 뽑는 수시 채용보다 일정한 자격을 갖춘 인적 자원을 대규모로 선발하여 지정된 계급별 정원에 배치하는 형태를 말한다. 이는 안정적으로 인적자원을 확보한다는 장점이 있으나 조직 문화를 폐쇄적으로 만들고 구성원의 자발적인 성장 욕구를 꺾는 대표적인 원인으로 지목된다.

　일반적인 공채 과정을 통과하여 5급, 7급, 9급 등으로 선발된 이들은 조직에서 각각의 출신을 밝힌 이름표를 붙이고 근무하게 된다. 자연스럽게 선발 단위끼리 소위 '기수'가 만들어진다. 같은 입직 경로로 들어온 만큼 끈끈한 동기애가 형성되기도 한다. 기수 문화는 그 자체로 연공주의 문화를 재생산한다는 문제점이 있을뿐더러, 기수로 연결된 특정 집단이 조직을 장악하면 다른 집단은 조직에서 배제될 개연성이 높다. 이 경우 능력을 기준으로 한 자유로운 경쟁보다 연줄에 의한 인사 관리가 보편화된다. 이로 인해 조직은 활력을 잃고 침체된다.

　예컨대 조직 구성원의 다수가 5급 공채로 입직, 그중에서도 특정 학교 출신이 주축일 때 어떤 일이 발생할까. 이렇게 단일 집단으로 형성된 정부 부처는 엄격한 기수 문화와 함께 순혈주의와 서열주의가 팽배[2]해진다. 나아가 다른 경로로 입직한 이들에 대한 차별과 배제가 함께 이루어진다. 결과적으로 승진 적체가 일어난다. 또한 그 조직은 급격한 침체를 겪는다.

인사혁신처에서는 그간 계급제의 조직 문화 침체 현상을 막기 위한 여러 가지 노력을 기울여왔다. 파격적인 인사를 발탁하고 승진을 제도화하는 등의 인사 혁신을 추진했다. 하지만 부처에서는 파격 승진으로 기수가 뒤바뀌면 인사 관리가 어려워지고 당사자들이 오히려 곤란해한다는 점을 들어 쉽사리 수용하지 못했다. 더 큰 문제는 특별 승진과 같은 발탁 기회가 취지와는 달리 실제로는 고참들에게 주어진다는 점이

2　조금 더 옛날에는 고시 순혈주의가 아니라 특정 학교, 특정 학과 순혈주의가 존재했을 정도다.

다. 부처 입장에서는 어차피 곧 승진 시기가 다가온 고참에게 승진 기회로서 특별 승진을 제공하는 것으로 여기곤 했다. 발탁에 필요한 업무 성과는 표현하기 나름이다. 폐쇄형 인사 관리 행태가 인사혁신의 근간을 뒤흔드는 모양새다.

8
계급제는 이미 환경 대응력을 상실했다

계급제 기반의 인사 제도는 직급에 맞는 표준적인 역량을 가정함으로써 일반 행정가를 양성하는 제도다. 공개 채용 제도, 근로자의 근속 기간에 따라 임금이 증액되는 연공급, 순환 보직을 바탕으로 한 인사 관리 등이 모두 이에 속한다. 그간 한국 행정의 발전 과정에서 공직 사회의 계급제가 큰 역할을 하기도 했다. 일사불란하고 질서정연하게 관료제를 실현함으로써 국가 발전이라는 역사적인 소임을 다해왔음은 부정할 수 없다.

하지만 그간의 공헌과는 별개로, 현재 시점에서 계급제에 기초한 다층적이고 위계적인 행정 시스템은 혁신이 필수 불가결하다. 계급제는 현대 행정이 필요로 하는 신속한 의사결정에 가장 큰 방해물로 지목된다. 다른 인사 제도의 도입에도 걸림돌로 작용하고 있다. 사람을 중심으로 조직을 관리하는 계급제는 직무와 성과를 중심으로 하는 최근의 보수 체계, 성과 관리 체계와 확실히 다르며 정당성이 부족하다. 또한 예기치 않게 시스템의 왜곡과 변형을 야기한다.

예컨대 전문 경력관은 각각 일반직 계급에 상응하여 인사를 관리하고 있다. 따라서 직무 등급의 의미가 퇴색한 게 사실이다. 공무원의 전문성 제도란 특정 분야의 전문가를 공직에 받아들여 상황 대응력을 높이고자 도입한 건데, 소위 급이 안 맞아 채용하지 못한다면 마땅한 대응이 어려워진다.

그간 큰 변화 없이 이어져 내려온 계급제가 국가 행정의 급속한 분화 현상에 따라 본연의 역할조차 위협받고 있다. 부처별로 업무 영역을 세분화하여 전혀 다른 업무를 수행하고 있음에도 불구하고, 인사 관리는 모두 획일적인 9개 계급을 기준으로 진행한다. 그러다 보니 부처 간 직급별로 업무 역량이나 내용이 상이할 수밖에 없다. 따라서 동질적인 역할과 역량을 가정하는 계급의 취지가 무색해진다. 심지어 같은 부처에 속한 중앙 본부와 지방청만 하더라도 동일한 계급을 가지고 있을 때 수행하는 역할이 다르다. 중앙 본부에서는 집행 역할을 하고 지방청에서는 관리 업무를 수행한다. 역할이 전혀 다른데도, 보수는 동일하게 지급하고 있어 양쪽 다 불만이 생기는 구조다.

계급제 기반의 경직된 정원 관리로 인해 부처별로 승진 소요 연수의 차이가 점차 커지고 있는 것도 큰 문제다. 6급 주사에서 5급 사무관으로의 승진은 7, 9급으로 입직한 공무원들에게는 엄청난 신분 변화다. 평균 승진 연수가 부처에 따라 6~7년이나 차이가 난다. 예컨대 모 부처에서는 6급 직원이 4년 8개월 만에 5급으로 승진한 반면, 같은 시기 다른 부처에서는 12년 만에 5급을 달았다고 한다. 참고로 6급에서 5급으로의 평균 승진 연수는 9년 정도다. 승진이 이렇듯 운에 좌우되는 것으로 보이면, 필연적으로 조직의 사기가 저하될 수밖에 없다.

계급제 때문에 청년들이 체념하고 있다

조금 오래된 설문이기는 하지만 계급제가 우리 사회에 미치는 영향에 대한 중요한 시사점이 있어서 여기에 인용한다.

● ●

2017년 3월 29일에 진행한 매경 리얼미터의 설문조사에 따르면, 성공에 있어서 개인의 노력이 중요하냐는 질문에 중요하지 않다는 응답이 63%, 중요하다는 응답이 19%로 나타났다. 개인의 노력으로 성공할 수 없는 이유를 묻는 질문엔 63%가 계급 구조의 고착화를 꼽았다. 그 다음으로 '불공정한 경쟁 기회'(30%), '경제 성장의 둔화'(4%) 순으로 응답했다. 그동안 계급제의 가장 큰 장점이자 매력이 누구나 스스로 노력하면 신분 상승할 수 있다는 믿음을 심어줘 사회가 역동성 있게 움직이게 한 것이었다. 이제 개천에서 용이 나올 수 있다는 믿음, 흙수저도 금수저가 될 수 있다는 희망이 무너져 내렸다.

그것도 지금으로부터 8년 전인 2017년, 그 이전부터 발생한 상황이다. 계급제의 폐쇄성과 연공성으로 계급 구조가 고착화되었다. 기득권에 의한 진입장벽이 공고해졌다는 의미다. 2023년 통계청의 사회 조사 결과도 이를 증명한다. 19세 이상 인구 중 아무리 노력해도 사회 계층이동이 어렵다고 응답한 비율이 59.6%로 나타났다.

물론 조직의 계급 체계와 사회의 계급 구조는 비교 집단이 달라 서로 연결시켜 설명하기는 곤란하다. 하지만 사람들이 자신의 신분을 계급으로 치환하여 생각한다는 점, 계급 상승의 욕구가 있다는 점, 성공 여부에 대한 평가 기준이 계급 상승이라는 측면에서는 비슷하다.

신입 직원들에게 "우리도 옛날에 너희처럼 맨 밑에서 출발하여 여기까지 왔으니, 지금 당장은 처우가 안 좋고 조직이 권위적이더라도 참고 일하다 보면 월급도 오르고 승진도 된다." 이렇게 말하면 대부분 곧 조직을 떠나거나 떠날 마음을 먹는다. 그들 중 많은 사람이 자신보다 10여 년 먼저 들어와 6급이나 7급으로 있는 선배들과 같은 사무실에서 근무하면서 온갖 궂은일을 도맡아 하며 선배들보다 더 많이 일하고 있다. 그런데 연공서열이 낮다는 이유로 연봉이 적은 것은 물론 성과평가도 낮게 받는다면? 게다가 툭하면 야근하고 주말에도 나와서 일해야 할 정도로 과중한 업무에 시달린다면 누가 계속 근무하겠는가?

기성세대는 디지털 세대보다 더 민감하게 시대가 바뀌었다는 사실을 인지해야 한다. MZ 세대에게 계급제는 기울어진 운동장이다. 계급제하에서는 창의성을 발휘하기가 힘들고, 역동적으로 움직일 수도 없다. 그냥 체념하고 있는 청년들의 모습이 안타까울 뿐이다.

어떤 행동은 나라를 바꾼다

2장

계급제 혁신의 열쇠

1
계급제를 구체적으로 어떻게 바꿀까?

계급제를 폐지하자!

내 경험상 이런 주장은 계급제를 절대로 폐지하지 말자는 말과 같다. 특히 우리나라의 경우 수천 년 동안 계급제의 특성이 짙은 전통 속에서 살아왔는데, 어떻게 하루아침에 계급제를 폐지하고 새로운 세상으로 넘어갈 수 있겠는가? 나는 당장 계급제를 폐지하고 직위분류제를 바로 실시하자고 주장하지는 않는다. 계급제의 나쁜 특성들을 과감히 제거해 나가면서 직무를 중심으로 단계적으로 전환해 가야 한다고 믿는다.

공직 경험상 행정 영역에서 빅뱅식 혁신이 종종 있었으나 결과적으로 성공한 사례는 드물다. 물론 모든 혁신 작업과 그 결과물로 나온 시스템들은 시간이 흐르면 자연스럽게 사라지는 속성이 있다. 한 시대를 풍미한 것들도 마찬가지다. 나는 2005년에 정부의 성과 관리를 총괄하는 사업을 한 적이 있다. 각 부처와 기관에 성과 관리 시스템을 구축하고 확산시키는 일이었다. 엄청난 예산을 들여 야심 차게 진행한 일이었지만 몇 년 지나고 정부가 바뀌면서 시들해졌다. 그 일을 계기로 나는 점진적인 개혁론자로 바뀌었다.

모든 개혁에는 시대에 맞는 타이밍, 소위 골든타임이 있다. 그 시간이 올 때까지 기존의 중심은 그대로 유지하면서 새로운 중심에 기초 작업을 하는 일이 필요하다. 공무원들이 개혁에 자연스럽게 공감해 나가도록 분위기를 조성하는 사전 정지 작업이 반드시 필요하다. 다른 말로, 중심축 이동Pivoting 전략이다.

공직사회에서는 수십 년 동안 계급제를 직위분류제로 바꿔가기 위한 사전 정지 작업을 해왔다. 개방형 제도, 전문직공무원 제도, 성과 연봉 제도, 직무급 제도 등이 모두 이러한 작업의 일환이다. 현재 디지털 세대가 조직의 주류로 편입되면서 문화 자체가 달라지고 있다. MZ 세대는 계급제로 이루어진 기존의 공직문화와 시스템에 거부감을 갖고 있다. 2024 파리올림픽의 배드민턴 금메달리스트인 안세영 선수는 금메달을 딴 직후, 언론에 계급제 문화에 대한 불만을 낱낱이 토로했다. 안세영 선수는 상명하복, 연공서열, 권위주의가 주를 이루는 계급제 문화 속에서 더 이상 살지 않겠다는 선언을 한 것이다.

정치가 행정을 좌지우지하면서 고위직을 차지한 40~50대 공무원들도 공직사회가 무너져 가는 모습을 보며 참담해하고 있다. 국민권익위원회 국장의 사망 사건은 정말 비극이었다. 그는 영부인의 명품백 사건에서 청탁금지법의 위반 여부를 담당했는데, 그의 극단적 선택의 원인에 공직 내 계급제 시스템이 상당 부분을 차지한다.

최근 공직사회의 분위기를 보면 정말로 임계치에 다다랐다는 것을 알 수 있다. 이런 시스템으로 2030년대를 맞이하면 재앙이라는 위기감을 가진 사람은 나뿐만이 아니다. 지금이야말로 공직혁신의 골든타임이다. 그리고 공직혁신의 첫 출발은 계급제를 손보는 일이다.

2
적재적소인가, 적소적재인가!

적재적소냐, 적소적재냐! 무슨 말장난으로 보일 수 있지만, 공직 운영과 인사 성패를 좌우하는 말이다. 한마디로 인사 철학과 관련된다. '적재적소適材適所'는 좋은 사람適材을 뽑아 알맞은 자리適所에 배치한다는 의미다. 적재를 적소보다 앞에 쓴 이유는 좋은 사람이 누구인지를 먼저 생각하고, 그 사람에 어울리는 자리를 만든다는 의미다. '적소적재適所適材'는 먼저 알맞은 자리適所를 만들고 그 자리에 가장 적합한 사람適材을 고른다는 뜻이다. 먼저 직위를 철저히 분석하고 그 직위에 맞는 사람을 찾는 것이다. 적재적소와 적소적재에는 선후 관계의 절차가 내포되어 있다.

다른 말로 표현하자면 적재적소는 위인설관爲人設官, 적소적재는 위관택인爲官擇人이다. 적재적소는 계급제적 공직 운영이고, 적소적재는 직위분류제적 운영이다. 인사 면에서 적재적소는 사람이 사람을 임명하는 것이고, 적소적재는 직위가 사람을 임명하는 것이다. 적재적소의 적재는 일반적인 소양과 자질을 겸비한 범용 인재를 말한다. 적소적재의 적재는 그 자리에 필요한 전문성을 갖춘 특화된 인재를 뜻한다. 적재적소의 적소는 사람을 위해 언제든지 필요하면 만들 수 있는 자리로서 일반적인 자질과 소양이 있는 사람이면 누구나 가서 일할 수 있는 직위를 의미한다. 적소적재의 적소는 그 자리가 왜 필요하고 무슨 일을 해야하는지, 그리고 그 자리에서 일하기 위해 필요한 자격이 아주 구체적으로 정해진 직위를 의미한다.

적재적소를 강조하는 조직에서는 수시로 자리를 옮기는 순환 보직을 통하여 어떤 자리에도 갈 수 있는 일반 관리 능력을 갖추려 노력한다. 반면 적소적재를 강조하는 조직에서는 일에 몰입하며 그 분야에서 최고 전문가가 되려고 노력한다. 적재적소의 인사 철학을 가진 관리자는 자신과 함께하며 자신을 도와줄 자기 사람을 중심으로 인사를 한다. 적소적재의 인사 철학을 가진 관리자는 시스템을 통하여 자기 사람과 관계없이 그 일을 가장 잘할 수 있는 사람을 중심으로 인사하려고한다. 적재적소로 임명된 사람은 임명권자에게 충성한다. 적소적재로 임명된 사람은 직무와 일에 열정을 쏟는다.

적재적소가 좋은지, 적소적재가 좋은지에 대해서 개인별로 견해차가 있고 아직 논란의 여지도 남아있다. 하지만 과거의 신분제 사회, 근대의 고속 성장기를 거쳐 디지털 시대로 이행한 시점에서는 적재적소를 폐기하고 적소적재의 방식을 택하는 길이 옳다. 적소적재의 공직 구성과 인사운영을 해야 한다. 이제 사람이 사람을 인사하는 방식은 최소화해야 한다. 직위가 적합한 사람을 선택하는 인사가 이 시대에 딱 맞는 방식이다.

3

계급제 개혁의 방향

인사 행정의 패러다임 전환이 필요한 이때, 공직사회는 적소적재의 인사 관리를 원하고 있다. 정보통신기술의 지속적인 발달과 시민 참여의 증가로 인해 개별 업무를 둘러싼 이해관계는 매우 복잡해졌기 때문이다. 부서원들이 같이 힘을 합쳐 일하던 시대가 지나고, 옆자리 직원의 업무조차 확실히 알기 어려운 시대다. 이는 개별 직무의 복잡성이 증대된 것으로도 볼 수 있다. 두루두루 아는 일반 행정가보다 한 분야의 전문성과 경험을 갖춘 전문 행정가가 더 귀해졌다.

우리나라만의 문제가 아니다. 세계적으로도 현대의 행정이 점차 복잡한 정책 환경에 놓임에 따라 그것을 해결하기 위한 개인 차원의 전문성이 강조되고 있다. 이에 따라 공무원 제도가 계급제에서 직위분류제로 하나같이 이동하고 있다. 사회적인 계층이 뚜렷하게 구분되기보다는 직업의 구조가 더욱 세밀하게 분화되는 것과 같은 이치다. 특히 전통적으로 계급제를 택했던 국가들이 이제는 직위분류제로 전환하기 위한 노력을 기울이는 중이다. 그렇다면 우리나라는 어떨까?

공무원 업무 체계에 직위분류제를 도입하려는 시도는 생각보다 오래전부터 있어 왔다. 1963년, 박정희 정부는 계급제를 폐지하고 직위분류제를 도입하기 위해 「직위분류법」을 제정하여 1967년부터 실시하고자 했다. 하지만 당시 행정 문화의 한계에 따라 1973년 직위분류법은 폐지된다. 그 후 국가공무원법에 직위분류제의 단계적 도입에 대한 원칙만을 남김으로써 도입 시도는 결국 실패로 끝났다.

다만 이때 법령에 도입된 직위, 직급, 직렬 등 직위분류제의 용어가 현재까지 인사 관리의 도구로서 사용되고 있어 그 흔적을 찾아볼 수 있다. 이후 지난 수십 년 동안, 인사 제도의 틀을 바꾸기보다는 계급제 중심의 공무원 제도에 전문성을 부여하기 위한 제도적인 시도가 활발하게 이루어졌다. 이는 전문경력관 제도, 전문직공무원 제도, 전문직위 제도 등 다양한 명칭으로 운영되고 있다. 하지만 현재의 계급제 체제에서는 공무원 전문성 제도의 활용은 한계가 명확하다. 계급제의 틀 속에서 '한 분야에 오래 종사하는 전문성'은 곧 '순환 보직을 회피하는 무능력'으로 비치기 십상이다.

　그릇이 바뀌어야 그 안에 담긴 내용물도 바뀐다. 개별성을 인정하는 채용과 성과 관리, 전문성 강화 제도는 모두 직위분류제적 운영 체제가 뒷받침되어야 무사히 정착할 수 있다. 우리는 이미 고위공무원단 제도의 도입 과정에서 계급제적 현실과의 충돌을 경험한 역사가 있다. 인사혁신처의 전신인 중앙인사위원회 시절의 일이다. 당시 도입했던 고위공무원단 제도는 고위직 계급을 타파한다는 구호 아래 의욕적으로 출발했다. 하지만 현재 우리가 바라고 있는 목적을 달성하지 못하고 계급제 내의 한 제도로 변형되고 말았다. 이를 통해 근본 원리가 바뀌지 않으면 아무 소용이 없다는 사실을 깨달았다. 타성으로 재해석된 뜻밖의 결과물을 마주하게 된다는 교훈을 얻은 것이다.

　참고로 고위공무원단 제도의 도입 경과를 간단히 살펴보겠다. 처음에 고위공무원단을 도입할 때는 전 부처의 1, 2, 3급 공무원 직위에 대한 직무 분석을 거쳤다. 그 후 직무 등급을 가, 나, 다, 라, 마 5개의 등급으로 나누고, 고위공무원단에 속하도록 만들었다. 하지만 몇 년 지나지 않아 고위직 인사 운영의 어려움을 근거로 부처에서 이에 대한 반발이 거세진다. 실질적으로 하방 직위로의 이동이 제한되는 등 심리적인 거부감까지 더해지기 시작한다. 결국 2008년 이명박 정부 들어 5개의 등급을 가, 나의 2개 등급으로 축소한다. 현재는 사실상 기존 9계급 제도 내에서의 1급, 2급에 상응하는 계급의 개념으로 운영되고 있다. 개혁의 알맹이는 온데간데없이 사라지고 껍데기만 남은 것이다.

4
계급제를 개선하기 위한 구체적인 노력들

정부에서는 당장 계급제를 폐지하는 일보다 계급제의 특성을 완화해 가는 방안으로 공직혁신을 추진해 온다. 큰 원칙은 사람 중심의 인사 제도를 직무 중심의 인사 제도로 축을 옮기는 일이다. 구체적으로 말하자면 직위 공모의 직급 제한을 폐지하는 것이다. 또한 복수 직급제의 확대를 통한 직급 직위 간 연동 완화, 직무등급제로의 전환 등의 노력을 해오고 있다.

두 번째로 직업공무원제의 원칙에 따라 공무원들의 신분 보장이 강하게 이루어지는 관행을 완화하기 위해 저성과자 퇴출 제도를 도입했다. 그뿐만 아니라 고위공무원 적격 심사 대상의 확대와 같은 조치를 하고 있다.

셋째로 조직의 위계적인 구조를 수평적인 구조로 바꾸기 위한 노력을 기울이고 있다. 직급별로 관리하던 정원을 통합 정원으로 전환하여 자연스럽게 계급을 축소해 나가고 있다. 의사결정 권한의 위임도 계속 강화하고 있다.

넷째로 과거의 일반 행정가를 양성하는 공직 구조를 전문가 양성이라는 방향으로 바꾸기 위한 노력이다. 기존 전문 직위의 숫자를 대폭 확대하면서 평생 한 분야에서 한 우물만 팔 수 있는 전문직공무원 제도를 도입한다. 일반 공무원들의 필수 보직 기간도 강화한다. 또한 신규 채용에서 공개 채용을 하는 비율을 축소하고 경력 채용을 확대한다. 이에 더해 관리직에 대해서 개방형 직위를 확대한다.

다섯째, 보상의 개혁이다. 연공서열에 따른 보상에서 직무와 성과에 따른 보상으로 축을 옮기고 있다는 점은 정말 고무적이다. 고위직에 대해서는 직무 성과급적 연봉제를 확대해 간다. 이런 한편 하위직을 대상으로는 호봉제의 연공성을 완화하거나 연봉제로 전환하는 정책을 펴고 있다.

이러한 노력에 대한 평가와 구체적인 실행 방안에 대해서는 뒤에서 설명하겠으나 아직 눈에 띄는 성과와 변화까지는 이끌어내지 못하고 있다. 하드웨어인 조직의 구조를 본격적으로 바꾸는 작업을 추진한다면 분명 괄목할 만한 발전이 있을 것이다.

어떤 행동은 나라를 바꾼다

계급제를 개선하기 위한 구체적인 노력들!

계급제의 특성 완화	개선 방안
사람 중심의 인사 제도 ➡ **직무 중심의 인사 제도**	직위 공모에서 직급 제한을 폐지하는 등 Fast Track 활성화 복수 직급제 확대를 통한 직급–직위 간 연동 완화 직무 등급제 전환 및 직무성과급적 연봉제 확대
강한 신분 보장 ➡ **신분 보장 완화**	저성과자 퇴출제 또는 적격 심사대상 확대
위계적 조직 구조 ➡ **수평적 조직 문화**	의사결정 권한의 위임 직급별 정원 관리를 통합 정원으로 전환
일반 행정가 양성 ➡ **전문가 양성**	전문직 공무원 또는 전문 직위 확대 필수 보직 기간 강화 공채 축소 및 경채 확대, 개방형 직위 확대
연공서열에 따른 보상 ➡ **직무·성과에 따른 보상**	직무 성과급적 연봉제 확대 호봉제의 연공성 완화 또는 연봉제 전환

5
계급이 없는 나라가 있을까?

계급이 없는 나라가 있냐고 묻는 사람이 많다. 사람 사는 세상에는 어디든 계급이 형성돼 있다는 것이다. 옳은 지적이다. 그렇지만 우리나라는 그 정도가 너무 심하다. 외국과 비교하여 우리 계급제가 어떻게 운영되고 있는지 살펴보자.

무엇보다 OECD 국가에서 우리나라만큼 계급 수가 많은 나라가 거의 없다. 우리나라 일반직 공무원의 계급 수는 9개나 된다. 미국과 영국은 0개, 프랑스는 3개, 독일은 4개다.

두 번째로 외국은 직무와 직급의 명칭이 부서별, 직종별로 다양하다. 우리나라 직급의 명칭은 모든 정부기관이 주사, 사무관, 서기관, 과장, 국장 등 동일한 용어다. 그것도 법령에 엄격히 규정되어 있어서 이게 그대로 계급으로 치환된다. 영미권 국가와 프랑스, 독일 등은 부서와 직종별로 쓰는 직무와 직급의 명칭이 참 다양하다. 따라서 이를 계급으로 이름 붙이기가 애초에 쉽지 않은 구조다.

셋째로 가장 핵심적인 차이는 직위, 직책과 계급을 철저히 분리해서 운영한다는 점이다. 우리나라는 과장은 서기관이 하고, 국장은 고위공무원이 하는 정해진 룰이 있다. 5급 사무관이나 고위공무원을 과장으로 임명할 수 없다. 외국은 계급에 따라서가 아니라 직무를 고려하여 직책을 부여한다. 아무리 서기관급이라고 해도 자격과 능력을 갖추지 못했다면 과장으로 임명하지 않는다.[3]

계급이 아예 없는 나라는 거의 없다. 하지만 계급을 운영하는 시스템이 우리와는 확연히 다르다. 계급은 존재하되 계급이 공직을 운영하는 데 중요한 변수가 되지 못하도록 애초부터 시스템을 만들어놓은 것이다.

6
먼저, 계급 수부터 줄여나가자

우리나라가 개발도상국이던 시절에 고착된 계급제는 입직 경로에 따른 능력의 차이를 전제로 한다. 모두가 고등 교육을 받지 못하던 시

---

3   우리나라도 복수직 서기관 제도를 운영하나, 과장 보직 전의 계급(4.5급)으로 받아들여져 사실상 또 하나의 계급으로 정착했다.

절에 5급 공채 공무원은 대학교, 7급 공채는 전문대를 졸업한 사람, 9급 공채는 고등학교를 졸업하는 사람이 지원한다는 가정에 따라 기획과 집행으로 업무를 구분하여 분배하는 시스템이었다. 각자가 속한 계급에 따라 주어진 일을 성실하게 수행하는 것이 그 당시 공무원 사회의 바람직한 모습이었다.

하지만 최근에 입직하는 공무원들은 계급을 막론하고 대부분이 대졸자 출신이기 때문에 과거의 그러한 구분이 의미 없는 상황이다. 오히려 뛰어난 인재가 하위 직급에 임용됐다는 이유로 능력을 발휘할 기회를 얻지 못하는 일을 걱정해야 한다. 각 부처의 입장에서는 훌륭한 인재를 잘 활용하고 싶은데 계급 정원에 가로막혀 인력 관리의 어려움이 가중되었다. 당사자 입장에서는 잠재력을 박탈당하고 낙담하면서 자긍심과 적극성을 잃어버리기 십상이다. 실로 인적자원의 국가적인 낭비가 아닐 수 없다.

현재와 같이 경직된 계급제를 상황 변화에 기민하고 개인의 잠재력을 끌어내는 조직으로 만들려면 촘촘한 계급의 구조를 축소할 필요가 있다. 인적자원의 구분선을 넓혀 인력 운영의 자율성을 높여야 한다.

7
계급제 혁신을 이루는 통합

6급 이하 실무직을 통합하자. 가장 먼저 현재 중앙부처의 6급에서 9급 공무원까지 4개의 계급을 주무관급 혹은 실무직으로 통합하는 것이 과제다. 6급과 7급의 업무가 사실상 동일하고, 중앙부처의 8급과 9급은 소수이기 때문에 통합이 상대적으로 용이하다. 30년 동안 중앙부처에서 근무한 경험에 비춰봤을 때, 6급 이하는 직급의 구분이 참으로 무의미하다. 직무 자체를 6급 직무, 7급 직무, 8급 직무, 9급 직무로 구분할 수 없다. 내가 심사임용과장으로 근무할 때 부처 간 인사 교류와 파견 업무를 담당하는 직원이 9급에서부터 6급까지 다 거쳐 간 기억이 있다. 인사 교류와 파견 업무는 비교적 난이도가 높아 과거 6~7급 공무원이 주로 담당했던 업무다.

당시 9급 새내기 공무원이 우리 과로 배정받아 그 일을 한번 맡겨 봤다. 9급 신규 공무원은 해당 업무를 훌륭하게 수행해 냈다. 그래서 그 자리에서 7급까지 바로 승진시켰다. 이런 직위가 대부분이라고 보면 된다. 좀 더 리얼하게 말해야겠다. 5급 공무원 이하는 부서 내의 업무분장에 따라 각자 배분된 업무를 수행하는 데 있어서 일의 양이나 성과물, 일을 향한 태도나 사명감, 업무 전문성의 측면에서 별 차이가 없다. 냉정하게 평가했을 때 직급의 차이가 크게 영향을 미치지 않는 것이다.

오히려 직급이 높은 사람이 직급이 낮은 사람보다 책임이나 난이도가 낮은 업무를 수행하거나 일의 양이 적거나 더 못한 경우가 허다하다. 그리고 더욱더 아이러니한 일은 부처마다 승진에 드는 기간이 제각각이라는 것이다. 7급으로 들어와 10년도 안되어 5급으로 승진하는 부처가 있는 반면, 더 많은 고생을 하며 15년 이상을 보냈는데도 5급으로 승진하지 못하는 부처가 있다. 이게 말이 되는가? 계급 수를 줄여야 그것을 바탕으로 직무의 개별적 가치가 존중받는다. 더불어 효율적인 인사관리가 가능해진다.

그래서 나는 다음과 같이 6급 이하 공무원 직급을 통합하는 방안을 제시한다. 첫 단추로 중앙부처 본부를 대상으로 6급 이하 공무원을 한 직급으로 통합하여 운영하고, 기존 직급은 보수 등급으로 전환한다. 이 작업은 1년이면 족하다. 직제령과 직제 시행 규칙만 바꿔주면 된다. 각 부처의 부서를 운영하는 과장들이 이미 직급과 상관없이 업무분장을 하여 실행 중이라는 점 또한 이 일을 더욱 간단하게 하는 요인이다. 현실 운영을 따라가기 위한 사후 법 개정인 셈이다.

120만 명의 전체 공무원을 대상으로 똑같은 개혁을 적용하자는 건 개혁하지 말자는 말과 같다. 이제 부처의 특성과 일의 성격을 감안하여 다양한 형태의 조직 구조와 보수 등급을 인정할 때다. 당장 가능한 곳에서부터 시작하자는 말이다. 직급이 통합되면 소속기관도 그 특성에 맞게 조정하여 운영될 것이다. 또한 지자체나 다른 기관에도 자연스럽게 확산될 것이 자명하다. 이렇게 쉬운 일을 왜 안 하고 있을까? 조직과 예산을 움켜쥔 채 정원과 인력을 통제하는 행정안전부와 기획재정부의 소극적인 태도 때문이다. 조직 이기주의를 내려놓아야 한다. 물론 기존에 어렵게 6급, 7급으로 승진한 사람들의 반발이 나타날 수도 있다. 당분간 이들의 기득권을 보장해 주면서 진행하면 된다.

소속기관이나 지방자치단체의 경우 집행 업무의 비중이 높다. 6급이 팀장이나 계장 등 관리직을 담당하는 경우가 많아 중앙부처와 상당히 다른 상황이다. 이를 인정하지만 굳이 4개 계급으로 운영할 필요는 없다. 관리직도 꼭 6급이 담당할 필요는 없다고 생각한다. 소속기관의 특성을 존중하여 소속기관별로 가장 효율적인 인력 관리를 할 수 있도록 보장하면 된다. 대부분의 정부기관은 승진 적체 현상을 해소하기 위해서 근속승진제도[4] 라는 걸 시행한다. 경찰청의 경우 과거 경위로 승진하면 파출소장이나 지구대장으로 보임되었는데, 최근 일부 지구대의 경우 직원 대부분이 소위 간부급인 경위로 구성되어 있고 경감이 지구대장을 하는 사례를 참고할 필요가 있다. 이미 계급에 기초한 정원 관리나 인력 배치는 그 기능을 상실한 지 오래다.

실무직 통합에 이어서 두 번째 단계로 3급에서 5급까지의 공무원을 중간 관리직으로 통합한다. 현재 5급 공무원 이상은 관리직으로 통칭하고 있다. 좀 더 구체적으로 살펴보면 5급은 관리직 초임으로, 4급인 과장과 실무 직원 사이에서 단위 업무의 팀장을 담당하며 부서장 직위로 올라가기 위한 경험을 쌓는 단계로 보면 된다. 6급 이하 직원들의 보좌를 받아가며 팀장으로서 단위 업무를 총괄하는 경우도 있으나, 6급 이하 직원들처럼 혼자 단일 업무를 수행하는 상황도 많다. 관리직의 특성상 기획이나 조정 업무의 비중이 늘어난다. 그리고 일정 연수가 차면 과장 보직이 아닌 무보직 서기관인 4.5급으로 승진한다. 그런데 나의 경험상 4.5급은 정말 애매한 직급으로 마치 뜨거운 감자와도 같다.

과거에 5급 공무원에서 4급 공무원으로의 승진이 15년이 넘게 걸리던 시절이 있었다. 그때 과장 보직은 바로 못 주더라도 직급이라도 빨리 올려주자는 아이디어로 4급 복수직 서기관(4.5급) 제도를 도입한다. 하는 일은 5급과 별반 다르지 않고 역량에서도 큰 차이가 없다. 이 제도는 직급과 직위를 분리하여 운영하는 쪽으로 발전했으면 참 좋았을 것

---

4 근속승진제도는 한 직급에서 큰 문제 없이 일정 기간을 근무하면 심사를 거쳐 거의 자동으로 상위 직급으로의 승진이 이루어지는 제도를 뜻한다. 주로 상위 직급에 결원이 없어 승진이 적체된 소속기관이나 경찰청, 소방청 등에서 많이 활용하고 있다.

이다. 문제는 4.5급이 되고 일정 기간이 지나면 과장 직위를 부여해야 한다는 점이다. 과장도 4급 과장이 있고 3급 과장이 있다. 하지만 3급 과장이라고 해서 4급 과장보다 더 중요하고 어려운 업무를 수행하는 것은 아니다.

중간관리직은 외부에서 볼 때 팀장급과 과장급 두 종류뿐이다. 팀장급인 4.5급은 5급과 큰 차이가 없고, 과장급인 3급은 4급과 큰 차이가 없어 별 관심을 못 받는다. 승진 이외에 보직에서 업무 중요도나 난이도는 큰 영향을 미치지 않는다. 업무량이나 전문성 또한 마찬가지다.

그런데 여기서 아주 중요하게 생각해야 할 한 가지가 더 있다. 나는 주위의 장차관이나 실, 국장들에게 중앙부처에서 가장 중요한 직위가 무엇이냐고 수시로 질문하곤 했다. 그때마다 대부분 주저 없이 '과장'이라고 대답한다. 정부의 조직 기능을 대중소로 분류할 때 과는 소·중 또는 소기능에 해당하는 것으로, 조직원들이 함께 모여 일하는 최소 단위의 부서다. 그 부서를 총괄하는 사람이 바로 과장이다. 중앙부처에서 직원들과 같은 사무실에서 함께 부대끼며 직접 일하고 성과를 창출해 내는 유일한 부서장이 바로 과장인 셈이다.

국장부터는 독방에 들어가서 근무하게 되어 직원들과 일정한 거리감이 생길 수밖에 없다. 무엇보다도 현장의 세세한 일들을 다 알 수도 챙길 수도 없다. 대부분 과장 선에서 정리하여 보고한 내용을 중심으로 의사결정이 이루어진다. 과장은 우리 몸으로 보면 허리에 해당한다. 과장이 무너지면 직원들도 기울어지고 조직도 쓰러진다. 이렇게 중요한 과장을 연공서열을 기반으로 뽑다 보니, 많은 장차관이나 실장, 국장들이 함께 일할 사람이 없다느니 좀 더 역량 있는 사람으로 바꿀 수 없냐

느니 하는 불만을 토로한다.

　　그래서 나는 다음과 같은 3~5급 관리직의 통합을 제안한다. 우선 중앙부처의 3~5급을 한 직급으로 통합한다. 부서장인 과장은 직급 내에서 철저한 직위 공모를 통해 준비된 사람을 선발하도록 하자. 관리직은 부서장을 준비하는 인재풀이라는 또 다른 이름으로 해석이 가능하다. 사무관이냐 서기관이냐 따지지 말고 과장 직무를 수행할 자격과 역량이 되면 언제든지 과장으로 뽑힐 수 있고, 부족하다고 판단되면 다시 관리자 풀로 돌아오면 된다. 기존 직급은 보수 등급으로 전환하고 과장 직위를 담당하는 사람에게는 직급 수당을 더 주면 된다. 굳이 관리직을 만들 필요가 뭐 있느냐, 실무직이나 외부 민간의 인재풀에서 바로 과장을 공모해도 되지 않겠느냐는 반론이 나올 수도 있다.

　　과장은 중앙부처에서 핵심적인 직책이다. 아울러 첫 부서장의 직위이기도 하다. 국내외 정부와 기업의 인사시스템을 분석하면 대부분 관리자와 간부를 양성하는 시스템을 갖고 있다. 관리자 풀은 곧 과장을 양성하는 시스템이다. 중앙부처의 과장이 되려면 적어도 관리자 풀에서 훈련받고 성과를 내고 인정받아야 한다. 나는 개방형 채용으로 과장급 직위에 들어온 여러 사람과 함께 근무해 본 경험이 있다. 직접 평가도 했다. 물론 성공적으로 업무 성과를 거둔 사람도 있었지만 대부분 물과 기름처럼 따로 놀다가 사라졌다.

　　그래서 나는 과장급의 개방형 제도 확산에는 반대한다. 대신 민간 경력자 중에서 5급 공무원을 채용하는 제도를 적극 확대해야 한다고 생각하고, 공직에 있을 때도 이를 위해 노력했다. 그러나 민간 경력자 중에서 5급을 채용하는 제도는 도입 취지와 달리 계급제 속에서 정착하기가 참 어려운 제도라는 것을 깨달았다. 만약 관리직으로 직급을 통합한다면 민간의 우수한 인력을 유치하기가 훨씬 용이할 것이다.

지금까지 총 9개로 구분했던 계급을 6급 공무원 이하는 실무직으로, 3~5급은 관리직으로 통합하자는 의견을 펼쳤다. 그러면 이미 통합된 고위공무원단[5] 까지 포함하면 3개 직급으로 계급이 단순화된다. 3개의 직급이면 충분하다. 집행 조직이나 좀 다른 특성이 있는 조직은 그 범주 내에서 직급을 추가하며 자율적으로 운영하면 된다. 이러한 유연함이 필요하다.

중앙부처의 일반직 공무원을 대상으로 직급을 단순화하는 작업은 그렇게 어려운 일이 아니다. 현실을 반영하여 제도를 보완했다는 개념으로 접근해도 무방하다. 먼저 중앙부처의 국가직 공무원을 대상으로 계급제 개편의 화살을 쏘아 올리자.

8
계급제 혁신을 이루는 직위 공모

인사혁신처에서는 공모 직위의 대상을 고위공무원단과 과장급 공무원에 이어 5급 사무관까지 확대했다. 최저 승진 연수를 채우지 않아

---

[5] 과거 1~3급 공무원에 해당하는 실·국장급은 2007년에 이미 고위공무원단이라는 이름으로 통합했다. 다만, 당시의 도입 취지와는 다르게 고위공무원의 가 등급은 과거의 1급 직위, 고위공무원 나 등급은 과거 2~3급 직위와 매칭하여 계급제처럼 운영하고 있어 이에 대한 개선이 필요하다.

도 공모 지원이 가능하도록 지원 자격까지 완화했다. 그 성과 여부를 떠나 계급제의 틀에서 보면 아주 파격적이고 혁신적이다. 계급제를 깨뜨리기 위해 직무 중심으로 한발 한발 나아가고 있는 모습이다.

나는 여기서 한 발 더 나아가고 싶다. 모든 국장이나 과장 직위는 공모를 원칙으로 하자는 제안을 한다. 허무맹랑한 주장이라고 공격받을 수도 있다. 주된 비판은 그 많은 국·과장을 어떻게 모두 공모로 결정하냐는 것이다. 인사권자는 기본적으로 공모보다는 본인의 인사권을 행사하고 싶어 한다. 또한 우리나라 공무원들은 공모 제도에 익숙하지 않다. 그래서 공모는 번거롭고 형식적인 것으로 간주하는 경향이 강한데, 내가 공모 제도를 운영해 본 결과 그렇게 번거롭거나 시간이 많이 걸리지 않았다. 오히려 놀라운 사실을 발견했는데, 내가 생각하는 사람이나 다른 사람들이 생각하는 사람이 거의 일치한다는 사실이다.

무엇보다도 공모자들이 해당 직위로 가기 위해 공모 과정에서 엄청 많은 준비를 하고 공을 들인다는 사실을 알았다. 국제협력담당관을 공모할 때였다. 역량이 뛰어난 직원 서너 명이 진검승부로 응시했는데, 그들의 직무수행계획서와 자기소개서 등을 살펴보니 희망하는 직위로 가기 위해 정말 많은 노력을 기울이고 있었다. 만약 기존의 인사처럼 이런 절차 없이 그저 특정인을 낙점해 발령했다면 어땠을까? 그 직원은 발령받고 나서 직원들에게 업무 보고를 받은 후에야 겨우 업무 파악을 했을 확률이 높다. 아마 그 상태와 수준으로 근무하다가 다른 부서로 옮겨갈 준비나 할 것이다.

나 역시 공모에 직접 응시한 경험이 있다. 과장 직위에 한 번, 국장 때 한 번, 이렇게 두 번이다. 당시 나는 희망하는 직위로 가기 위해 여러 준비를 했다. 해당 직위에서 담당할 업무와 관련한 국내외 이슈를 파악하고 많은 자료를 찾아보며 공부했다. 또한 나의 역량도 체계적으로 정리하는 시간을 가졌다. 구체적으로 문제 인식, 전략적 사고, 성과 관리와 변화 관리 전략, 고객 관리, 조정 통합 등으로 나눠서 정리했다. 또한 리더십을 키우고 조직을 관리하는 전략에 대해서도 많은 공부를 하며 전문가의 자문을 받았다.

약 3주 정도 준비했는데, 3~4개월 교육받는 것보다 훨씬 더 나 자신의 역량을 개발하고 성장시키는 계기가 되었다. 그래서 나는 공무원들에게 공모 과정을 꼭 경험해 볼 것을 추천한다. 자신의 리더십이나 역량을 향상시키기 위해서는 수시로 학습하는 일도 중요하지만 한 번의 공모 경험을 통해 그동안 깨닫지 못한 부분들을 생각보다 더 많이 얻을 수 있기 때문이다.

공모 과정이 복잡하고 번거롭다고 하는데 얼마든지 단순화할 수 있다. 예를 들면 희망하는 부서를 향한 직무수행계획서를 문제해결 역량, 조직관리 역량, 비전제시 역량과 같이 역량을 구체적으로 세분화해서 작성하도록 하고 이를 근거로 인사하는 것이다. 직원들은 이런 과정을 거쳐 조직과 업무의 생태계를 잘 이해할 수 있다. 자신에게 어떤 역량이 부족하고, 어떤 역량을 더 쌓아야 하는지를 파악하게 된다. 조직과 업무와 관련한 현황, 문제점을 생각하고 개선 방안을 마련하려고 노력할 가능성이 높아진다. 또한 미래지향적인 시야로 앞을 내다보며 중장기적인 발전 방안들을 자연스럽게 고민할 것이다.

무엇보다도 공모를 거쳐 인사를 하면 인사 후유증이 적다. 특히 외부에서 기관장으로 부임할 경우 내부 직원들에 대한 파악이 쉽지 않다.

2 · 가장 먼저 손봐야 할 계급제

직원들과 아무런 이해관계가 없는데도 인사 후 불필요한 잡음이 많이 발생한다. 공모를 통해 인사를 하면 잡음이 없어지고 조직도 빨리 안정된다는 큰 장점이 있다.

그런데 과연 공정한 선발이 보장되느냐는 의구심도 있다. 우리는 언론을 통해 사전에 특정인을 내정한 채 진행하는 공모 과정을 많이 봐 왔다. 심지어 실제로 불공정한 채용 과정을 직접 경험해 본 사람도 꽤 있을 것이다. 인사혁신처에서는 이를 철저히 방지하고 공정한 선발이 이루어지기 위한 여러 규정을 마련해 뒀다.

우선 각 부처 선발심사위원회에 속한 심사위원의 과반수를 외부 위원으로 위촉한다. 위원장 또한 외부 위원이 맡도록 한다. 그와 동시에 외부 위원의 추천을 제 3의 기관인 인사혁신처가 하도록 규정한다. 필요시 선발 자체를 인사혁신처에 위탁할 수 있도록 규정을 엄격하게 만들어 시행하고 있다. 나도 중앙선발심사위원회의 위원으로 서너 번 위촉받아 선발위원으로 참여한 경험이 있다. 심사위원을 5명으로 구성하여 심사위원 간 상호 견제의 기능도 있다. 따라서 사전 내정자가 존재한다는 시나리오는 끼어들 여지가 전혀 없다. 각자 독립적인 판단으로 심사를 하고 나면 자연스레 후보자가 압축된다. 진검승부라고 보면 된다.

물론 공직사회의 전 직위를 이러한 복잡한 절차로 진행할 수는 없다. 공모 제도의 핵심은 선발 절차를 공개적으로 투명하게 진행한다는 점이다. 앞에서 제시한 직무수행계획서만이라도 작성하도록 만들고, 국과 단위에서 간소화된 절차를 취하는 것만으로도 충분하다. 많은 사람이 지켜보고 있기 때문에 자의적인 판단을 최소화할 수 있는 것이다.

9
계급제 혁신을 이루는 줄이기

결재 단계와 보고 라인을 줄이는 일도 꼭 필요하다. 인근 주민이 거주지 주변에 송전탑을 건설한다고 하자 이에 대한 민원을 넣은 상황을 예로 들어보자. 민원 처리를 담당하는 6급 주무관이 사안의 중대성을 감안하여 보고서를 쓸 것이다. 그는 보고서에 장관의 현장 방문을 건의하는 내용을 담았다. 이 보고서는 1차로 담당 사무관(팀장)을 거쳐 과장에게 보고된다. 과장이 적절하다고 판단하면 국장에게 보고한다. 국장이 오케이 사인을 주면 실장에게 보고된다. 이후 과장이나 국장이 차관에게 보고한다. 차관이 동의하면 주로 국장이 마침내 장관에게 보고하여 현장 방문 여부를 결정하게 된다.

주무관 → 사무관(팀장) → 과장 → 국장(심의관 → 국장) → 실장 → 차관 → 장관, 이렇게 최소 6단계 또는 7단계를 거쳐야 한다. 숨이 막히고 보고할 엄두를 내는 것조차 쉽지 않은 절차다. 특히 장관은 일주일에 1.5일, 차관은 일주일에 이틀 정도만 세종시 본부에서 근무하여 보고 일정을 잡기도 어렵다. 만약 내부에 다른 쟁점이 있다면 과장이나 국장은 좀 기다려 보라며 보고를 미룰지도 모른다. 장관이 현장 방문에 흔쾌히 동의할지 그 여부도 알 수 없다.

결국 이런 보고들은 중간 단계에서 멈추거나 대부분 담당자의 생각 선에서 그치고 만다. 시간이 흐르면서 현장은 점점 더 해결하기 어려운 상황으로 바뀐다. 물론 담당자도 그사이에 다른 부서로 이동해간다.

2 • 가장 먼저 손봐야 할 계급제

대부분의 부처는 장차관에게 보고하기까지가 그렇게 녹록지 않다. 나는 과장 때 차관 보고를 8일, 장관 보고를 11일까지 기다린 경험이 있다. 물론 급한 보고가 아니었기 때문에 독촉할 필요가 없어서 발생한 장기 대기였다. 실제로 이 정도 대기는 비일비재하다. 그런데 길목을 지키며 시간을 끄는 복병은 따로 있다. 바로 실·국장들이다. 통상 실·국장들에게는 장차관이 본인의 보직이나 승진을 결정하는 존재이기 때문에 장차관 보고에 엄청 신경을 쓴다. 보고서도 많이 고치고, 고민도 많이 한다. 그런다고 보고서의 내용이나 질이 처음보다 월등히 좋아지지는 않는다. 국장과 실장은 그 역할도 애매하다. 심지어 국장 밑에 관을 두고 있는 조직도 많은데, 이 경우 국장이 두 명인 셈이다. 실·국장의 역학관계에 따라 둘 중 한 명은 거의 바보가 되는 경우도 있다.

그래서 나는 다음과 같이 제안한다. 첫째, 현재 부처별로 차관이 한두 명 있는데 실장급을 차관으로 격상시켜 조직 내의 실질적인 의사결정은 차관이 하도록 한다. OECD 국가의 경우 한 부처에 차관이 4~5명인 나라가 많다. 민간 기업도 섹터별로 부사장이 여러 명 있고, 대학도 부총장을 여럿 두고 있다. 실장급을 차관으로 만들어 조직의 2인자인 차관을 전문 분야별로 두고, 각 분야 내에서 머리를 모으도록 해 주자. 그리하여 차관은 당해 전문 분야 내에서는 사실상 최고 의사결정권자의 역할을 하도록 만들어 주자.

공무원의 직급을 쉽게 상향시키려는 의도 아니냐고 비판할 수도 있는데, 이는 실정을 알면 사실이 아니라는 걸 알게 된다. 실제로 실장급은 보수도 차관과 비슷하거나 심지어 더 많이 받는 사람도 있다. 실장들의 실력이나 전문성은 지금 있는 차관보다 월등히 높을 가능성도 크다. 물론 실장급은 차관에 올라가려고 정치적인 경쟁이 가장 치열하게 이루어지는 직급이기도 하다. 하지만 이미 차관 못지않게 성과를 인정받거나 보상을 받고 있다는 사실을 간과해서는 안 된다. 차관으로 직급만 올려주고 그 역할을 책임지고 충실히 수행하라고 요구하면 된다. 비용이 더 들어가는 것도 아니다. 비용이 문제라면 비용은 얼마든지 줄일 수 있다. 그리고 조직의 2인자인 차관은 정무직 공무원이다. 해당 분야의 전문성에다 정무적인 감각까지 배양할 수 있다. 우리나라도 선진국 반열에 오른 만큼 여타의 선진국들처럼 명실상부한 복수차관제로 나아가자.

둘째, 심의관급인 국장 직위를 폐지하자. 국장이 관할하는 업무의 범위가 넓다고 해서 국장의 의사결정을 보좌하는 심의관을 국장급으로 보임하는 것은 옥상옥屋上屋의 전형이다. 관할하는 과 단위의 조직이 많거나 업무 범위가 넓고 복잡하다면 국을 하나 더 만드는 것이 훨씬 효율적이다. 조정이 어렵다는 우려가 있을 수 있지만 차관(실장)이 그 정도는 조정하고 통할할 권한을 지니고 있다.

이렇게 결재 단계를 두 단계만 줄여도 보고 절차는 획기적으로 간소화된다. 보고 시간도 대폭 줄어든다. 가장 중요한 점은 의사결정이 신속하고 더욱 합리적으로 이루어진다는 사실이다. 공직 경험상 위로 올라가는 결재, 보고 라인이 길면 길수록 조직 내의 권위주의는 강화되었다. 또한 의사결정이 왜곡될 수 있는 가능성도 더 커진다.

결재 단계를 줄이는 작업은 그렇게 복잡하지 않다. 비용을 따로 수반하지도 않는다. 승진과 보수 측면에서도 불리하지 않다. 기존의 계급제를 파격적으로 개편해야만 이루어질 수 있는 일도 아니다. 현재 있는 직위를 그대로 두고 직급과 역할만 약간 조정하는 수준에 불과하다. 당장 실행에 옮기자.

10
계급제 혁신을 이루는 개방성

계급제의 한계를 넘어 공직혁신으로 나아가기 위해서는 계급제라는 체제의 전환만이 중요한 게 아니다. 계급제적인 의식의 탈피도 중요한 과제다. 현재 공무원들에게 가장 흔한 꼬리표는 입직 경로다. 5급, 7급, 9급 등 입직 경로를 기준으로 인사를 하여 구성원 스스로도 입직 경로에 매몰된 채 사고하고 행동할 수밖에 없다. 고위직으로 올라갈수록 5급 공채를 중심으로, 그것도 기수 순으로 보직이 정렬된다. 수레가 잘 굴러가려면 적어도 3~4개의 수레바퀴가 필요하다. 그런데 지금 현실은 한 개의 수레바퀴가 조직을 끌어가는 형국이다.

공직사회의 입직 경로와 인적 구성을 다양하게 만들 필요가 바로 여기에 있다. 인사혁신처에서는 공직 입직 경로를 다양화하기 위한 여러 제도적인 노력을 기울이고 있다. 5·7급 민간 경력 채용 제도, 관리자급 개방형 임용제도, 7·9급 지역인재 채용 제도 등을 확대하여 입직의 문을 열고 있다. 각 분야에서 경력과 전문성을 갖춘 인재들이 공직의 문을 두드릴 때, 공직 내부에서도 긴장감이 형성되고 공직사회가 특정 집단의 전유물이 되어서는 안 된다는 자정 의식도 생겨난다.

5급 공채, 소위 고시 출신을 중심으로 한 순혈주의를 극복하기 위해 5급 민간 경력자 채용 제도를 도입했다. 하지만 민간 출신의 경력자들을 소수 집단에 불과하다고 여기며 곱지 않은 시선을 보내는 공채 출신들이 있는 것도 사실이다. 특히 공직사회의 폐쇄적인 문법에 익숙하지 않은 민간 출신자들을 마치 업무 역량이 떨어지는 것으로 규정하고 배척하는 일이 큰 문제다. 이러한 경향은 공채 순혈주의가 강한 조직일수록 더욱 두드러지게 나타난다. 특정 학력과 특정 시험으로 형성된 그들만의 리그는 고인 물이 될 수 있으며 고인 물은 썩기 마련이라는 사실을 잊어서는 안 된다. 현실적으로, 특정한 집단 출신만으로 이루어진 구성원들로는 점점 다양해지고 높아져 가는 국민들의 눈높이를 맞추기 어렵다는 사실을 인지해야 한다.

당초 민간 경력자의 5급 채용 제도를 도입한 취지를 다시 한번 떠올려 보자. 우선적인 목적은 채용 경로를 다양하게 만드는 것이다. 그뿐만 아니라 전문 분야에서 경험을 축적한 현장의 전문가들을 공직에 모셔 역지사지의 자세로 정책을 만들고 서비스를 제공하는 일이었다. 이를 통해 그간 공직사회에 뿌리박힌 5급 공채 중심의 순혈주의를 타파하려고 했다. 그러나 이 제도를 도입한 지 10년이 넘었음에도 아직 온전한 수레바퀴 하나를 만들어내지 못하고 있다. 이는 순전히 계급제의 장벽 때문이다.

별다른 사회 경험 없이 시험만으로 들어온 5급 공채 출신이랑 7, 9급으로 들어와 10~20년의 경력을 쌓고 5급으로 승진한 사람(일반 승진자 출신)이 있다고 가정해 보자. 여기에 민간의 전문 분야에서 한 우물을 파다 공직에 들어온 민간 경력 채용(이하 민경채) 출신까지 있다. 이 3명 모두 4급 과장으로의 승진을 앞두고 있을 때 5급에 입직한 순서, 즉 연공서열에 따라 승진을 결정한다. 따라서 일반 승진자 출신과 민경채 출신은 5급 입직 후 10년 정도가 지나면 이미 사기가 꺾인 채 한물간 사람이 되어 버린다. 이러한 상황에서 어떤 유능한 전문가가 5급 민경 채로 들어와 자신의 재능을 썩히려고 할까? 5급에서 관리자로서 수업이 어느 정도 되고 충분한 역량이 검증되면 연공서열을 배제하고 과장급으로 보임할 수 있도록 시스템을 바꿔야 한다. 지금 공직에는 한 분야에 미친 사람, 한 우물만 파는 인재가 절실하다.

국·과장급의 개방형 직위도 20여 년 동안 실행하면서 그 제도로 임용된 사람의 수가 초창기에 비해 많이 증가했다. 하지만 아직도 무늬만 개방형이라는 비판에서 벗어나지 못하고 있다. 그 이유는 다양하게 추측되지만 나의 경험에서 바라봤을 때 하나로 귀결된다. 아무리 뛰어난 민간 전문가라 하더라도 공직사회를 좌지우지하는 계급제의 벽을 뛰어넘기가 어렵게 되어 있다.

계급제에서 파생한 일반행정인 중심주의, 기수 중심의 연공서열 관행, 권위주의 문화, 계급 중심의 평가와 보상 문화가 계급제의 벽을 단단히 구성하는 벽돌들이다. 개방형으로 공직에 들어오려는 사람에게는 아직 계약 만료 후 재취업 문제가 커다란 걸림돌로 남아 있다. 물론 민간 전문가들을 적극적으로 유치하기 위해 다양한 조처들을 내놓고는 있다. 대표적으로 계약 기간을 연장하고 일반직 공무원으로의 전환을 전제로 한 채용이 그것이다. 연봉을 인상하고 적응 교육을 시행하는 일 또한 이러한 조처의 일환이다. 그러나 근본적으로 공직사회가 계급제 속에 놓여 있는 한 큰 변화를 기대하기 어렵다는 사실을 기억해야 한다.

공직 인사의 개방성을 꼭 강화해야 한다. 이와 더불어 공직사회 내부의 인적 구성도 지속적으로 역동성을 늘릴 필요가 있다. 그간 인사혁신처에서는 지역 인재와 장애인 공무원을 채용하는 일과 같은 소수자 우대 정책을 통해 공직의 사회적 책임을 높이는 적극적인 조치를 시행해 왔다. 최근에는 여성 관리자들을 일정 비율 이상 임용하는 제도를 통해 관리자 구성을 다양화하려고 시도하고 있다. 이를 통해 공직에 활력을 불어넣고자 노력하는 중이다. 공직이 특정 집단의 전유물이 아닌 시민사회의 다양한 의견을 받아들이는 창구로서 거듭나기 위해 꼭 필요한 조치들이다.

11
계급 단순화 작업은 왜 시도조차 되지 않고 있을까?

그런데 왜 이렇게 꼭 필요하면서도 단순한 개혁 작업이 시도조차 되지 않고 있을까? 사실 인사혁신처에서는 계급제의 특성을 완화하고 직무 중심의 인사시스템으로의 전환을 위한 다양한 연구와 준비를 해 오고 있다. 하지만 다음과 같은 이유로 이 작업을 아직 공직시스템의 혁신 과제로 제시하지 못하고 있다.

무엇보다도 기존 체제를 무너뜨리는 일에 대한 막연한 두려움이다. 연구 결과, 계급제를 개편하지 못하는 실증적인 이유는 아직 찾지 못했다. 수십 년 동안 행해온 계급제를 잘못 개편하면 어떻게 될까? 개편으로 인한 실익은 별로 없고 혼란만 부추길 수 있다. 현재의 계급제를 두고 당장에 큰 불편이 없고 인간 세상에서 계급을 완전히 없앨 수는 없다고 생각하는 사람도 많다. 계급제를 없애면 오히려 승진 의욕을 떨어뜨려 조직의 생산성이 저하될 것이라고 주장하는 사람도 있다. 계급제를 폐지하는 일은 하루이틀에 끝낼 성격의 작업이 아니니 아직은 때가 아니라고 말하기도 한다.

물론 기존에 고군분투해서 승진한 사람들, 일정 직급까지 올라온 사람들은 불만이 많을 것이다. 이 사람들에게는 제도 시행 후 선택의 자유를 줘야 한다. 보수나 승진에 있어 오히려 이익을 보도록 유예 기간을 주고 접근하면 좋다. 보수 밴드를 설계할 때 전체 보수 예산은 그대로 유지하면서 상하 집단의 격차를 줄여나가면 된다. 그러면 신규로 진입하는 사람들에게도 유리하게 할 수 있다. 지금까지 고위공무원단 제도나 4~5급 공무원의 연봉제를 도입할 때 보수에 있어서 직접적인 피해를 본 공무원은 거의 없었다.

두 번째 이유는 무엇일까? 우리나라는 어떤 개혁이나 혁신을 할 때 전체 공무원을 대상으로 추진하고, 모두를 똑같은 기준으로 취급하다 보니 그 파급효과가 엄청 크다. 따라서 자연스레 부담도 커진다. 현재 중앙이나 지방이나 법원, 국회 모두 1~9급이라는 계급의 틀을 따르고 있다. 대한민국 전체 공무원이 적용받는 보수표의 종류는 11개다. 9급 일반 행정직은 중앙부처 본부에 근무하건 소속기관에 근무하건 지방 읍면동에 근무하건 같은 보수표를 기준으로 돈을 받는다. 업무 분야도 마찬가지다. 재난 관련 분야에서 근무하건 환경 분야에서 근무하건 사회복지 분야에 근무하건 똑같은 보수표를 적용받는다.

이런 상황에서 계급과 보수 체계에 손대는 것은 전체 공무원을 건

어떤 행동은 나라를 바꾼다

드러서 시끄러워질 일을 만드는 행위일 수 있다. 그래서 전체나 핵심적인 줄기를 손보려고 하지 않는다. 잔가지들을 잘라 내거나 다듬는 수준에서 개혁 과제를 제시하고 이를 추진한다. 애초에 큰 그림을 그릴 생각이 없다. 그뿐만 아니라 큰 그림을 그리려는 사람을 현실을 모르는 이상주의자로 취급하기까지 한다.

그래서 앞에서 언급한 국가직 공무원의 계급제를 개편하는 시도가 성공적으로 끝나도 바로 전체 공무원을 대상으로 하는 계급제 개편으로 확산시켜야 한다는 주장은 뒤로 미룰 것이다. 지방직 공무원을 포함하여 전 공무원을 대상으로 하는 계급제 개편으로 확산시키는 일은 천천히 시도하는 게 낫다. 바로 시행한다고 해도 확산될 수 있을 것이라는 기대도 들지 않는다.

2000년대 초반 국가직 고위공무원단을 도입할 때의 일이다. 당시 고위공무원단에 지방직 공무원까지 포함하려고 시도했으나 끝내 지방직 고위공무원단을 관철시키지 못했다. 당시에는 지방직 공무원이 고위공무원단에 함께 편입되지 않으면 인사상 어려움이 많고 큰일 날 것처럼 예상했다. 하지만 지금까지 큰 문제는 없다. 한 번에 다 하려고 하지 말자. 전체 공무원을 대상으로 하려고 하지도 말자. 이제 그런 시대가 아니다.

조직의 개별적인 특성을 인정하자. 서로 다름을 인정하자. 120여만 공무원을 어떻게 한 그릇 안에 다 담으려고 하는가? 우리의 목적은 계급제라는 어항을 깨뜨리는 것이다. 그리하여 어항 속의 작은 물고기들이 강과 바다로 나가 더 큰 세계에서 더 큰 물고기로 성장할 수 있도록 자유로운 여건을 만들어 주는 일이다.

세 번째 이유는 무엇일까? 계급제 개편과 같은 공직사회 개혁의 커다란 담론은 정치권에 별로 도움이 안 된다는 사실이다. 정치는 정권을 잡는 것이 실질적인 목표다. 정권을 잡으려면 국민의 지지를 끌어내야 하는데 공직사회를 합리적으로 개편하여 정부를 잘 이끌어 가겠다는 말로는 국민의 공감을 바로 얻기가 쉽지 않다. 계급제를 개편하고, 채용부터 보직 관리, 승진 체계를 고치고, 공직사회를 전문성 있는 조직으로 바꿔가겠다는 공약은 공자님 말씀 정도로 생각할 것이다. 국민들이 생각하는 공직사회는 이미 부패하고, 무사안일하고, 무능하기 때문에 정치적으로 커다란 공감을 얻어내기 위해서는 이런 공직사회를 때려야 한다. 그래서 정치권에서는 공직시스템 개혁보다는 공직 기강 확립, 공직문화 혁신, 공무원 조직과 정원 감축 등을 주요 공약으로 제시한다.

그러나 이제 상황이 많이 달라졌다. 최근 정부가 출범할 때마다 소위 적폐 청산을 장기화하는 경향이 짙다. 또한 정치가 행정을 지배하면서 공직사회가 뿌리째 흔들리고 있다. 이런 무너진 공직시스템을 갖고 정부가 제대로 일하기가 어려운 지경에까지 이르렀다. 이제 정치권이 앞장서서 공직사회가 정상적으로 돌아갈 수 있도록 시스템을 만드는 데 주력해야 한다.

네 번째 이유는 부처 이기주의의 장벽이다. 인사혁신처 혼자 독자적으로 계급제 개편을 공직혁신의 과제로 제시할 수 없다. 정부의 조직 그리고 정원을 조정하는 기능은 행정안전부 소속이다. 인사 제도와 이를 운영하는 기능은 인사혁신처가 담당한다. 인건비 예산을 편성하는 일은 기획재정부의 소관이다. 계급제 개편은 국·과의 계급별 정원의 통제권을 갖고 있는 행정안전부의 벽을 넘어서기가 쉽지 않다. 직무 분석과 평가, 정급 등의 기능은 본래 인사 행정의 고유한 기능이다. 그럼에도 불구하고 행정안전부의 조직 기능에 발이 걸쳐져 있다.

이제 중앙에서 조직과 인력, 예산을 꽉 쥐고 부처를 통제하는 시대가 아니다. 인사 부문에서는 이미 3급 이하의 인사권을 각 부처에 모두 위임했다. 고공단의 경우도 전보권 등 상당 부분이 모두 부처에 내려가 있다. 조직과 예산의 경우 적어도 과 단위의 기능까지는 부처가 자율성을 갖고 유연하게 운영할 수 있는 권한을 부여하는 게 맞다.

12
계급제 혁신을 이루는 조직 편성권

인사와 조직을 관리하는 기능을 근본적으로 분리한 채 운영 중이기 때문에 공직 혁신의 성과를 수확하기가 어렵다. 그간 인사혁신처에서는 3급 이하 공무원의 인사권을 각 부처에 대폭 위임했다. 이를 통해 인력 운영의 적시성과 유연성, 전문성을 확보하기 위한 인사혁신을 지속적으로 추진한다. 하지만 조직과 정원 관리는 여전히 과거에 머물러 있다. 장관에게 칼자루를 건네줬지만 정작 칼집은 봉한 채로 전쟁에 임하라고 한 것이다.

예컨대 각 부처의 장관은 행정안전부와 협의 없이 필요한 분야의 인력을 증원하는 일은 물론 전문임기제인 공무원 한 명을 독자적으로 채용하기도 어렵다. 인사혁신처에서 아무리 부처에 인사권을 위임한들 꽉 짜인 정원 관리의 틀 안에서는 사실상 인사권이 제약되는 셈이다.

또한 조직과 정원의 관리 체제가 통제 지향적이고 절차는 지나치게 복잡하다. 이는 부처의 인력을 탄력적으로 운영하려는 의지를 꺾는다. 물리적으로 시간도 오래 걸려 골든타임을 놓칠 수밖에 없는 구조다. 경직적인 관리 체제에는 예상치 못한 부작용도 있다. 무분별한 정원 증가를 막기 위해 시행하는 직제 심사가 오히려 공무원 정원의 증가를 부추기는 현상이다. 총 인원만 해도 수십만에 이르는 부처별, 계급별 정원을 행정안전부, 그것도 조직실 한 곳에서 모두 심사하는 일은 물리적으로 불가능하다. 결국 기존의 정원은 손도 못 대고 신규 수요만 심사하는 상황이다. 부처 입장에서는 기존 정원은 그대로 두고 신규 수요만 부풀리는 행태를 보일 수밖에 없다. 기획재정부가 부처의 예산 부풀리기 문제로 늘 골머리를 앓는 것과 동일한 이치다.

앞에서 언급했듯이 현재 정부 부처의 조직 편성권은 행정안전부에서 가지고 있다. 정부 조직은 법에 따라 부처청 등 정부 부처를 만들어 낸다. 각 정부 부처는 부처 직제령에 따라 국·과까지 설치한다. 그 후 직종별, 직급별로 정원을 배정한다. 또한 직제 시행규칙에 따라 과별 세부 기능과 직급별 세부 정원이 정해진다. 행정안전부는 정부조직법 그리고 행정기관의 조직과 정원에 관한 통칙이라는 대통령령을 가지고 각 부처의 조직과 정원을 편성하고 배분한다. 각 행정기관의 조직과 기능, 정원을 규정하는 직제령까지 갖고 있다.

예를 들어 보건복지부의 공공의료 기능을 강화하려면 행정안전부에서 관련 국·과의 신설 또는 변경을 검토하여 방침을 정한다. 그리고 행정안전부의 장차관은 차관 회의와 국무 회의에서 그 기능이 왜 필요하고 몇 명이나 증원해야 할지를 설명한다. 그 후 이견이 없으면 심의가 통과되는 방식이다. 공공의료 정책의 필요성과 수요, 주요 기능, 소요 인원, 기타 고려사항에 대해 보건복지부의 검토가 더 중요할 것 같은데, 정작 보건복지부 장관은 제안하거나 설명할 자격이 없다. 실제로 현장에서 거의 침묵하고 앉아 있다가 직제령이 통과되면 행정안전부 장관에게 잘 검토해 주셔서 감사하다는 인사말을 건네는 정도다.

이런 상황이다 보니, 부처의 장차관 입장에서는 조직과 정원 관리를 책임지고 할 이유가 별로 없다. 본인들이 목표로 한 정책이 잘못되더라도 정부의 조직과 인력 지원이 잘 안되어 하지 못했다는 변명이 가능하다. 실제로 나는 장차관들에게서 조직, 인력, 예산 때문에 일을 제대로 할 수 없다는 책임 회피성 발언을 많이 들었다.

내가 재임할 당시 공무원 교육이 오프라인에서 온라인으로 패러다임의 전환을 이루는 일이 일어났다. 나는 이에 맞춰 지능형 인재개발플랫폼을 구축했다. 이 플랫폼을 전 부처에 확산시키기 위해 과 단위의 조직을 구성해 줄 것을 행정안전부에 요청했다. 하지만 잘 반영되지 않아 이 사업을 포기하고 싶은 마음이 여러 번 들었다.

그래서 나는 과 단위 이하의 조직 편성권부터 부처로 이관할 것을 제안한다. '실, 국' 단위까지는 정부의 큰 기능에 해당하여 범정부적인 틀에서 조직 편성을 하는 일이 바람직하다. 중간 기능인 '과', 작은 기능에 해당하는 '팀' 단위의 조직이라도 우선 부처에게 재량권을 넘겨야 한다. 부처 차원에서 사업 목적이나 행정 수요, 환경 변화에 발 빠르게 대응하며 조직과 인력을 관리하도록 해야 한다.

무슨 일이든 현장은 현장에 맡겨야 한다. 현장에 한 번도 안 가본 사람들이 현장에 대해 왈가왈부해서는 안 된다. 과 단위 조직은 정책과 서비스에서 현장에 해당한다. 당장 사람이 필요하면 옆 과에서 지원받을 수 있어야 한다. 새로운 조직이 필요하면 팀이나 과를 바로 만들어 사업에 투입할 수 있어야 한다. 적어도 이 정도의 권한은 주고 나중에 성과에 대한 책임을 물어야 옳다.

행정안전부는 각 부처의 조직 진단을 지원한다. 또한 조직과 정원을 감사하기도 하고 시정할 사항이 있으면 시정 조치한다. 만약 보완이 필요한 부분이 생긴다면 요청하면 된다. 여기서 조직을 진단하는 기능이 중요하다. 행정안전부는 당장 눈앞의 정원 증감에만 신경 쓰는 나머지 조직 진단에는 거의 관심을 못 두고 있다. 조직 진단을 수행할 전문성도 거의 미미한 실정이다.

'행정기관의 정원과 조직에 관한 통칙'이라는 대통령령에 조직 진단의 정의가 나와 있다. 조직 진단이란 정부 행정 조직을 효율적으로 관리하기 위해 각 행정기관의 행정 수요, 업무량 판단, 기구와 정원의 운영실태, 기능 배분의 적정성, 중복성 여부 등을 분석하고 평가하는 기능이다. 우리는 이를 좀 더 넓고 미래 지향적인 직무분석 개념으로 확장할 필요가 있다.

과 단위 조직의 편성권을 부처에 넘겨주기 위해서는 우선, 각 부처의 직제령을 부처에게 넘겨줘야 한다. 행정안전부는 정부조직법과 정부조직법 시행령(제정)을 통해 큰 틀에서 정부 조직을 설계하면서 인사혁신처와 함께 각 부처의 조직 진단을 지원하면 된다. 부처의 조직을 신설하고 변경하는 일의 적정성을 평가하는 일 또한 수행하면 좋다.

행정기관의 조직과 정원을 업무 성격과 양에 따라 관리한다. 업무수행이 원활히 이루어지기 위한 적정한 규모를 유지하도록 한다. 동시에 다른 행정기관, 조직과 기능이 중복되지 않도록 모니터링만 잘하면 된다. 당장은 아프겠지만 어차피 대세가 될 것이기 때문에 국가의 미래와 후배들을 위해 조금 미리 권한을 내려놓았다고 생각하면 좋다. 모든 행정기관이 다 박수를 보낼 것이다.

민첩하고 유연한 공직시스템으로의 혁신을 위해서는 인사 제도만 중요한 게 아니다. 공무원을 담는 그릇인 조직과 정원 관리의 혁신이 전제되어야 한다. 이를 통해 부처에서 인력을 운영하는 일에 관한 자율성을 대폭 확대해야 한다. 대신 부처의 장관이 인력 운영의 책임을 지도록 만들어야 한다. 이렇게 효율적으로 인력을 관리하는 체제로 전환해야 한다. 그래야 오히려 지금과 같은 비효율적인 증원 경쟁도 방지할 수 있다.

13
계급제 혁신을 이루는 공직 분류 체계

지금까지 계급제를 개편하는 방안에 대해 여러 대안을 제시했다. 하지만 이러한 대안들은 계급제의 속성을 완화하자는 주장이었을 뿐, 계급제 이후의 새로운 시스템을 준비하는 내용은 아니었다. 우리의 목적은 사람 중심의 공직시스템을 직무 중심의 공직시스템으로 전환해 가는 것이다.

흔히 말하는 직위분류제로 가자는 것이다. 아마 많은 사람이 우리나라에서 직위분류제가 어떻게 성공할까, 회의적으로 생각할 것이다. 우선 그 많은 직위에 대한 적절한 직무 분석과 평가가 필요하다. 이를 통해 직무의 중요도, 난이도, 책임성을 서열화해야 하는데 그게 수용 가능한 일일까? 라고 반문할 것이다. 전형적으로 이론적인 연구 수준에만 머물러 있는 이상주의자들의 반론이다.

계급제 개편의 마지막 단계이자 직위분류제 도입의 첫 단추는 공직 분류 체계를 재편하는 일이다. 이론적으로는 직무 분석과 평가를 과학적으로 진행하여 과업과 직무 수행요건을 분석하는 일이 필요하다. 그런 다음 조직 내 직무들의 상대적인 가치를 판단하여 직무 값을 계산한다. 이에 따라 보수를 설계하는 일이 합리적이다. 그러나 경험상 이런 과정은 시간과 비용이 엄청나게 소요되면서 결과는 허무하게 나온다. 2000년대 외교부의 직무 등급 도입 때도 그랬고, 고위공무원단 직무분석 결과를 봐도 이런 걸 돈 주고 왜 하냐는 비아냥까지 들었다.

직위분류제로 가자고 하면서 직무 분석, 직무 평가, 직무 값 산출 등의 말이 먼저 나오면 의도는 둘 중 하나다. 첫째는 이렇게 복잡한 것을 왜 하느냐, 하지 말자는 말이다. 다른 하나는 직무 분석과 평가 도구를 통해 철저히 준비한 후 진행해야 하니 전문가나 컨설팅 기업에 이걸 용역으로 맡겨달라는 의미다. 물론 어떤 형태로든지 직무 분석과 평가는 필요하다. 다만 시작부터 이 작업에 들어가면 공직사회의 반발과 저항이 만만치 않을 것이다. 그리고 실패의 길로 들어설 위험이 매우 크다.

이러한 경험 때문인지 정부와 공공기관에서는 직무 중심의 인사혁신을 아주 조심스럽게 추진하고 있다. 직위 공모를 진행하고, 공직 개방을 하고, 직무급도 도입하고 있다. 그런데 공직을 분류하는 체계만은 수십 년째 그대로다.

우리나라 공직 분류는 직위분류제의 원칙에 따라 '직군-직렬-직류-직급-직위'로 되어 있다. 직군은 크게 직무의 성질이 유사한 직렬의 군을 의미한다. 행정 직군, 기술 직군, 관리·운영 직군으로 구분한다. 직렬은 직무의 종류가 유사하고 책임과 곤란성의 정도가 서로 다른 직급의 군이다. 행정 직렬, 세무 직렬, 사회복지 직렬, 공업 직렬, 농업 직렬 등 총 52개나 된다. 직렬 아래에 놓인 직류는 하나로 통일되어 있거나 통상 2~3개 정도로 운영한다. 하지만 행정 직렬은 일반 행정, 법무 행정, 재경, 국제통상, 노동, 문화·홍보, 감사, 통계 등 꽤 많은 직류를 통합해서 운영하고 있다.

직류는 전체적으로 126개에 달한다. 공무원 임용령이나 임용시험령에는 직류를 기준으로 한 자격 요건과 시험 과목 등을 자세히 규정하고 있다. 일반적으로 공무원 채용은 직류를 기준으로 한다. 반면 공무원 승진, 전보 등 보직 관리는 직렬을 기준으로 이루어진다.

우리나라 직렬-직류 체계의 가장 큰 문제는 일반행정 직렬 공무원의 비중이 너무 크다는 점이다. 모든 인사를 일반행정직 공무원을 중심으로 운영하고 있다. 환경, 보건, 통계, 농업, 전산, 방재·안전 등 일반행정 직렬 이외의 소수 직렬은 그 분야의 전문성을 충분히 보유한 사람이라도 조직 관리나 승진에서 많은 좌절을 겪고 있다. 우리나라 행정 조직이 일반행정직 공무원을 중심으로 운영되다 보니 전문가보다는 일반행정가가 더 우대받고, 성공하는 구조로 굳어졌다. 국토교통부 장관을 일반 경제 관료나 정치인이 하고, 통계청장이나 관세청장을 일반 경제 관료가 해도 전혀 이상하게 생각하지 않는 구조다.

두 번째 문제점은 너무나 시대 변화에 뒤떨어진 공직 분류 체계라는 점이다. 해양수산 직렬은 일반해양, 일반수산, 어로, 일반선박, 선박

항해, 선박기관, 선박관제, 수로, 해양교통시설 이렇게 총 9개 직류로 구분한다. 반면, 보건 직렬은 보건, 방역의 2개 직류, 사회복지 직렬은 사회복지, 1개 직렬로 되어 있다. 농수산 산업이 강조되던 시대의 산물이 지금도 그대로 유지되고 있는 것이다.

임용시험 과목 또한 대부분 70~90년대까지 유행했던 과목을 중심으로 이루어져 있다. 놀라운 사실은 출입국관리직 같은 경우, 출입국 정책이나 이민 정책에 대한 과목이 아예 없다는 점이다. 국제법, 형법, 형사소송법 등이 시험 과목으로 구성되어 있다. 공직 분류 체계와 시험 과목을 살짝만 살펴봐도 4차 산업 시대와는 너무나 동떨어져 있다는 점을 알게 된다. 구시대의 유물을 아주 잘 정리해 놓은 것이다.

공직 분류 체계의 세 번째 문제점은 공직 분류의 활용이 직무 중심의 인사를 통해 공직사회 전문성을 제고하는 데 있는 것이 아니라는 점이다. 채용, 보직 관리, 승진 등 인사 관리를 위한 목적 위주로 활용하고 있다. 그런데도 지금까지 왜 이러한 분류 체계를 바꾸지 못했을까? 대학교에는 각 직렬, 직류에 해당하는 분야의 학과가 있고, 세부 전공이 있다. 각 세부 전공별 대학 교수들이 이러한 분류 체계에 엄청 관심을 두고 있기 때문에 쉽게 바꾸지 못한 것이다. 과거 수십 년 전 특정한 분야의 원로 교수가 저서 한 권을 쓰면 그게 공직사회의 직류로 만들어져 시험 과목으로까지 이어지던 시대가 있었다.

대학 교수들은 시대 변화에 맞춰 대학의 학과 명칭을 바꾸거나 통폐합하는 일이 얼마나 복잡하고 어려운 일인지 잘 알고 있다. 공직 분류 체계를 바꾸려면 학계의 의견 수렴과 함께 대부분의 전문가들이 동의하는 수준의 협의가 필요하다. 바쁜 업무 속에서 이런 절차를 추진할 엄두가 나지 않는 것이다. 따라서 직렬과 직류를 통폐합하거나 새로운 직렬을 신설하는 일이 쉬이 추진되지 않았다. 시험 과목 또한 마찬가지다. 바꾸고 싶어도 우선순위상 뒤로 밀리는 것이다.

2009년에 서울 공대 김태유 교수와 행정자치부 공무원 출신인 신문주 교수가 『정부의 유전자를 변화시켜라』는 책에서 공직 분류 체계를 개편해야 한다는 주장을 한 적이 있다. 대분류로 7개의 직무군을 두고, 소분류로 30개의 직무렬[6]로 개편하자는 주장이다. 두 교수는 공직사회를 공무원들이 신바람 나게 일할 수 있는 곳으로 만들고 전문성을 갖춘 조직, 국민들에게 신뢰받는 곳이 되기를 바라는 마음으로 이러한 의견을 펼친다. 나는 이분들의 공직 분류 체계, 그 방식에 대해서는 이견이 있지만 이분들의 통찰력을 존중한다. 또한 아이디어의 기본적인 틀은 같다.

그런데 공직 분류 체계를 개편해야 한다는 주장은 왜 반응을 일으키지 못했을까? 이 작업에 참여했던 대학의 모 교수님께 나중에 들은 이야기지만 당시 일부 학계의 이해관계가 걸려 있었고 이를 추진할 중앙의 인사 조직이 행정안전부의 실 단위로 축소, 편입된 이유가 컸다고 한다. 또한 당시의 정치 분위기가 이에 신경 쓸 겨를이 없었다고 한다. 여기에 내 생각을 얹어 보겠다. 그 시기에는 아직 새로운 공직 분류의 방식을 수용할 여건이 안 되어 있었기 때문이 아닐까. 공직 분류 체

---

6   일반행정 직무군은 행정, 인사, 감사, 지방자치 등 4개의 직무렬, 산업·IT 직무군은 에너지, 응용과학, 기계·소재, 전자·바이오, 1차 산업, 전자정부, 정보통신 등 7개의 직무렬이 있다. 외교·국방 직무군은 국제협력, 국제외교, 국방, 통일 등 4개의 직무렬, 국토·환경 직무군은 건설·토목, 교통·물류, 환경 등 3개의 직무렬이 있다. 또한 재정·경제 직무군은 국민경제, 금융, 통상, 재정, 세제 등 5개의 직무렬이 있으며, 사회복지 직무군은 국민복지, 노동, 보건 등 3개의 직무렬이 있다. 마지막으로 과학·교육·문화 직무군은 기초과학, 문화, 홍보교육 등 4개의 직무렬이 존재한다.

계의 제시안이 공직사회 현장을 반영하기보다는 다소 이론적인 분류법을 따르고 있다는 점 또한 실행을 어렵게 만든 부분이었을 것이다.

이제 일반 행정가를 분야별 전문가로 만들어 주자! 앞서 이야기했듯이 우리나라 공직 분류 체계의 가장 큰 문제점은 일반행정직 중심으로 구분되어 있고 시대 변화를 전혀 반영하지 못하고 있다는 점이다. 핵심은 일반행정직을 전문성을 중심으로 세분화하는 것이다. 또한 종전에 지나치게 세분화된 소수 직렬들을 시대에 맞게 통폐합하여 다시 분류해야 한다. 각 행정기관에 근무하는 일반 행정가들을 자연스럽게 특정 분야의 전문가로 만들어 줘야 한다. 그리고 종전의 특정 분야 전문가를 새로운 시대가 요구하는 전문가로 바꿔 주는 일이 필요하다.

그러기 위해서는 새로운 공직 분류 체계는 현행 정부의 기능과 구조를 크게 흐트러뜨리지 않는 선에서 현장 상황을 최대한 반영하여 설계하는 것이 좋다. 이런 맥락에서 나는 정부 기능 분류의 체계[7] 관점에서 접근할 것을 제안한다.

정부 기능의 분류는 행정기관이 상시적으로 수행하는 업무를 크게 정책 분야와 영역으로 나누고, 그 기능의 수준에 따라 분류한 체계를 말한다. 기능에는 대기능, 중기능, 소기능이 있고 단위 과제도 있다. 정부의 부·처·청 등 행정기관은 주로 정책 분야나 영역 중심으로 편성[8]된

[7] '정부 기능 분류'란 중앙행정기관의 업무 및 그와 관련된 정보를 체계적으로 관리 및 활용하기 위해 행정기관의 업무를 기능 중심으로 분류하는 것을 말한다.

[8] 정책 분야는 일반 공공행정, 공공질서 및 안전, 재정·세제·금융, 산업·통상·중소기업, 통일·외교, 국방, 사회복지, 문화체육관광, 교육, 과학기술, 통신, 보건, 환경, 농림, 해양수산, 교통 및 물류, 지역개발 등으로 분류하고 있다. 2024년 6월 현재 정책 분야는 15개, 정책 영역은 51개가 있다고 하나 이 숫자는 수시로 변동된다.

다. 예를 들어 산업·통상·중소기업 정책 분야는 산업통상부, 중소벤처기업부, 공정거래위원회의 업무를 대부분 포함한다. 산업·통상·중소기업 정책의 하위 영역도 여러 개로 구분된다. 구체적으로 산업·중소기업 일반, 산업진흥·고도화, 무역투자와 유치, 공정거래, 통상정책, 에너지와 자원개발 등이다.

따라서 정부의 기능을 분류한 체계를 좀 더 현실에 맞게 수정하고 보완하는 일이 필요하다. 그러면서 정책 분야는 직렬로, 정책 영역은 직류로 재편하면 현재의 공직 구조를 크게 변화시키지 않고도 원하는 바를 달성한다. 공직 분류의 체계를 전문성을 제고하기 위한 직무 중심으로 만들 수 있을 것이다.

이 아이디어는 2017년부터 시행한 전문직공무원 제도[9]에 이미 반영되어 있다. 벌써 7년 정도를 운영해 본 경험이 있기 때문에 그리 어려운 작업이 아니다. 전체 공무원을 대상으로 한꺼번에 실시할 필요도 없다. 특별히 전문성을 요하는 분야를 중심으로 하여 희망 부처나 직종별로 단계적으로 실시해도 좋다. 그리고 채용, 보직 관리, 교육 훈련, 승진, 보수 등 인사 관리는 전문 분야 내에서 운영하면 된다.

공직 분류 체계를 이렇게 정비할 경우, 기존에 범위가 넓었던 일반 행정직을 전문적인 분야별로 세분화할 수 있다. 또한 기존에 지나치게 세분화한 소수의 기술 직렬은 정책 영역의 안으로 들여와 업무 수행의

---

9 현재 운영 중인 전문직공무원 분야는 국제통상(산업부), 재난관리(행안부), 환경보건·대기환경(환경부), 식품안전(식약처), 기상예보(기상청), 방위사업관리(방사청), 금융업감독(금융위), 인재채용(인사처), 남북회담(통일부) 등이 있으며, 220여 명이 전문직공무원으로 근무하고 있다.

폭이나 인사 운영의 유연성이 확대된다. 예를 들어 행정안전부의 재난관리실에 근무하는 토목직 공무원이 재난관리 분야의 전문직공무원을 택했다고 가정해 보자. 그 사람은 토목이라는 특정한 분야에서 재난관리 전문가로 성장하고, 인정받을 수 있다. 그 후 재난관리 과장과 국장을 거쳐서 실장, 그리고 차관까지 올라갈 수 있을 것이다.

교과서에 나오는 것처럼 직무 분석과 평가를 거쳐 직무 값을 산정한 다음 직위분류제를 도입하려는 시도는 조금만 뒤로 미루자. 먼저 현행 정부의 기능을 중심으로 공직 분류 체계를 정비하는 작업을 바로 시작하는 걸 추천한다.

3

MZ 세대를 위한 채용과 보상 혁신

이제 지나친 연공성을 완화하고
직무와 성과의 반영을 확대하는
합리적인 성과 관리 체계를 세우자.
'내가 누군지'보다 '내가 어떤 일을 하는지'에
초점을 맞춰 보상할 때
직원들의 관심도 자연스레 계급과 연차에서
직무로 옮겨갈 수 있기 때문이다.

1장

앞으로 공무원을 뽑을 때

1
패러다임을 바꿀 시기

공무원 시험 경쟁률이 5년 새 41%가 하락한다. 9급 국가직 공무원의 경쟁률은 37.2대 1에서 5년 만에 21.8대 1로 떨어진다. 공무원 시험 준비생은 2024년 5월, 13만 1000명(통계청)으로 5년 전인 2019년의 28만 3000명의 절반가량이다. 노량진의 학원 수도 60개에서 30개로 급감한다. 2024년 8월 1일, 언론에 발표된 기사를 요약해 봤다. 공무원 채용 환경이 급속히 변화하고 있다는 것을 단적으로 보여주는 통계다. 이제 현행 공무원 채용 제도의 패러다임을 바꿀 시기라는 메시지로 받아들여야 한다.

'공무원 시험 지원자' 감소 이유

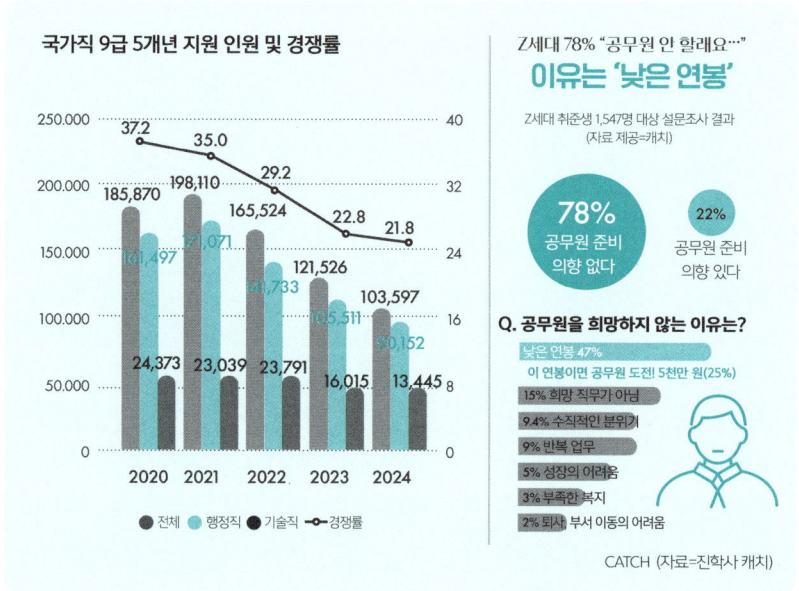

현재 공무원 채용은 어떻게 이루어지며, 무엇이 문제일까?

2
공무원으로 가는 등용문

중국 후한後漢 말 환관이 득세하던 시절, 이들의 횡포에 정의롭게 맞선 '이응'이라는 인물이 있었다. 그는 항상 몸가짐을 바르게 했기 때문에 사람들은 그를 천하의 모범이라 불렀다. 당시 젊은 관료들은 이응의 추천을 받는 일을 최고의 명예라 여기고, 이를 등용문登龍門이라고 말한다. 이후, 등용문은 과거 급제라는 의미로 많이 쓰였다. 오늘날에는 어려운 관문을 통과하여 출세의 문턱에 서는 일을 말할 때 인용되곤 한다. 다양한 가치가 중시되는 현 시대에 공무원 시험이 바로 '입신출세의 관문'이라고 말하긴 어렵지만 수많은 등용문 중의 하나라는 점은 부인할 수 없다.

현재 공무원을 준비하는 사람들의 등용문은 크게 두 개다. 공무원 채용은 계급제를 기반으로 하는 폐쇄적인 조직의 특성상 5·7·9급 공무원의 공개경쟁 채용(이하, 공채) 제도를 중심으로 이루어진다. 아울러 공직사회의 개방성과 전문성을 확대하기 위해 각 부처가 자체적으로 필요한 인재를 선발하는 경력경쟁 채용(이하, 경채)도 함께 실시하고 있다. 이러한 채용 시험을 통과한 인재들은 공무원으로서 국가와 국민에게 봉사한다는 숭고한 소명을 품은 채 첫발을 뗀다. 그 후 평생을 봉사자의 자세로 근무하게 된다.

3
대규모 공채시험, 언제까지 지속될까?

우리나라의 국가공무원 채용은 세계 어느 나라와 비교해도 공정하고 체계적이다. 현재 필기시험 중심의 공채는 수험생의 87.2%가 공정하다고 생각할 정도로 공정성 측면에서 매우 우수하다. 또한 코로나 19사태 이후에도 철저한 시험장 방역 관리로 단 한 건의 확진자도 없이 수십만 명 규모의 국가 시험을 시행했다. 이미 전 세계에서 'K-시험 방역'

이라고 불리며 우수 사례로 그 성과를 인정받았을 정도다.

　　이렇듯 '공정성'과 '안정성'이라는 키워드로 보면 우리나라의 채용 시스템은 이미 세계적인 수준이다. 하지만 지금처럼 대규모의 국가 시험 형태로 치르는 공채시험 제도는 급변하는 환경에 기민하게 대처하기가 어렵다. 또한 우수 인력을 제때 확보하여 적시에 배치하기도 힘들다.

　　5급 공채를 예로 들겠다. 2023년에 부처별로 필요한 분야의 인력을 조사하고, 그 수요에 따라 2024년 채용시험에서 알맞은 인원을 선발한다. 그렇게 뽑힌 인원은 2025년에 교육과 실무 수습을 이수한 후 각 부처에 사무관으로 배치된다. 충원할 인원의 수요를 조사하는 일부터 부처의 배치까지 대략 26개월의 시간이 걸린다. 적시에 필요한 인력을 바로 배치하는 일은 애초에 생각도 할 수 없는 일이다.

　　이뿐 아니다. 지금은 디지털 시대이자 코로나19가 촉발한 비대면 시스템이 일상에 스며든 시대다. 그러한 시대에 대규모의 인원이 일시에 공채시험을 치르는 과정이 과연 적절한지 의문이 든다. 인사혁신처장 시절을 회고해 보면 이러한 공채시험 과정이 바로 떠오른다. 20만 명의 수험생이 전국 17개 시·도, 436개 학교, 10,128개의 시험실에서 9급 공채시험을 치렀다. 당시 30,000명이 넘는 시험 관리 인력이 투입되었다. 이런 크고 작은 시험이 1년에 20~30회나 치러진다.

　　매년 공채시험이 있는 날이면 긴장의 끈을 놓을 수 없었다. 어디에서 어떤 사고가 발생할지 알 수가 없기 때문이다. 나는 인재채용 국장 시절부터 인사혁신처장의 임기를 마칠 때까지 공채시험이 있는 날 전후 며칠은 정화수를 떠놓고 큰 사고가 없기를 빌었다. 전국의 400개가 넘는 시험장에서 시험 시작이나 종료를 알리는 타종이 제시간에 딱 맞

어떤 행동은 나라를 바꾼다

취 울렸는지, 시험실에서 수험생이나 감독관이 이상 행동을 하지는 않았는지, 시험장 근처의 공사로 인한 소음이 시험을 방해하지 않았는지…. 또 감독관들이 답안지는 잘 회수했는지, 출제된 시험 문제에는 이상이 없었는지 등등 이런저런 걱정에 긴장의 끈을 놓을 수가 없었다.

앞으로 제2, 제3의 코로나 사태가 언제든지 나타날 수 있다. 이제 학교에서 공무원 시험 장소를 제공하는 일도 꺼리고 있어 시험장을 확보하는 것조차 어렵다. 사람이 일일이 통제할 수 있는 영역을 이미 넘어섰다. 이런 시험 업무를 기꺼이 담당하려는 사람의 수도 점점 없어지고 있다. 지금까지 큰 사고 없이 공채시험을 치를 수 있었던 것은 시험 감독, 시험 관련 종사자들의 헌신과 노력 그리고 기적 덕분이다. 그러나 언제까지 운에만 기댈 수는 없는 노릇이다. 채용 방식에 일대 변화가 필요한 시점이다.

4
시험 만능주의의 함정

예로부터 한국에서 시험은 개천에서 용이 나게 하는 매개다. 시험은 부와 명예로 가는 사다리로서 개인의 성공을 결정짓는 전통적이고 강력한 메커니즘이다. 자원이 부족한 나라에서 시험은 교육열을 높이는 데 톡톡히 기여했다. 특히 우리나라의 교육열이 높았던 것은 시험을 통해 엘리트 계층에 진입하려는 욕망과 열정을 지닌 사람들이 매우 많았기 때문이라고 생각한다.

대다수의 공무원 시험 응시생들은 공채시험의 공정성과 투명성에 대한 믿음이 매우 두텁다. 그러나 최근 공정이라는 거대한 담론 속에 시험은 기득권이 불평등을 정당화하는 시스템으로 활용되고 있다는 날카로운 지적이 날아든다. 특히 필기 위주의 공채시험은 시험만능주의를 조장할 수 있다는 비판도 있다.

시험을 잘 보는 사람이 유능한 공무원이 되는 것이 아니라, 자신이 좋아하는 분야에 관심과 경험이 풍부한 '진짜 인재'를 공무원으로 채용할 필요가 있다. 전문성과 무관한 시험과목을 공부해야 공무원이 될 수 있는 현재 구조에서는 제대로 된 전문가를 발굴하기가 어렵다. 농촌에 관심이 많고 농업 분야에서 다양한 경험을 쌓은 사람들이 농림축산식품부나 농촌진흥청에서 일해야 더 큰 도움이 될 텐데, 시험에 합격하지 못하면 그럴 수가 없는 상황이다.

나는 지금까지 수만 명의 공무원을 채용했다. 하지만 "이 일을 정말 좋아하고 사랑해서 지원했다. 이 분야에 대해 꾸준한 관심을 가지고 계속 공부하고 현장 경험도 풍부하게 쌓아왔다. 앞으로 나에게 기회만 찾아오면 이 분야를 세계 최고의 반열에 올려놓는 사람이 되겠다."라고 말하는 사람을 거의 만나지 못했다. 또한 이런 사람은 애초에 공무원 시험이라는 관문을 통과하기가 쉽지 않다. 최소 2~3년은 책상 앞에 앉아 공무원 시험에 합격하기 위한 노력을 투자해야 한다. 그런데 자신이 좋아하는 일을 언제 하겠는가? 채용 경로를 다양하게 넓히는 일이 정말 절실하다.

경채시험 자격 요건, 과연 합리적일까?

한편, 인사혁신처가 주관하는 공채시험과는 별개로 각 부처에서는 경채시험을 활용해 부처에 필요한 전문 인재를 선발하고 있다. 현재 자격증, 경력, 학위 이 3가지 기준 중 하나를 충족하면 채용하는 방식을 주로 사용하고 있다. 결원이 있는 직위에 전문성과 역량뿐만 아니라 경험을 갖춘 최적임자를 선발한다는 점에서 직위분류제를 채택한 국가들의 채용 방식과 매우 유사하다.

이러한 경채 방식은 특정 분야에 전문성을 갖춘 인재를 신속하고 효율적으로 채용하는 데 유리하다. 하지만 공정성에 대한 우려의 시선이 있는 것도 사실이다. 따라서 소위 정실 인사[10]를 방지하기 위해 엄정한 평가 기준을 적용할 수밖에 없다. 하지만 그 결과는 허무하게 나오는 경우가 많다. '업무 능력과는 별개로 회사에서 제일 오래 근무한 사람이 서류전형에서 만점을 받게 되고, 이런 사람들만 블라인드 면접에 오는 상황'을 초래하는 것이 대표적인 사례다. 다시 말해, 직무 전문성이 높은 사람을 선발하지 못하고 직무 전문성과는 관련 없는 사람이 채용되는 경우가 발생한다. 따라서 전문 인재를 선발하려는 경채시험 제도의 취지가 퇴색되어 버리는 것이다.

---

10   정실 인사情實人事란 조직 안의 업무 배치를 사사로운 의리나 인정에 끌려 하는 일을 말한다.

6

반복되는 실수들

2017년 강원랜드를 시작으로 몇 년 동안 연이어 공공기관 채용비리 의혹이 뉴스에 보도된다. 하루가 멀다 하고 채용 비리 감사나 수사의 진행 상황이 발표된다. 청년들의 분노는 극에 달했다. 기획재정부, 행정안전부, 인사혁신처, 권익위원회 등 관계 부처의 후속 조치도 이어진다.

특히, 인사혁신처는 투명하고 공정한 채용 문화를 확산하기 위한 실질적인 노력도 기울인다. 중앙부처는 물론 지방자치단체, 공공기관을 대상으로 공정 채용 컨설팅을 진행하여 공공 부문의 공정 채용을 지원하는 일이 그 대표적인 사례다. 공정 채용 매뉴얼도 제작하여 배포한다. 이에 따른 성과도 있었다. 울산항만공사는 채용의 모든 과정을 감시인의 입회하에 실시하고, 청렴 옴부즈만에게 점검도 받았다. 특히 면접 수험번호와 토론 주제를 지원자가 직접 추첨하도록 만듦으로써 투명성을 한층 강화했다고 한다.

하지만 그간의 노력에도 불구하고 경채 과정에서 실수나 오류는 계속 반복되고 있다. 몇 년 전 언론 보도를 통해 통일부, 법무부, 병무청 등을 포함한 6개 부처가 경채 과정에서 업무 담당자의 실수로 서류전형의 합격 여부가 달라진 사례가 무려 30명이 넘는 것으로 드러났다. 즉 정상적인 과정이라면 서류전형에서 불합격했어야 할 응시자가 합격한 사례가 30명이 넘었고, 이 가운데 절반 정도는 최종합격한 것으로 나타났다. 지방에서 실시하는 경채시험도 별반 다르지 않다. 지방공무원 공개(경력)경쟁 임용시험 과정에서 필기시험의 합격자 발표 공고를 정정한다고 발표한 사례도 있다. 합격자 발표 하루 만인데, 20명은 불합격으로 정정하고 불합격으로 처리한 27명은 추가 합격된다. 2021년 여름에는 잘못된 합격 통보로 특성화고에 재학 중이던 10대의 어린 학생이 극단적 선택을 한 안타까운 사건까지 있었다.

이처럼 경채 과정에서 발생했던 잘못들은 정부가 주관하는 시험의 신뢰도를 떨어뜨린다. 그뿐만 아니라 수험생들에게 돌이킬 수 없는 피해를 줄 수도 있다. 이러한 잘못과 실수들은 대부분 채용 담당자의 채용 전문성이 낮은 데서 기인한다. 부처 장관의 임기는 길어야 3년이다. 따라서 기관장이 바뀔 때마다 인사 담당자가 교체되어 채용 전문성이 쌓이려야 쌓일 수가 없다. 애초부터 체계적인 인사시스템을 갖추기가 어려운 구조다. 결국, 해당 분야의 전문성과 경험을 모두 축적한 전문 인재를 선발한다는 경채시험의 목표는 막연한 신기루로 남을 뿐이다.

공무원 채용 정책은 '유능한 인재 선발'과 '공정한 선발', 이 두 가지로 요약할 수 있다. 공무원 채용시험을 통해 유능하면서도 열정적이고 공익적 마인드까지 두루 갖춘 인재를 선발할 수 있어야 한다. 아울러, 인재 선발 과정에서 공정성과 투명성을 확보하는 일 또한 놓쳐서는 안된다. 지금까지 살펴본 바로는 대한민국 공무원의 채용 정책이 유능한 인재를 선발하는 일에 적합한지 확신할 수 없다. 인사혁신처가 각 부처 경력 채용의 선발이 투명하게 이루어지기 위해 충분한 역할을 다했다고 말하기도 어렵다. 채용 혁신이 필요한 시점이다.

7
범국가 차원의 중장기적인 인력 계획부터 세우자

나는 인력기획과장과 채용국장을 역임했다. 이 두 자리를 맡아 대한민국 공무원의 채용 정책과 집행을 총괄하면서 채용 전문가가 다 되었다. 공직에서는 매년 연말에 다음 연도의 직렬, 직류별 채용 인원과 채용 방법을 결정해서 발표한다.

직급별 채용 인원은 어떻게 결정하는가? 인사혁신처에 충원을 담당하는 사람들이 있다. 그들이 부처의 채용 수요를 받아 예상 퇴직 인원, 결원이 생긴 자리나 임용 대기 중인 자리, 내부의 승진 소요 기간 등을 분석하여 결정한다. 총선, 대선과 같은 정치적인 상황도 고려한다. 중요한 사실은 주로 기관의 수요에 의존하여 1년 단위로 충원 계획을 수립한다는 것이다. 물론 부처 차원에서 중장기 인력 계획에 따라 수요를 제출하는 경우도 있기는 있다. 하지만 대부분은 인사 실무자가 전년도의 선발 인원과 내부의 인사 상황을 고려하여 수요를 정한다.

그 후 운영지원과장 선까지 보고하고 최종 수요를 제출한다. 대외 환경이나 시대변화에 대응하기 위한 계획이나 미래를 대비할 전략적인 인력 계획을 기대할 수 없다. 정부나 국가 차원에서 인력 계획을 수립하는 일은 엄두도 못 내고 있음은 물론이다. 이제 주먹구구식 처리에서 벗어나 전략적으로 접근할 필요가 있다. 우리나라는 자원 하나 없는 땅에서 오직 인력의 힘만으로 세계 10대 경제 강국으로 우뚝 선 나라다. 중장기적인 인력 계획만 잘 세워도 어떤 분야의 인재를 중점적으로 육성해야 하는지에 대한 방향을 제시할 수 있다. 그뿐만 아니라 우리 젊은 청년들의 진로에 엄청난 도움을 줄 수도 있다.

이렇게 중요한 인력 계획 수립이 지금까지 되지 않았던 이유는 무엇일까? 기본적으로 인사와 조직의 기능을 분리해서 생긴 현상이다. 무엇보다도 조직 기능을 담당하는 행정안전부의 역할이 부족했기 때문이다. 철저한 분석을 통해 정부의 어떤 기능이 더 커지고, 어떤 기능이 더 작아질지를 예측했어야 한다. 또한 앞으로 인력 수요는 어떻게 될지, 미래를 대비하여 언제, 몇 명을 충원할지 등을 면밀히 살피는 일이 필요했다. 이를 과거부터 미래까지 시간 순으로 제시했으면 더할 나위 없었을 것이다. 그러나 행정안전부에서는 조직 편성까지만 자신들의 역할이라고 여긴 것이다. 조직을 과거와 현재를 반영하는 구조물로만 보는 협소한 시각으로 부처에서 요구하는 직제와 정원 심사에만 매몰되어 있었다.

나는 인력 계획을 전략적으로 수립하기 위한 전담 조직을 둘 것을 제안한다. 범정부, 범국가 차원에서 인재를 관리하는 체계를 영리하게 구축하자. 여기서 우선적으로 정부의 각 부처들을 하나로 아우르는 차원에서 인적자원을 관리하는 기반을 마련해야 한다. 미래지향적이고 기민하면서 유연한 기반이 되어야 한다. 이를 위해 정부의 기능을 분석하는 일을 상시적으로 수행한다. 현재 보유한 인력과 중장기적인 충원 목표와의 갭 분석도 꼭 필요하다. 이를 바탕으로 분야와 기관별로 적정한 충원 인원과 그 방식을 결정한다. 충원 방식은 흔히 공채라고 불리는 공개 채용, 경력 채용, 승진 등으로 나눠 진행한다. 또한 보직 관리와 인재를 육성하는 방안까지 만들어 내야 한다.

그 후 중장기적인 관점에서 국가의 발전과 국정 과제 달성을 위한 노력을 기울여야 한다. 구체적으로 말하자면 미래를 대비하여 충원할

3 · MZ세대를 위한 채용과 보상 혁신

분야를 명확히 선정한다. 이를 통해 기관별로 인력을 관리하고 조정한다. 또한 핵심적인 충원 분야별로 전문 인력을 선발하는 데 이는 연도별로 계획을 마련할 필요가 있다. 각 부처는 최근 많이 쓰는 빅데이터 분석 등 데이터 기반의 인사관리 기법을 활용한다. 이 기법으로 인력 현황을 분석하고 중장기적인 흐름까지 예측하도록 하자.

이제 사람을 채용할 때는 적어도 10년 후까지 바라보고 채용하자. 그 첫 단추는 중장기적 인력 계획을 수립하는 일로, 정부의 기능을 분석하는 일을 바탕으로 하여 전략적으로 시행해야 한다.

8
채용 경로를 다양화하자

급변하는 행정 환경에 대응하기 위해서는 다양한 분야에서 현장 경험을 쌓고 전문성을 갖춘 인재를 확보해야 한다. 이러한 확보가 가능하려면 채용 경로의 다각화와 유연화가 필요하다. 공무원 수험가에서는 채용 경로의 다양화를 민감하게 반응한다. 공채로 뽑는 인원을 줄이고 과거 특채였던 경력 채용을 확대한다는 의미로 받아들이기 때문이다. 경력 채용에 대해서는 곱지 않은 시선을 보내는 사람이 많고 아직도 불신의 장벽이 남아있다. 청년 일자리를 뺏는다고 생각한다.

그러나 채용 경로의 다양화가 공채를 줄인다는 의미는 아니다. 정부는 모범 고용주로서 공채 중심으로 공무원을 선발하는 기조는 당분간 이어갈 수밖에 없다. 다만 공채로 뽑는 분야를 정부의 기능에 따라 세분화할 수 있을 것이다. 공무원 채용의 50% 이상을 차지하는 경력 채용의 경로도 더욱 다양화하는 것이 1차적인 목표다.

공채는 시험을 통해 사람을 뽑기 때문에 범용 인재를 중심으로 선발할 수밖에 없다. 그래서 소프트웨어학부를 다니는 학생도 기후환경학과를 졸업한 친구도 자신의 전공과목을 공부하는 것이 아니라 노량진 수험가에서 공무원 시험에 나오는 문제를 풀어야 한다. 이게 현실이다. 그리고 공무원 시험 합격 후에 어느 분야, 어느 부처에서 일할지는 본인이 선택하는 것이라기보다는 주로 시험 성적에 의해 좌우된다. 다시 말해서 구체적으로 어느 분야에서 일하는 공무원이 되겠다는 생각보다 무조건 공무원이 되고 보자는 마음으로 시험을 준비한다.

그럼에도 공채시험에 청년들이 몰리는 이유가 있다. 무엇보다도 원하는 분야에 애정을 품고 관련한 경험과 전문 실력을 쌓은 사람을 선발하는 채용 경로가 부족한 것이 큰 원인이다. 청년들이 추구하는 가치는 매우 다양하다. 요즘 세대는 꿈이 없고 자신들이 하고 싶은 일이 무엇인지도 모른다는 세간의 편견과는 다르게 자신의 진로를 본인의 적성과 희망에 따라 결정하려는 청년이 많다. 따라서 채용 경로가 직무를 중심으로 다양화되면 자기 분야에서 실력을 갖춘 청년들에게 훨씬 더 많은 기회의 문이 열릴 것이다. 특히, 밀레니얼 세대가 강점을 보이는 IT, SNS 등 디지털과 비대면 분야에서 높은 직무 적합성을 갖춘 청년들의 공직 유입이 활발할 것으로 전망된다.

그래서 5급, 7급, 9급 공채시험의 응시 분야를 앞에서 말한 공직 분류 체계의 정책 분야나 정책 영역으로 세분화하여 선발할 것을 권한다. 이러한 공직 분류 체계를 따르기 어렵다면 적어도 본인이 희망하는 부처로 직접 지원할 수 있도록 만들어 줘야 한다. 현행 공채시험은 시험 성적순으로 모든 정부 부처에서 통용되는 사람을 선발하는 것을 목적으로 한다. 따라서 특정한 분야에서 정말 사명감을 품고 공부하고 내공을 쌓아온 사람들이 오히려 공채에 접근하기가 힘들다. 이는 구조적인 문제다.

내 지인의 딸은 우리나라 전통 문화와 문화재에 깊은 관심이 있어 국가유산청이나 박물관에서의 근무를 희망한다. 한국전통문화대학교에 들어가 열심히 공부하고 관련한 경험도 많이 축적했는데, 결국 7·9급 공채의 벽을 넘지 못하고 있다. 실제로 국가유산청(문화재청)이나 박물관에는 관련 전공자 출신이 드물다. 관련 분야와 전혀 무관한 사람들이 더 많이 근무하고 있다. 심지어 이들 중 많은 사람은 국가유산청이나 박물관에 발령받은 것에 불만을 갖고 어서 빨리 다른 기관으로 옮겨갈 생각을 하고 있을 확률이 높다. 과연 현재의 채용 제도를 정상이라고 느끼는가?

이제 공채도 분야와 부처별로 세분하여 선발해야 한다. 응시 자격을 지정할 때 관련 분야의 경험을 높게 사고, 일정한 경력이 있으면 가산점도 부과하는 방안을 적극 추진해야 한다. 수년간 공무원 채용 업무를 담당해온 사람으로서 자신 있게 말하는데, 일정한 유예 기간을 둔다면 이렇게 바꿔도 큰 문제가 없을 것이다.

경력 채용은 2010년까지만 해도 특별 채용으로 여겼다. 부처에서 상당한 재량을 갖고 사람을 채용했는데, 당시 외교부 장관 자녀의 특채 사건이 큰 이슈로 등장하면서 사실상 공개경쟁 채용으로 바뀌게 되었다. 이후 정부는 민간 경력자 채용, 지역인재 채용, 개방형 직위 임용 등 공무원의 채용 경로를 다양화하는 노력을 기울였다. 특히 민간 경력자를 채용할 때는 각 부처의 수요를 받아 인사혁신처에서 일괄하여 채용 공고를 낸다. 이후 필기시험, 서류 과정과 면접 등 모든 프로세스를 공개적으로 진행한다. 이는 종전의 특채를 향한 불신을 해소하고 공정성을 크게 제고했다는 평가를 받았다. 민간 경력자 채용은 5급 공채 중심의 순혈주의를 깨뜨릴 수 있는 대항마로 기대를 받았다. 그럼에도 불구하고 아직은 우수한 민간 전문가 유치에 한계가 많다는 평가가 지배적이다. 필기시험을 거쳐야 하고, 공직에 들어와도 보수나 승진에 있어서 민간에 비해 유리하지 않은 측면이 있기 때문이다.

꽤 오래전부터 더 이상 개천에서 용이 나오지 않는 시대라는 말이 심심찮게 들려왔다. 공직에 들어오는 통로를 더욱 확대하는 일은 이러한 관점을 획기적으로 바꿔줄 수 있는 길이다. 개천과 용 사이에 다양한 사다리를 만들어 줄 필요가 있다.

우리는 충분히 다양한 채용 경로를 생각해 볼 수 있다. 현재처럼 특별한 조건 없이 누구나 응시할 수 있는 공채와 더불어, 전문 인재의 선발을 위해 자격증이나 전공 학점 취득 등 자격 요건을 둔 공채가 있다. 또한 인사혁신처에서 시행하는 공채시험과 각 부처의 시험을 단계별로 혹은 병합하여 실시하는 공채도 있다. 필기시험을 둔 경채가 있고 자격증, 학위와 경력을 합하여 종합적으로 평가하는 경채 등 공직에 입문하는 길을 여러 갈래로 낼 수 있다. 또한 기술직 공무원의 경우, 매년 공채로 소수의 인원만을 선발하는데 이를 경채시험 방식으로 바꿔 전문 인재를 많이 확보할 필요도 있다.

9

최종 권한을 부처에 넘겨주자

채용 권한을 대단하게 여기는 시대가 있었지만, 현재 행정기관이나 공공기관에서 공직자들이 기피하는 1순위 업무가 채용 업무다. 그래서 공직사회는 채용 수요가 발생하면 대부분 채용 전문기관에 이를 위탁하고 있다. 본인이 소속된 기관에서 자기와 함께 일할 사람을 자기가 선택하지 않고, 다른 사람들에게 맡겨서 그들이 고른 사람을 그대로 받아들이는 것이다. 마치 오래전 과거에 부모가 골라준 배우자와 혼인하여 함께 살던 일과 유사하다.

빈자리가 나면 그 빈자리에 가장 적합한 사람을 선택하여 배치하는 일이 가장 바람직하다. 최근 민간 기업은 사람을 뽑는 방식을 정기 공채에서 수시 채용으로 전환하는 추세다. 그러면서 채용 권한을 해당 직원과 함께 직접 일할 부서에 위임한다. 그 자리에 필요한 사람을 선발할 때 즉시 투입되어 일할 수 있는 사람을 선호하고 있다. 과거에는 대규모 공채로 신입사원들을 선발하여 일정 기간 사전 교육을 시켰다. 그 후 공석이 있는 자리에 배치하던 방식이었다.

정부기관은 인사혁신처에서 5·7·9급 공채로 매년 5~6천 명을 선발하여 부처에 배정하는 방식을 아직 유지하고 있다. 물론 부처에 배정할 때 부처와 합격생들의 희망을 반영하기는 하지만 대부분 합격생의 시험 점수와 부처 선호도에 의해 결정된다. 그러다 보니 개인의 전문 분야와 직무와의 연관성 사이에 미스매치가 많이 발생한다. 그래서 학계와 외부의 채용 전문가들은 채용 선발권을 부처에게 넘겨줘야 한다는 주장을 자주 한다. 인사혁신처 또한 부처에서 직접 선발하는 방법이 가장 바람직하다는 사실을 잘 안다. 따라서 가급적 부처에 채용권을 돌려주려고 노력하는데, 그 일이 생각보다 잘 안되고 있다. 왜 그럴까?

무엇보다 채용 업무는 상당히 전문성을 요하는 분야다. 행정기관에서 적어도 채용을 담당하는 사람이라면, 부처의 장단기적인 주요 현안들을 예리하게 파악하고 있어야 한다. 그뿐만 아니라 다양한 평가 기법, 채용 프로세스 등에 대한 충분한 경험과 노하우가 있어야 한다. 채용 업무는 아무나 할 수 있는 단순한 업무가 아니다.

그런데 각 행정기관의 채용 업무는 운영지원과나 인사과에 막 들어온 초임 직원에게 주어지는 경우가 많다. 그 위의 팀장과 과장 등은 채용에 신경 쓸 겨를이 없다. 더구나 장관이 1~2년에 한 번씩 바뀌는데, 장관이 바뀌면 과장과 팀장까지 덩달아 바뀌게 된다. 채용에 대해 제대로 보고하고 상의할 사람도 없다.

이뿐만이 아니다. 채용이 한 번 이루어지고 나면 예기치 않은 민원이 발생하기도 한다. 민원 후 감사까지 받고 징계로 이어지는 사례도 많다. 그래서 채용 담당 직원은 기회만 되면 과 내 다른 자리로 옮기려고 한다. 실제로 각 부처를 조사한 결과, 채용 담당으로 1년 이상 근무하는 직원이 거의 없다. 한마디로 채용 담당은 폭탄 돌리기 업무인 셈이다.

두 번째 이유는 공무원 채용의 프로세스가 생각보다 복잡하다는 것이다. 민간 기업의 채용 과정은 여러 단계로 진행된다고 해도 주로 서류전형과 면접이 인재를 선발하는 데 결정적인 역할을 한다. 하지만 공무원 채용은 아직 공정성 시비 때문에 필기시험을 유지하고 있다. 서류전형과 면접 또한 시험위원의 주관적인 판단이 개입되지 않도록 공개적으로 진행하고 있다.

　수험생들과 국민들은 아직도 채용의 공정성과 투명성을 의심의 눈초리로 바라본다. 실제로 채용 과정의 사고나 비리가 심심찮게 언론에 보도되기도 한다. 그래서 필기시험 문제 출제와 채점부터 시작해서 서류 심사의 기준이나 방법, 면접 방식까지 단순하게 넘어갈 것이 하나도 없다. 시험위원의 위촉과 시험 장소 선정과 같은 일도 마찬가지다. 아무리 신경을 써도 인간이 하는 일인 이상 한두 가지를 놓칠 수 있다. 또한 인사혁신처에서 채용 매뉴얼을 자세하게 만들어 배포해도 매뉴얼대로 진행되기에는 돌발 변수나 힘든 상황이 많다.

　세 번째 이유는 무엇일까? 우리나라의 중앙 행정기관은 40여 개가 넘는다. 따라서 각 부처에서 직접 현행 시험 제도를 유지하며 채용을 진행하거나 비슷하게 시행할 경우 운영 자체가 불가능하다는 점이다. 40여 개 행정기관에서 각자 보안시설을 빌려 시험 문제를 출제하고, 원서 접수를 받아 시험장을 구하는 일을 생각해 보자. 그뿐만 아니라 시험 감독관들을 일일이 모집하여 교육한다. 시험을 모두 치른 후, 채점하여 합격자 발표를 한다. 또 면접시험을 위해 구조화된 면접 문제를 출제하고 면접위원들을 한 명 한 명 위촉한다. 면접 과정을 모두 진행한 후, 최종합격자의 자격 요건을 다시 한 번 검토하고 결격사유 검증까지 한다고 생각해보라.

　필기시험 없이 서류와 면접만으로 뽑으면 될 것 아니냐고 반문하는 사람도 있을 것이다. 하지만 그렇게 진행한다고 해도 서류 심사나 면접이 무난하고 조용하게 흘러가는 경우는 드물 확률이 높다. 행정기관 간 서류, 면접의 심사 기준에 대한 논란부터 특혜와 형평성 시비까지 조용할 날이 없을 지도 모른다. 엄청난 인력과 예산이 투입되고, 불필요한 행정력 낭비까지 예상된다.

이러한 이유들 때문에 공무원 채용의 대부분을 인사혁신처가 중앙 집권적으로 수행하고 있다. 그럼에도 불구하고 앞으로는 부처에 채용 권한을 넘길 것을 강하게 권고한다. 채용 전문성과 노하우가 풍부한 인사 혁신처의 컨설팅과 지원을 받은 후, 개별 부처와 인사혁신처가 공동으로 채용 절차를 진행하도록 시스템을 설계하면 충분히 가능한 일이다.

구체적으로 예를 들어 보겠다. 필기시험의 경우 이미 시험 출제나 시험 집행의 노하우를 충분히 축적한 인사혁신처에 위탁하고, 서류전형이나 면접은 각 부처의 주관으로 한다. 이때 서류전형과 면접의 진행을 인사혁신처 소속이자 전문성을 갖춘 직원들이 함께 참여하는 일도 바람직하다. 인사혁신처 직원들이 서류와 면접을 컨설팅하면서 구조화된 면접 질문도 제공하는 등 같이 머리를 맞대는 것이다. 이렇게 되면, 수험생들의 응시를 받은 부처별로 자신들이 필요로 하는 전문성과 역량을 갖춘 사람을 찾아내기가 한결 수월하다. 채용의 초기 단계에서부터 해당 행정기관에 알맞은 인재, 꼭 필요한 인재를 가릴 수 있을 것이다. 또한 각 행정기관의 채용 전문성과 역량까지 자연스럽게 향상할 것으로 기대된다.

10

시험 과목을 개편하고, 과목 수도 줄이자

시험 과목도 변해야 한다. 4차 산업혁명 시대라며 말로는 디지털 전환, 인공지능, 빅데이터 등을 외치고 있지만, 공무원 시험의 과목들을 보고 있노라면 정말 과거 세계에 갇혀 있는 느낌이 든다. 그나마 최근에 데이터 직류를 신설하여 인공지능 등을 시험 과목으로 도입하는 혁신을 선보였다. 그러나 문제 출제가 여의치 않아 데이터 직류를 채용하지 못하고 있는 실정이다. 시대에 뒤떨어진 직렬과 직류를 전면 폐지해야 한다. 직류별 시험과목도 개편해야 한다. 특히 4차 산업혁명 시대에 맞게 '디지털 리터러시'와 같은 시험과목을 도입할 필요가 있다.

시험 과목 수도 대폭 축소해야 한다. 또한 학교 교육과 연계한 시험 과목을 설정해야 한다. 현재 7급 공채시험에 응시하려면 영어, 한국사 검정시험의 통과가 필수다. 1차 시험에서 공직적격성 평가(PSAT)의 3개 영역을 평가받고, 2차에 전공과목 4개의 시험을 모두 객관식으로 치러야 한다. 2차 시험에서 치르는 과목은 일반 행정을 예로 들었을 때 헌법, 행정법, 행정학, 경제학 이렇게 네 과목이다. 3차에는 면접이 기다리고 있다. 이처럼 공부해야 할 과목도 많고 시험 횟수도 잦고, 시험기간도 길다는 특징이 있다.

여기에 올인하여 성공하면 참 좋을 것이다. 그러나 실패하면 최악의 경우 허송세월을 보내다가 갈 곳이 없어질 수도 있다. 대학교 전공이 무엇이고, 어떤 분야에 관심이 있고, 어떤 분야를 연구했고, 지금까지 무슨 역량을 발휘했는지는 중요치 않다. 이러한 사실들은 필기시험을 합격할 때까지 아무도 묻지 않는다.

수험 부담을 대폭 줄여주자. 지엽적인 시험 문제로 한 사람의 모든 역량을 판별하는 일을 지양해야 한다. 좋아하는 분야가 무엇이고 평상시 그 분야에 대해 어떤 고민과 생각을 가지고 살아왔는지를 살펴야 한다. 해당 분야에서 어떤 경험과 성취를 이루었는지를 보도록 하자. 필기시험은 두세 과목 정도로 제한하여 하루 만에 모든 시험을 다 끝낼 수 있도록 한다. 민간 기업처럼 면접에 높은 비중을 두고 역량 검증을 강화하자.

한편 9급 공무원 공채시험의 과목과 세부적인 내용도 시대 변화에 맞춰 개편해야한다. 현재의 시험은 직무 관련성이 매우 낮을뿐더러 현장에서의 활용도도 낮다. 무엇보다도 지원하는 분야의 전문성보다 국어, 영어, 한국사 과목의 시험점수에 당락이 크게 좌우되는 현실을 바꿔야 한다. 특히 국어 시험은 암기 위주의 지엽적인 문제가 많아 수험생들도 이미 적지 않게 비판하고 있다. 문제의 특성을 고치고 탈바꿈할 필요가 있다. 국어 시험을 PSAT의 언어논리 영역과 같은 시험으로 대체하는 것도 좋은 방법이다. 무엇보다도 수험생들이 지원하는 분야의 현실과 딱 맞고 직무 관련성이 높은 시험들로 혁신하기를 희망한다.

채용전문기관을 설립하고, 통합플랫폼을 구축하자

교육부에 교육과정평가원이란 기관이 있다. 교육과정평가원의 주된 기능은 수능시험 문제의 출제와 집행이다. 각 대학교에서 입학 목적에 맞는 학생들을 선발할 수 있도록 하고, 대학을 대신하여 1차 필기시험을 실시하는 것이다.

공무원 선발에 있어서는 인사혁신처가 교육과정평가원 역할을 한다. 인사혁신처는 현재 46개 중앙행정기관과 17개 지방자치단체의 공무원 채용시험을 지원하고 있다. 인사혁신처의 인재채용국 직원 중 일부는 전문직공무원으로 지정되어 전문성을 쌓고 있지만, 대부분의 직원은 순환보직으로 거쳐 가는 자리다. 더구나 인사혁신처 인재채용국은 공직 내 제일가는 기피 부서다. 또한 연중 시험을 집행해야 한다는 부담감 때문에 부처의 채용 지원 여력이 부족하기도 하다.

각 부처에서 채용시험에 직접적인 영향을 행사하고 전문성을 높일 수 있도록 해야 한다. 이를 위해서는 무엇보다도 채용시험을 전담으로 지원하는 채용전문기관을 설립해야 한다. 채용전문기관은 기차와 승객이 만나는 플랫폼처럼 수요자와 공급자 간 자유로운 만남의 장이 된다. 그들의 만남이 제대로 이뤄질 수 있도록 지원하는 것이다. 좀 더 구체적으로 설명하겠다. 먼저, 각 기관에서 주도적으로 채용시험을 실시한다. 기관별 수요에 부합하는 맞춤형 채용을 활성화하되 시험전문기관에서는 이를 통합적으로 지원하고 관리한다.

다음으로 각 부처에서 자체적으로 진행하는 공무원의 경력 채용 절차를 투명하게 공개해야 한다. 이를 위해 채용시험 온라인 통합플랫폼을 구축한다. 시험 공고에서부터 원서 접수, 서류 제출 등 경력 채용의 전 과정을 하나부터 열까지 공개한다. 채용전문기관과 온라인 통합플랫폼은 시험 운영의 공정성과 투명성은 물론, 전문성과 책임성까지 확보할 수 있다. 이미 미국은 공무원을 선발할 때 인사관리처에서 온라인으로 인재를 평가하는 플랫폼을 운영한다. 캐나다는 인사위원회 산하 시험연구소를 두어 부처 채용시험을 지원하고 있다.

세계적인 인사 컨설턴트인 클라우디오 페르난데즈 아라오즈는 그의 저서 『어떻게 최고의 인재를 얻는가』에서 다음과 같이 이야기한다. 기업의 성공은 '무엇을 어떻게 할 것인가'가 아니라 '누구와 할 것인가'의 문제다. 이 말은 유능한 인재를 선발하는 일이 얼마나 중요한지를 가리킨다. 신규 공무원은 향후 20년 이상의 미래를 책임지고 이끌어 갈 인재다. 공무원 채용에 우리나라의 미래가 달렸다고 해도 과언이 아니다. 채용 혁신을 주저할 이유가 없다.

한 가지 더 짚고 넘어가야 할 문제가 있다. 바로 공공기관 채용이다. 공공기관 채용 또한 채용전문기관을 설립하면 어떨까? 진중하게 검토해 봐야 한다. 우리나라에는 350여개의 공공기관이 있고, 개별 기관에서 각각 채용을 진행한다. 채용을 담당하는 직원들의 전문성이나 복잡한 채용 절차가 앞에서 말한 행정기관의 경우와 거의 비슷하다. 일반적으로 공공기관 채용은 필기시험을 치르고 서류전형을 진행하며 그 후, 면접을 보는 절차를 따른다.

공공기관 채용만이 지닌 고유의 특징이 있다. 대부분의 공공기관은 복잡한 채용 절차를 직접 관리하는 데서 오는 업무 과중과 공정성 시비를 차단하기 위해 민간의 채용전문업체에 직원 채용을 위탁한다. 이에 따라 공공기관 취업을 준비하는 수험가에는 특정 공공기관의 채용 공고가 뜨면 바로 어느 채용전문업체에 위탁했는지를 파악[11]하는 관행이 있다. 그런 다음, 해당 채용업체에 참여한 시험위원들과 그들이 내는 문제와 시험의 전반적인 특징, 과거 그 기관의 기출 문제 등을 이른 시일 안에 확보하기 위한 작업을 한다.

　물론 비리와 불법만 아니라면 공공기관 입사를 간절히 열망하는 수험생, 취업준비생들의 마음에 맞게 노력해도 된다. 채용전문업체의 채용 전문성을 신뢰하는 일은 필요하다. 그런데 수험가나 언론을 통해 공공기관 채용과 관련한 문제가 심심찮게, 끊이지 않고 제기되고 있다. 공공기관 직원의 채용 또한 국가공무원 채용과 마찬가지로 지금과 같은 방식으로 놔둬서는 안 되고 혁신이 필요하다는 강력한 증거다. 나는 인사혁신처장으로 재직할 때 공기업, 공공기관 채용담당자들과의 워크숍을 가진 적이 있었다. 그들은 내게 채용 과정의 다양한 애로사항을 토로했다. 그러면서 채용 노하우를 쌓아둔 인사혁신처에서 범정부 차원의 채용 컨설팅을 해주기를 요청했다. 적지 않은 수의 목소리였다.

11　채용공고가 올라온 사이트의 주소를 분석하거나 조달청 조달계약 홈페이지에 들어가면 바로 파악이 가능하다고 한다.

12

5급 공채 시험을 폐지하자

최근 몇 년간 채용 전문가들 사이에 뜨거운 감자로 떠오른 주제가 있다. 5급 공채시험이자 또 다른 이름은 행정고시, 이 시험을 폐지하자는 논쟁이 바로 그것이다. 왜 5급 공채를 폐지해야 한다는 주장이 제기되었을까?

정부의 핵심 인재인 고위공무원단의 구성을 살펴보자. 고위공무원단은 5급 공채 출신이 75% 이상을 차지하고 있다. 7급 공채는 3%이고 9급 공채 출신은 1% 정도에 그치는 실정이다. 본부 내 주요 실국장급 중심으로 살펴보자. 실국장은 개방형으로 외부에서 임용된 공무원을 제외하면 대부분 5급 공채 출신이라고 해도 무방하다.

몇 년 전 모 부처의 경우, 장관 주재 간부회의에 참석한 멤버들을 분석해 보니 5급 공채 출신이 100%였다고 한다. 100%거나 이 비율에 준하는 곳이 지금도 여럿 있을 것이다. 5급 공채, 이에 더해 특정 대학교 출신이 주류를 이루기도 한다. 고시 순혈주의, 엘리트주의라는 비판을 면하기가 어려운 상황이다. 물론 고도성장 시대에 고시 출신 관료들이 큰 역할을 한 것은 사실이다. 다만 이제 시대가 바뀌었다.

정부 부처와 공공기관은 공익적 성격을 띠고 있으므로 다양성과 대표성이 필요하다. 공직을 좀 더 다채롭게 구성할 의무가 있다. 행정고시 출신이 아니면 공직사회에서 성공하기 힘들다는 공식을 깨뜨릴 필요가 있다. 5급 공채 출신들은 현재 일하는 분야에서 전문성을 인정받아 채용되고 성장한 사람들이 아니다. 5급 공채라는 출신과 연공서열 때문에 현재 그 직위에 앉아있는 경우가 많다.

나는 공직에 있는 너무나 많은 공무원이 5급 공채의 거대한 힘에 밀려 좌절하고 체념하는 경우를 많이 봐왔다. 그들이 실력을 갈고닦을 시간에 패배주의에 빠지면서 공직사회가 역동성과 창의성을 잃어갔다. 90년대 중반, 내가 공직에 처음 입직했을 당시 본부의 실국장들과 과장들은 7, 9급 공무원 출신이 절반을 넘었다. 그런데 2000년대로 넘어가면서 어느 순간 고시 출신이 중요 보직 대부분을 차지하기 시작했다. 고시 출신은 어느덧 공직사회의 주류 집단으로 자리 잡았다[12]. 시험이라는 틀이 곧 한 사람의 재능과 실력과 가능성을 모두 대변한다는 시험지상주의가 사회에 만연하면서 계급제가 더욱 고착화한 것으로 분석된다. 수레는 바퀴 하나로는 굴러가지 않는다. 공직사회라는 수레에 바퀴를 여러 개 만들어 건강하게 움직일 수 있도록 하자.

7급 출신, 9급 출신, 민간의 경력 채용 출신들은 5급 공채 출신과 비교했을 때 어떨까? 그들이 5급 출신보다 덜 배우고, 실력이 낮고, 열정이 떨어지고, 사명감이나 서비스 정신도 부족할까? 냉정히 생각해 보자. 그렇지 않다. 단지 시작하는 방향이 달랐을 뿐이다. 그동안 계급제라는 공직시스템이 기득권을 더욱 강화하면서 기울어진 운동장을 고착한 것이다. 행정고시 출신인 관료와 사법고시 출신인 법조인이 한국사회의 대표적인 지대추구[13] 집단이 되어 버렸다. 공직사회에 지대추구

---

[12] 직급 간 평균 승진 소요연수는 9급→8급 3.2년, 8급→7급 5.11년이다. 7→6급 8.3년, 6→5급 9.4년이다. 따라서 현행 계급 체계에서 5급 관리자 직급까지 승진하려면 아무리 빨라도 9급에서는 15~20년, 7급에서는 10~15년이 소요된다.

[13] 지대추구(地代追求, rent-seeking)는 개인이나 조직이 기존의 부나 유리한 지위를 이용하여

어떤 행동은 나라를 바꾼다

현상이 강화되면 형평성이 무너진다. 뒤따라서 사명감과 열정, 서비스 정신이 사라진다. 결국 공직시스템이 제대로 작동하지 않게 된다.

이제 학창시절 성적과 과거 시험 점수가 높았던 사람만을 인정하는 학력주의를 진정 탈피해야 한다. 과거보다 현재, 그리고 실질적인 업무 능력이 중요하다. 문제 해결에 능하고 일에서 성과를 내는 사람을 인정하고 우대하는 공직사회를 만들어야 한다. 학벌이나 출신보다는 업무 성과를 공정하게 평가해서 그에 맞게 보상하는 공직시스템을 갖춰야 한다. 나는 이를 위한 첫 단추가 바로 5급 공채시험의 폐지라고 생각한다.

'5급 공채시험을 폐지하면 우수 인력을 어디에서, 어떻게 충원할까? 군대나 사기업에서도 중간 간부를 충원하여 성장시키지 않느냐. 공직 전문성만 떨어뜨릴 뿐이다.' 5급 공채를 폐지한다고 하면 이와 같은 비판이 따른다. 그러나 우수한 인재들은 이미 공직사회 곳곳에 포진해 있다. 이러한 인재들이 중간관리자로 와서 일할 수 있는 다양한 충원 시스템을 만들어 놓으면 된다. 들어와서 일과 실력으로 진검 승부할 수 있도록 제도를 구축하면 우수 인력은 알아서 오게 되어 있다.

당장 7, 9급 공채 출신들에게 이제 공직에서 연공서열이 아니라 성과와 역량 기반으로 평가와 보상을 받을 수 있다는 인식이 자리 잡히면 눈에 띄는 변화가 일 것이다. 7, 9급 공무원들은 스스로 자신의 실력

자신의 몫(정당한 소득)보다 더 많은 이익을 얻는 방법을 찾으면서도 새로운 부를 창출하지는 않는 활동을 말한다. 그동안 이는 사람이 사는 세상에서 자연스러운 현상으로 여겨져 왔다. 하지만 이러한 지대추구 활동으로 인해 독점적인 시장 장악, 불평등한 자원 분배, 실질적인 부의 감소, 정부 세입 감소, 소득 불균형의 심화 등의 사회문제가 발생한다. 그뿐만 아니라 (잠재적으로) 국가가 약화되는 현상까지 일어날 수 있으며, 이에 대한 결과로 경기 효율이 떨어진다. – 위키백과 등 참조.

3 • MZ세대를 위한 채용과 보상 혁신

을 높이기 위해 노력하고 조직에서 성과를 창출하려고 더욱 힘쓸 것이다. 이로 인해 공직 구성원 간의 선의의 경쟁도 촉진된다. 민간 경력자 출신을 위한 구조적인 개선도 반드시 필요하다. 기존 계급제를 따르는 폐쇄적인 공직시스템에서 벗어나 외부에서 들어온 사람들이 성과를 낼 수 있는 개방형 구조로 바꿔 줘야 한다. 출중한 인재들이 공직의 문을 더 많이 두드릴 것이다.

5급 공채시험 폐지와 맞물려 진행해야 할 일들이 더 있다. 6급 이하의 공무원 중 성과와 역량이 우수한 공무원은 승진 소요연수나 연공서열을 뛰어넘어 5급으로 승진시키고 임용하는 것이다. 이를 속진임용제도라고 한다. 공직 내의 경력경쟁채용 제도의 도입 또한 실행을 위한 적극적인 논의가 필요하다. 그동안 수차례 검토해 온 제도들이다.

또한 개방형 임용 제도를 보완하여 민간의 전문 인재를 5급 경력개방형으로 채용하는 제도로 만들어 보자. 현행 제도를 더 정교하게 다듬어 새롭게 시행하는 일이다. 민간 전문가들이 국장과 과장 등 부서장으로 직접 들어오는 통로도 필요하지만, 좀 더 젊은 나이에 5급 초임 관리직으로 들어오면 좋을 것이다. 이들이 일정 기간 공직사회에 적응하고 직무를 경험한 후 부서장 직위에 공모할 수 있도록 해 준다. 이 길을 열어주는 일이 지금으로써는 더욱 필요하다.

이를 더욱 효과적으로 추진하기 위해서 선행할 작업들이 있다. 앞서 말한 6급 이하 공무원의 직급 통합과 3~5급 공무원을 관리직으로 통합하는 개편이 바로 그것이다. 이 두 개혁과 병행하여 추진한다면 정말 성공적으로 자리 잡으리라 확신한다.

2장

반드시 바꿔야 할 보상

1
호봉제와 시대 변화

우리나라 공무원 보수 체계의 근간은 호봉제와 호봉제에 기반한 연봉제이다. 통상 기본급 60%, 수당 40%(공통 수당 28%, 직무 수당 6%, 성과급 4% 정도)의 비율로 이루어져 있다. 호봉제는 근무 연차가 곧 호봉이 되는 시스템이다. 연공서열이 반영된 것으로 직무나 직급보다는 근무 기간이 절대적인 보수 체계다. 과거에는 경험이 많을수록 업무 능력과 전문성이 높아진다는 인식이 지배적이었다. 이에 대한 암묵적 합의와 나이 들수록 부양가족이 늘어난다는 것을 전제로 하여 호봉제가 유지되어 왔다.

고용주의 입장에서는 보수 산정이 상대적으로 간단하면서 근로자

3 • MZ세대를 위한 채용과 보상 혁신

의 장기근속을 유도할 수 있다는 장점이 있다. 근로자의 입장에서는 근속연수에 따라 보수가 복리 형태로 인상되어 시간이 지날수록 안정적인 수입을 기대할 수 있는 장점이 있다. 이에 따라 고용주나 근로자 모두에게서 환영받았던 보수시스템이 호봉제다.

그러나 저성장시대로 접어든 현재, 호봉제 중심의 공직 보수 체계를 개편해야 한다는 주장이 강하게 제기되고 있다. 호봉제 개편의 필요성에는 여러 요인이 복합적으로 얽혀 있다. 물가는 가파르게 상승하고 성장은 정체된 시기에 인건비 부담이 상당한 수준으로 커지고 있다는 점, 인구 고령화와 1~2인 가구의 증가 등 인구 특성이 급변하고 있다는 점과 같은 사회경제적 요인이 주된 원인이다. 무엇보다도 정부 부처와 공공기관이 오랜 시간 호봉제를 유지하면서 조직 내부적으로 크고 작은 문제를 마주했고 더 이상 이 결함들을 외면할 수 없는 지경에 이르렀다. 이는 공직사회와 공공기관뿐만 아니라 과거 호봉제에 호의적인 시선을 보냈던 일부 사기업에서도 똑같이 발생한 현상이다.

구체적으로 말해 보겠다. 예전에는 근속연수에 따라 직무 능력과 전문성이 정비례로 증가한다는 인식에 동의가 있었는데 디지털 시대가 도래하여 업무 환경이 급변하면서 이 인식이 완전히 무너져 내렸다. 또한 입직이나 입사한 지는 오래되었지만 여러 이유로 승진에서 누락된 경우를 생각해 보자. 만약 승진에서 밀린 주된 원인이 업무 실력이 부족해서라면? 근속연수는 높고 직급은 낮은 상태로 조직 생활을 하게 되는 것이다. 근속연수가 높다면 나이까지 많을 확률이 높다. 이 경우, 하위 직급이라도 근속연수가 높기 때문에 호봉이 높아 자연스럽게 높은 봉급을 받게 된다. 승진하지 못해도 직급이 계속 낮은 상태라도 시간이 흐를수록 저절로 채워지는 근속연수만 갖고 있다면 많은 돈을 가져가는 구조다. 조직에 들어온 햇수는 적지만 업무 실력이 뛰어난 사람은 단지 근속연수가 적다는 이유만으로 훨씬 낮은 급여를 받게 된다. 이러한 구조 하에서는 조직 구성원들의 사기가 저하되고 열심히 일할 이유가 없어지게 된다.

동일 직급 내의 봉급 격차가 커서 세대 간 형평성 문제가 지속적으로 제기되고 있는 점 또한 호봉제를 개편해야 한다는 주장에 힘을 싣는다. 특히, 최근 1990년 이후에 태어난 세대가 공직에 들어오면서 인식 변화의 바람이 더 세게 불고 있다. "힘든 일은 우리가 다하는데, 왜 월급은 호봉이 높다는 이유로 선배들이 다 가져가느냐"라는 불만이 터져 나오고 있다.

실제로 조사해 보니, 동일한 직급에서 같은 종류의 일을 하고 있음에도 불구하고 호봉제로 인해 불이익을 받는 경우를 어렵지 않게 찾을 수 있었다. 한 조직에 직급은 6급으로 같은데, 1호봉인 신입 공무원은 219만 원의 월급을 받았고 근속연수가 오래된 32호봉 공무원은 월 455만 원을 받고 있었다. 이 두 사람은 모두 6급 공무원으로 한 조직 내에서 함께 근무했는데, 동일 직급이기 때문에 같은 종류의 일을 하고 있으면서도 보수 차이가 약 2.7배나 난다.

이러한 문제들로 인해 민간 기업이나 공공기관, 정부기관 할 것 없이 호봉제 개편에 공을 들이고 있다. 공무원의 경우 5급 관리직 이상은 호봉제를 폐지하고, 연봉제 등 성과주의 보수 제도로 이미 전환한 상태다. 그런데 보수의 구성 요소를 가만히 뜯어보면 기존 호봉제에 기반을 둔 기본급의 비중이 가장 높다. 이에 반해 직무급이나 성과급의 비중은 아직 낮은 수준에 머물러 있다. 그동안 공직 내에서 직무 가치나 성과에 상응하는 보수를 지급하려는 노력을 많이 해왔지만, 아직 갈 길은 멀다.

2
우리나라 공무원 보수

우리나라 국가공무원의 보수 정책은 성과주의 보수 제도를 따른다. 즉, 같은 직급에 동일하게 설정되어 있는 기본급에 직무 성과에 따라 차등하여 주는 성과급을 더하여 지급하고 있다. 주요한 특징은 기본급의 비중이 압도적으로 높다는 점이다. 이와 함께 가족 수당, 초과 근무 수당, 위험 근무 수당 등 직무 특성이나 인적 요소에 적용한 각종 수당이 추가된다. 기본 급여와 성과급은 각각 고위공무원단, 5급 이상 공무원, 6급 이하 공무원으로 나눠 아래와 같이 구성하고 있다.

직급	보수 제도
고위공무원단	직무성과급적 연봉제(기본연봉+직무급+성과급)
5급 이상 공무원	성과급적 연봉제(기본연봉+성과급)
6급 이하 공무원	직급별 호봉제(봉급+수당) + 성과상여금

고위공무원단과 5급 이상 공무원에게는 성과급적 연봉제라는 유사한 체계로 보수를 지급한다. 고위공무원단은 직무 등급을 가, 나의 두 등급으로 나눠 차등 지급하고 있다. 이들은 가 등급과 나 등급이 각각

다른 직무급을 받는다. 고위공무원단의 보수는 '기본 연봉 + 직무급 + 성과급'의 구조를 갖췄다.

5급 이상의 국가직 공무원은 여기서 직무급을 제하고 '기본 연봉 + 성과급'의 구조다. 성과급은 성과에 따라 약 10% 수준으로 지급한다. 또한 그중 일정 비율이 다음 연도 기본 연봉에 반영되므로 성과평가의 결과에 따라 연봉 차이가 크게 벌어지기도 한다. 같은 중앙부처에서 일하는 5급 사무관이라 할지라도 성과 연봉을 기본 연봉에 누적시켜 반영하기 때문에 연봉 격차가 발생하는 것이다. 이에 따라 고위공무원단에 속하지 않고 직급이 5급 이상인 공무원들은 비교적 성과에 신경을 쓰는 편이다. 보수 체계가 성과평가를 잘 받기 위한 유인책으로는 충분히 기능하고 있다.

6급 이하 공무원에게는 직급별 호봉표를 기준으로 봉급을 지급한다. 이에 더해 1년 단위로 성과를 평가하여 개인별 성과 상여금을 지급하고 있다. 성과 상여금은 성과급의 일종이긴 하나, 다음 년도의 보수에는 영향을 미치지 않는 비누진식 금액이다. 여기서 5급 이상 관리직의 보수 제도와 결정적인 차이를 보인다. 따라서 현재 6급 이하 공무원들은 어디에서 근무하든, 성과를 내든 못 내든 같은 직급, 같은 연차라면 똑같은 기본급을 받고 있다.

공직 내에서는 중요 직무급이라는 이름의 급여도 있다. 중요 직무급은 부처의 자체적인 판단 하에서 부처의 중요 직위(부처 정원의 최대 24% 이내)의 사람들에게 지급한다. 정확히 말하자면, 직무에 따른 급여라기보다는 업무 중요도나 곤란도가 높은 직책에 대한 수당이라고 보면 된다.

대한민국 국가공무원의 보수 제도는 연공급적인 전통에서 출발했다. 그 후, 차츰 성과 연봉제 등으로 나아가며 성과급적인 요소를 점차 확대하고 있다. 세계 주요 선진국의 공무원 보수 체계와 나란히 놓고 보면, 성과를 중심으로 한 보수 제도를 비교적 잘 운영하고 있는 것으로 평가받는다. 다만, 연공서열 중심의 성과평가와 직무급 도입에 대해서는 논쟁이 많다. 특히 6급 이하 공무원의 호봉제를 개편해야 한다는 필요성이 꾸준히 제기되고 있다.

3
주요 선진국의 공무원 보수는?

• 미국

미국의 공직사회는 근본적으로 직위분류제를 따른다. 이러한 구성 체계에 따라 직무급을 실시하는 대표적인 국가다. 총 15개 직급(GS1~GS15)으로 나누어 기본급을 지급하며, 각 직급별 10개 호봉으로 구성된다. 직무 평가를 통해 개별 직군의 직급 범위를 결정[14]한다. 그리고 직급 범위 내에서 임용, 승진, 퇴직 등 인사 관리를 운영하고 있다.

미국도 연공을 인정하여 근속 연수에 따른 승급이 있다. 각 직급별로 일정 단계까지는 근속 승급을 인정하고 호봉도 정기적으로 승급된다. 다만, 승급의 속도를 연차별로 다소 조정한다. 저연차에는 호봉이

---

14 예시: (행정·관리 직군) GS5~GS15 / (서기 직군) GS1~GS9

비교적 가파르게 상승하고 연차가 증가할수록 호봉이 느리게 올라가는 구조로, 연공급의 요소를 줄이고 있다.

• 일본

2006년부터 5년에 걸쳐 보수 체계를 개편하여 공무원 보수의 연공성을 완화하고 직무와 성과 요소를 강화했다. 직급별 호봉제를 고도화했는데, 구체적으로 말하자면 12개였던 직급을 10개로 줄이고 직급별 최대 32개였던 호봉을 21~125개로 바꿨다. 호봉이 높고 연령이 많은 사람에 대한 봉급 삭감이나 성과평가에 따른 차등적 승급제를 운영[15]하고 있다.

직무의 전문성을 끌어올리기 위한 목적으로 관리·감독 직위에 대한 수당을 주고 있다. 또한 근무 위험도를 감안한 특수 근무 수당, 본부성 근무자 수당 등이 존재하며, '근면 수당'이라는 성과급을 지급하고 있다.

• 독일

직무 분야에 따라 15개의 직급으로 나뉜다. 또한 각 직급별 8호봉으로 구성되어 있다. 마찬가지로 연공을 인정하여 호봉이 존재하나, 호봉 승급은 현재 호봉에 따라 2년에서 4년의 주기[16]로 이루어진다. 하지만 중요한 사실은 평가 결과가 양호한 경우에 한하여 호봉 승급을 허용

---

15   승급 기준: (매우 미흡) 0호봉 / (미흡) 2호봉 / (보통) 4호봉 / (우수) 6호봉 / (매우 우수) 8호봉 승급
16   승급 주기: (2호봉) 2년 / (3~5호봉) 3년 / (6~8호봉) 4년

3 · MZ세대를 위한 채용과 보상 혁신

한다는 점이다. 성과급 또한 전 직원에게 차등 지급 하는 것이 아닌, 우수 직원에 한하여 지급하는 방식이다.

● 영국

영국의 공직사회는 전통적으로 계급제로 운영되었고, 직급별 보수 체계를 실시해왔다. 그러나 영국은 최근 직위분류제를 확대하고 있다. 직무 분석과 직무 평가를 통해 각 부처나 기관의 특성을 반영한 봉급표를 새로 개발했으며, 현재 이를 적용하고 있다. 이에 따라 다수 부처가 등급별로 최저액과 최고액만 명시하는 제도(보수 밴드 제도)를 실시하고 있다.

4
우리나라 공무원 성과평가

우리나라 공무원의 성과평가는 근무 성적과 경력평정으로 이루어진다. 「국가공무원법」 제26조에서는 공무원의 임용(승진, 전보 등)에 근무 성적을 반드시 반영하도록 규정하고 있다. 근무 성적은 근무성적평정을 통해 결정한다. 또 이를 승진 후보자를 선발하거나 성과급을 지급할 때 객관적인 근거로 활용하고 있다.

경력평정은 전체 평가 점수 중 5~10%의 비중을 차지한다. 최근 그 비중을 축소했으나 근무성적평정을 할 때 암묵적으로 경력을 반영하므로 큰 의미는 없다. 4급 공무원 이상은 1년에 한 번, 5급 공무원 이하는 두 번의 평가를 실시한다. 상대 평가로 진행하며 점수로 1등부터 꼴등까지 동점자 없이 서열화한다. 이 평가를 통해 승진 후보자를 선발하는 등 승진 심사의 기초 자료로 활용하고 있다.

대한민국 성과평가 제도는 세계에서 가장 정교하고 체계적으로 설계해 놓았다는 인정을 받고 있다. OECD에서도 엄청 관심이 많아서 주기적으로 우리나라에 성과평가 제도에 대해서 설명해 달라는 요청이 온다. 나도 OECD 본부 회의에 초청받아서 우리나라 성과평가 제도를 직접 설명한 적이 있다. 주요 선진국들은 왜 우리나라 성과평가 제도에 관심이 많은 걸까?

우리나라 공무원 성과평가가 가진 특징이 있다. 크게 상대 평가, 정기 평가, 평가와 보상의 강한 연계 세 가지를 들 수 있다. OECD와 선진국들은 이 세 특징이 현장에서 과연 잘 작동되고 있는지를 가장 알고 싶어 한다. 우리가 승진 후보자 명부에 대해서 설명할 때는 모두 감탄하여 입이 떡 벌어지는 진풍경을 마주할 수 있다. 그들은 조직 구성원 전체를 업무의 성격이나 근무 부서와 상관없이 같은 기준으로 등수를 매겨 줄 세우기를 하는 것부터 의아해한다. 한 부처에 6급 공무원 200명이 있으면 1년에 두 번씩 평가하여 1등부터 200등까지 줄을 세우는 일이 과연 어떻게 가능한 일인가, 궁금해한다. 게다가 이를 100점 만점부터 점수로 수치화하여 차등 산정하고 있다니…. 모두들 놀라워한다. 이러한 일이 쉽게 이루어지고, 공무원들이 그 결과를 잘 수용하느냐는 질문이 쏟아진다.

여기서 중요한 것이 있다. 성과평가의 목적이 무엇이냐다. 본래 성과를 평가하는 일은 어떤 사람이 조직에서 자신의 역량으로 얼마나 성과를 냈는지, 어떻게 하면 더 많은 성과를 내게 할 수 있는지에 주 목적

3 · MZ세대를 위한 채용과 보상 혁신

이 있다. 그뿐만 아니라 그 사람이 성과를 내는 데 부족한 역량이 무엇인지를 주기적으로 점검하여 피드백 하는 일도 중요하다. 최근 성과평가의 흐름은 점검과 피드백이 우선적인 목표다. 반면 성과 결과에 대한 보상은 점점 그 비중이 축소되는 추세다. 왜냐하면 그동안 보상에 초점을 두고 평가를 진행했는데, 그게 결국 평가 잘 받기 경쟁으로 이어져 평가를 향한 여러 왜곡 현상이 발생하는 사실을 직접 경험했기 때문이다.

보상에 초점을 둔 평가의 문제점으로 지적받는 것은 첫째, 평가를 잘 받는 것 그 자체가 목적이 되어 직무 목표를 낮게 설정한다는 점이다. 목표 달성이 충분히 가능하면서도 복잡하지 않은 과제를 목표로 선정한다. 그뿐만 아니라 목표 수준도 하향 안정화 쪽으로 선택한다. 법령 개정 등 중장기적인 일이나 창의성과 혁신성이 있는 업무를 향한 도전적인 목표 설정은 기피하게 되어 있다. 설사 그런 업무를 의무적으로 해야 한다고 하더라도 평가 과제나 지표에서는 아예 빼고 추진하는 경우도 있다. 그래서 연말연초, 성과 지표나 과제를 정할 때 앞으로 무슨 일을 할 것인가 보다 성과평가를 잘 받을 수 있는 과제가 무엇인가가 관심사다. 기관장과 직원들 간의 미묘한 신경전까지 발생하기도 한다.

두 번째 문제점은 성과를 평가하는 과정에서 생긴다. 성과를 포장하기 위해 산더미 같은 서류 작업을 하고, 직원들 사이에 불필요한 내부 경쟁을 조장해 대화와 소통을 방해한다. 평가가 임박한 연말이 되면 갑자기 워크숍을 하고 전문가들의 의견 수렴도 하고 현장에 나가서 사진도 찍는데, 이게 다 평가서 작성에 필요해서 하는 일이다. 만들어진 평가서를 보면 보통 책 한 권 분량이 넘는다. 시중에 나와 있는 그 어떤 책보다 컬러풀하고 입체적이고 좋은 이야기들로 가득 차 있다. 전 직원이 엄청난 시간과 비용을 들여 합심하여 작성한 결과물인데, 좋지 않으면 이상한 일이다.

세 번째 문제점은 평가의 결과와 후속 조치에 있다. 결국 평가 결과는 연공과 정실에 따라 결정되는 게 다반사다. 엄청난 노력을 들여 작성한 평가 서류는 평가가 끝나자마자 그대로 버려진다. 그 후속 조치에는 아무도 관심을 가지지 않는다.

이러한 이유 때문에 성과평가는 기관장, 관리자, 직원 모두로부터 경멸받는 애물단지로 자리 잡았다. 우리는 어도브, 델, MS, IBM, GE 등 외국의 유수한 민간 기업들의 행보에 주목할 필요가 있다. 이 세계적인 기업들은 2010년을 전후로 전통적인 연말 평가를 폐지하고, 결과보다는 과정 중심의 평가로 전환한다. 그들은 성과평가의 방향 자체를 크게 바꾼다. 대표적으로, 상대 평가를 절대 평가로 바꾸고 수시 평가를 도입한다. 또한 성과를 관리하는 일과 부하 직원을 코칭하고 육성하는 일 또한 평가의 대상으로 삼는다. 눈에 띄게 두드러지는 점은 평가와 보상을 분리하는 방식을 채택했다는 점이다.

그동안 성과평가의 대명사로 불렸던 GE는 2014년까지 철저한 상대 평가를 통해 상위 20%는 파격 보상, 중간 70%의 경쟁 유도, 하위 10%를 퇴출하는 시스템을 유지했다. 하지만 2015년부터 상대 평가에서 절대 평가로 전환하고 평가 목표도 차별적인 보상보다는 직원의 역량 향상으로 변경한다. 평가 주기도 연 1회에서 연중 상시로 변경하고, 'PD@GE'라는 사내 애플리케이션으로 관리자와 직원 간 상시적으로 소통하도록 하고 있다. 또한 관리자의 역할을 '타인에게 잠재력을 불어넣고 영감을 부여하는 존재'로 새롭게 정의한다. 과거, 보상과 강하게 연계된 성과평가를 없애고 직급에 구애 받지 않는 활발한 소통과 피드백을 중시하는 성과 관리 쪽으로 방향을 튼 것이다.

5
외국 정부의 성과평가

미국의 고위공무원단에 속한 공무원은 약 6,500명이다. 이들의 성과는 인사관리처(OPM)에서 수립한 평가 지표를 기준으로 진행한다. 연 1회, 절대 평가로 하며 평가 등급을 5개 등급으로 구분한다. 미국의 성과평가는 우리나라와 비교했을 때 세 가지 특징을 눈여겨 볼만하다.

첫째는 성과 등급이다. 우리나라 또한 성과 등급의 개수가 5개이며 S, A, B, C, D로 등급을 나누고 있다. 하지만 우리나라와 미국은 확실한 차이가 있다. 미국의 경우 Outstanding, Exceeds fully successful, Fully successful, Minimally satisfactory, Unsatisfactory로 등급을 준다. 우리나라에서 B등급은 보통 수준에 속하는 한편, 통상 B등급을 받으면 아주 기분 나빠하는 경우가 많다. 반면에 똑같이 5개 등급을 적용하고 있는 미국에서는 우리나라의 B등급에 해당하는 3순위의 등급을 Fully successful로 표현한다. 이를 통해 성과를 바라보는 인식의 차이가 뚜렷하다는 걸 알 수 있다.

둘째는 우리나라는 S등급이 20%, A등급은 30%이고, B등급 40%, C~D등급을 10%로 하는 엄격한 상대 평가다. 상위 2개 등급인 S와 A등급이 50%, 중하위 등급인 B~D등급이 50%로 갈린다. 여기서 또 한 번의 큰 차이가 있다. 미국은 상위 2개 등급인 Outstanding과 Exceeds fully successful 등급에 전체 공무원의 90% 가까이가 몰려 있다. Fully successful 등급에 10% 정도, 하위 2개 등급인 Minimally satisfactory와 Unsatisfactory 등급에는 약 0.3%의 공무원만이 분포한다. 6,500여 명 중 25명 정도만이 이에 해당하는 것이다.

사실 공직에서 30여 년 동안 일해 온 경험에 따르면 나는 우리나라의 성과 등급보다는 미국의 등급이 더욱 합리적이라는 생각이 든다. 공직사회 구성원의 80~90%가 기본적으로 자신의 업무를 충실히, 성공적으로 수행하고 있다. 직원 중 절반이나 되는 사람들을 보통 이하로 낙인찍는 일은 가혹하다. 우리나라의 기준은 업무 잠재력이나 실제 역량이 괜찮은 사람들조차 스스로가 능력 미달에 부족한 사람이라는 잘못된 인식을 가질 우려가 크고 나아가 자책감까지 불러일으킨다.

미국 성과평가의 마지막 특징은 성과급의 격차가 그렇게 크지 않다는 사실로, 이 점이야말로 가장 놀라운 부분이다. 1등급에 해당하는 Outstanding 등급과 3등급에 해당하는 Fully successful 등급 사이에 성과급 차이가 1%도 안 난다. 이 정도면 성과급으로 받는 액수가 거의 비슷한 수준이다. 우리나라의 경우 1등급인 S와 3등급인 B의 성과급 격차는 거의 2배에 이른다. 물론 이 차이는 등급이 벌어질수록 더하다.

미국은 이러면서도 관리자 임무의 50%는 직원들을 평가하는 일이며, 성과평가는 아주 중요한 일이라고 선언하고 있다. 평가에 대한 패러다임이 우리와는 완전히 다르다는 것을 알 수 있다.

일본의 경우는 어떨까? 일본도 우리나라와 미국처럼 성과 등급을 5개 등급으로 구분한다. 이 세 나라 중 우리나라만 상대 평가고, 미국과 일본은 절대 평가라는 점을 기억해야 한다. 우리나라와 일본의 공통점은 성과 등급을 S, A, B, C, D로 분류했다는 점이다. 하지만 일본은 상위 2개 등급인 S+A등급이 25% 정도, 대부분은 B등급, C+D등급은 1% 미만이다. 우리나라는 하위 2개 등급을 받는 사람들이 10%이다. 10%는 언뜻 적은 수치로 보이지만, 일본에서 하위 2개 등급이 1% 미만, 미국은 0.3% 정도에 불과하다는 점을 고려하면 상당히 높은 수치다.

독일은 아예 성과평가를 3년에 한 번씩 하며, 성과를 보상보다는 역량 개발의 수단으로 활용하고 있다. 외국의 사례를 살펴보면 우리나라와 큰 차이가 있다는 걸 바로 알 수 있다. 결정적으로, 우리나라처럼 정기적으로 상대 평가를 진행하고, 평가 결과와 보상을 강하게 연계하는 나라를 찾기가 쉽지 않다.

6
성과평가 결과와 보상의 연계에 대한 시각

아이러니하게도 우리나라의 성과평가는 공무원의 근무 성과라는 불확실한 개념을 점수와 순위라는 확정적인 지표로 전환하는 매개이기 때문에 중요하다고 인정받는다. 평가자는 평가를 할 때 이 사실을 인지할 수밖에 없다. 또한 공익을 위해 아무리 헌신했다고 한들, 평가의 기준에서 벗어나거나 평가자가 그것을 제대로 평가해 주지 않으면 공무원 개인의 자기만족 차원에서 벗어날 수 없다는 점을 간과해서는 안 된다.

공무원 성과평가와 보상의 연계를 둘러싼 두 가지의 다른 시선이 공존하고 있다. 처음의 시선은 공무원 노조의 입장과 일치한다. "국민의 봉사자인 공무원을 줄 세우는 비인간적인 성과급 제도, 당장 폐지하자."라는 시각이다. 현재 공무원 노조는 5급 이하 공무원에게서 성과급을 폐지해야 한다고 주장하며 투쟁 중이다. 그들은 성과급 제도의 비인간적인 측면뿐만 아니라 성과평가에 대한 불신을 토대로 성과급 폐지론을 주장한다. 이에 대한 주요 근거는 다음과 같다.

① 공공 부문의 평가는 계량화하기 어렵고, 구체적인 기준의 제시도 어렵다.
② 평가자가 공정한 평가를 내리리라는 보장이 없다.
③ 현 보직이나 직위를 중심으로 평가하는 인위적인 줄 세우기에 불과하다.

또 다른 시선은 공정이라는 가치에 보다 민감한 MZ 세대의 입장과 일치한다. 이 두 번째 시선이 첫 번째 시선과 극을 이루며 성과급 폐지는 절대로 있을 수 없는 일이라고 주장할 거라고 생각하면 오산이다. 젊은 세대는 당연히 성과주의와 성과급 확대에 찬성할 것이라 생각하지만, 오히려 이런 의견이 주를 이룬다. "진짜로 일한 사람을 제대로 평가하지도 못하는 깜깜이 성과급 제도, 차라리 폐지하자." 이 뜻은 성과 중심으로 조직이 돌아가는 점과 성과급 자체를 없애는 게 좋다는 의미가 아니다. 현재 시행하는 성과급 제도를 성과를 창출해 조직에 도움을 준 사람들을 확실히 가려낼 수 있는 제도로 개편해야 한다는 뜻에 가깝다.

성과급을 바라보는 두 시선은 결국 성과평가와 보상, 성과 관리, 성과급 제도를 향한 거부감과 불신이 뒤섞여서 나왔다. 무엇보다도 '성과를 어떻게 평가할 것인지'의 문제로 귀결될 수밖에 없다는 사실을 잊지 말아야 한다.

성과주의 보수 제도는 업무 능력과 실적에 따라 보상함으로써 공직사회의 경쟁력과 생산성을 제공하고, 창의적이고 열심히 일하는 공직 분위기를 조성한다. 또한 민간의 우수한 인재들을 공직에 유입시키는 데 기여한다. 따라서 궁극적으로 공무원이 국민에게 책임 있는 행정을 구현할 수 있도록 하는 선진적인 제도다. 그런데 그 핵심인 '성과'를 인식하고 규정하는 '평가'를 향한 불신이 성과주의를 가로막는 가장 큰 장애물이 되고 있다. 꼬리가 몸통을 뒤흔드는 셈이다. 1999년에 시작하여 25년 넘게 도입해 왔음에도 불구하고 여전히 제대로 정착하지 못한 공무원 성과평가와 성과주의 보수 제도, 그 이면에는 뿌리 깊은 연공주의 문화가 있다.

7
연공주의의 지배

연공주의^{年功主義}의 정의를 곰곰이 생각해 보자. 연공주의란 한 직장에서 여러 해에 걸쳐 오랫동안 근무한 공로로 급여나 지위 등에서 대우를 하는 인사 관리 행태를 의미한다. 최신 인사 제도가 조직에 도입되기 전까지 우리나라에서 가장 보편적으로 적용해 왔던 인사 관리 방식이다. 특히 과거 한국은 근속 연수뿐만 아니라 연령 또한 공로로 인정하곤 했다.

우리나라에서 연공주의가 강하게 존립하는 이유에는 역사적인 배경을 무시할 수가 없다. 유교가 국가의 근본이념이었던 긴 세월, 그에 따라 장유유서長幼有序를 하나의 사회적인 풍조로서 중시해 왔다는 점이 연공주의를 더욱 굳건하게 만들었다. 근속 연수가 높아지고 연령이 많아질수록 지식과 기술이 향상한다는 인식은 이러한 뿌리에서 출발한다. 근속 연수에 따라 애사심과 공헌이 증대된다는 생각, 그리고 초봉을 낮게 책정함으로써 비용을 줄일 수 있다는 생각 또한 연공주의를 강화하는 역할을 했다.

연공주의는 비단 공직사회만의 문제는 아니다. 한국의 연공주의는 민간과 공직을 가리지 않고 임금과 보상 체계에 지대한 영향을 미쳤다. 그리고 현재에도 큰 영향을 행사한다. 아래의 조사 결과에 따르면 OECD 국가 가운데 민간 영역을 포함하여 연차 증가에 따라 임금이 가장 가파르게 상승하는 국가가 바로 우리나라다.

OECD 회원국들의 연차 증가(10년 차 ➡ 20년 차)에 따른 임금의 상승 추이

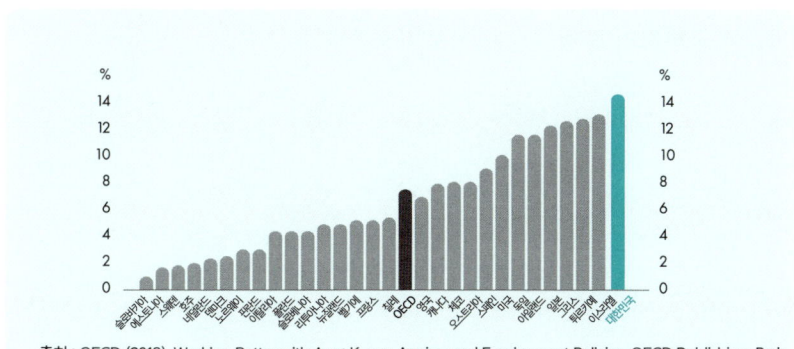

출처 : OECD (2018), Working Better with Age: Korea, Ageing and Employment Policies, OECD Publishing, Paris

3 · MZ세대를 위한 채용과 보상 혁신

연공주의 보수 체계는 고용주 입장에서 안정적인 인적자원 관리가 가능하다는 이점이 있다. 사전적으로 정의된 단순한 체계대로 운영할 수 있기 때문이다. 직급별로, 해당하는 연차에 따라 책정한 보수를 지급하므로 고용인 간에 보수가 달라질 일도 없어 객관적인 관리가 가능하다.

하지만 안정적인 관리와 편의성 이외에 연공주의의 장점을 찾기는 어렵다. 특히 업무 간 유사성보다 차별성이 커진 현대 행정에서는 계급제 속 순환 전보가 개인의 업무 수행능력을 오히려 저해할 가능성이 있다. 이 경우 '연차에 따라 능력이 상승'한다는 연공주의의 기본 가정 자체가 성립하지 않는다. 그런데도 체계에 따라 보수는 계속 오르기 때문에 능력과 보상 사이의 격차는 더욱 벌어진다.

우리나라 보수 제도는 기본급에 성과급의 요소를 더한 성과주의를 따르지만 그 안에 역사적으로 뿌리내린 연공주의의 성격을 강하게 지니고 있다. 국민에게 책임을 다하는 행정의 실현을 위해서는 반드시 연공성을 타파한 직무와 성과 중심의 보수 제도로 다시 설계해야 한다. 그러면 연공급적 성격의 기본급과 연공주의적인 성과평가, 이렇게 둘로 나눠서 구체적인 문제점을 살펴보기로 한다.

8
기본급의 특성

우리 공무원의 보수 체계는 성과급을 반영하고 있으나 아직도 기본급의 비중이 매우 높다. 특히 6급 이하에게는 1년 단위의 성과를 기준으로 하여 일시금을 지급하는 성과상여금 말고는 일률적인 기준에 따른 기본급을 적용한다.

우선 우리나라 공무원의 호봉 수는 최대 32개로 지나치게 많다. 특별 승급 등 예외는 있지만 일반적으로 호봉은 1년에 1번 승급한다. 그러므로 6급 공무원의 경우 한 직급에서만 최대 32년까지 근무해도 해마다 봉급이 자동으로 오르는 구조다. 특히 신분 보장이 강한 직업공무원제에서는 어떤 능력을 실제로 입증하거나 성과의 압박을 받지 않고도 공직생활 내 봉급 상승을 경험할 수 있다는 뜻이다.

우리나라는 호봉 간 보수 차이가 적다. 하지만 호봉 수가 자잘하게 많다 보니 똑같은 직급 내에서 호봉의 높고 낮음의 차이가 큰 두 사람은 자연스레 보수 격차가 날 수밖에 없다. 일반적으로 각국의 보수를 비교할 때 동일한 직급 내에서 일어나는 호봉 차이는 연공성의 지표로 사용한다. 분석 결과, 우리나라의 연공성은 미국의 1.5배가 넘는다. 결론적으로 한국 공무원의 보수는 연공급적 특성이 강한 기본급이다.

봉급 격차(비율)와 호봉 수 : 외국과의 비교

	독일	미국	일본	한국
봉급 격차(배)	1.26	1.29	1.35	**1.93**
호봉 수	8개	10개	–	**28.7개**

9
연공주의적 성과평가

기본급에서만 강한 연공성을 찾을 수 있는 것이 아니다. 물론 성과급 자체는 연공성과 반대의 취지로 설계되었으나, 성과를 평가하는 단계에서 연공주의 공직문화가 강하게 반영되면서 제도가 취지에 맞게 운영되지 못하고 있다. 우선 아래에서 국가공무원 성과급의 지급을 위해 실시하는 평가의 절차를 살펴보자.

국가공무원 성과평가 절차

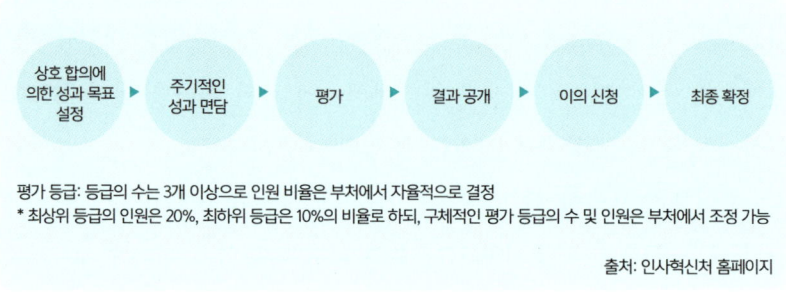

평가 등급: 등급의 수는 3개 이상으로 인원 비율은 부처에서 자율적으로 결정
* 최상위 등급의 인원은 20%, 최하위 등급은 10%의 비율로 하되, 구체적인 평가 등급의 수 및 인원은 부처에서 조정 가능

출처: 인사혁신처 홈페이지

성과평가의 큰 틀은 '목표 설정 – 성과 면담 – 평가 – 결과 및 이의 신청 – 최종 확정'의 단계로 구성된다. 부처마다 기준이 조금씩 다르지만 통상 평가 등급을 3~4개로 나누어 차등을 둔다. 즉 상대 평가를 통해 개인 간 능력치를 따져봄으로써 지나치게 관대하게 평가하는 일을 막고 있다. 실질적으로 개인에게 동기부여가 될 수 있도록 효과적으로 설계해 놓았다. 하지만 운영의 측면에서 문제가 있다. '평가'와 '이의 신청' 단계를 살펴보자.

한 해에 두 번, 성과평가 철이 되면 웃지 못할 해프닝이 곳곳에서 일어난다. 부서장이 그동안 일을 잘 해온 젊은 직원을 불러서 이렇게 말하는 것이다. '당신은 올해 최고 등급을 받아야 하지만, 연차가 낮으니 최저 등급을 줄 수밖에 없다. 이를 양해해 달라!' 부서장의 말을 듣고 근무 성적을 확인해 보니 전 영역에 걸쳐 고루 역량이 부족하다는 결과가 나온다. 직원 입장에서는 어떤 부분이 진짜 미흡한 부분이고, 어떤 부분이 상대평가를 위해 임의로 평가 절하된 부분인지 알 수 없다.

　또한 신규 직원은 근무 성적표를 받아 들고 선택의 고민에 빠진다. 첫째 아쉽지만 내년에도 열심히 해서 최저 등급을 받는 것(부서장의 양해 말씀을 듣는 일과 함께). 둘째 내년에는 가만히 있으면서 최저 등급을 받는 것이다. 당사자의 선택은? 당연히 후자가 될 확률이 높다. 연차가 높은 고참은 반대의 상황이다. 고생해서 최고 등급을 받는 것, 그리고 가만히 있으면서 최고 등급을 받는 것. 선택은 역시 후자다.

　결과를 공개한 후에는 이의 신청을 받는데, 저연차 직원을 두 번 죽이는 형식적인 절차에 불과하다. 높은 등급을 받은 고참과 자신의 등급을 바꿔 달라고 주장해야 하기 때문이다. 만약 고참이 새파란 후배가 그랬다는 사실을 알면, 부처 내 주요 직위에 있는 동기들에게 하소연할지도 모른다. 조직 내의 평판에 따라 향후 업무 경력과 경로가 결정되는 저연차 직원에게 이의 신청이란 실로 엄청난 기회비용을 요구하는 일이다.

　모든 연차와 직급에서 위와 같은 현상이 발생한다면, 공직 내에서 성과 등급을 잘 받기 위해 노력할 사람은 아무도 없을 것이다. 가만히 있으면서 최저 등급을 받는 사람과 가만히 있으면서 최고 등급을 받는 사람만 남기 때문이다. 그 조직의 성과관리 제도는 이미 붕괴한 거나 다름없다. 상대 평가가 연공주의와 만나 이 같은 비극이 되풀이되고 있다.

공무원 직급별 성과 평가와 보수 체계

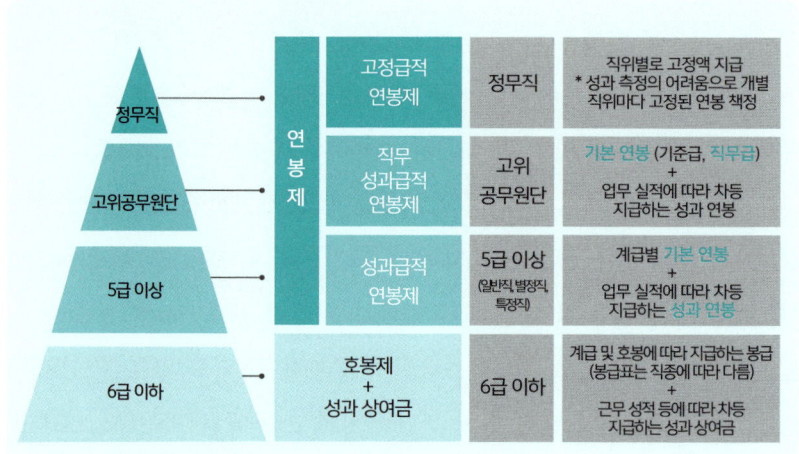

	연봉제	고정급적 연봉제	정무직	직위별로 고정액 지급 * 성과 측정의 어려움으로 개별 직위마다 고정된 연봉 책정
정무직				
고위공무원단		직무 성과급적 연봉제	고위 공무원단	기본 연봉 (기준급, 직무급) + 업무 실적에 따라 차등 지급하는 성과 연봉
5급 이상		성과급적 연봉제	5급 이상 (일반직, 별정직, 특정직)	계급별 기본 연봉 + 업무 실적에 따라 차등 지급하는 성과 연봉
6급 이하		호봉제 + 성과 상여금	6급 이하	계급 및 호봉에 따라 지급하는 봉급 (봉급표는 직종에 따라 다름) + 근무 성적 등에 따라 차등 지급하는 성과 상여금

10

직무급 기반으로 리모델링

연차가 오르면 월급이 오른다는 것은 우리에게 너무도 당연한 상식이다. 하지만 기존의 상식을 깨고 직무와 성과 중심으로 보상 체계를 다시 설계할 시점이 왔다. 이제 지나친 연공성을 완화하고 직무와 성과의 반영을 확대하는 합리적인 성과 관리 체계를 세우자. '내가 누군지'보다 '내가 어떤 일을 하는지'에 초점을 맞춰 보상할 때 직원들의 관심도 자연스레 계급과 연차에서 직무로 옮겨갈 수 있기 때문이다.

어떤 행동은 나라를 바꾼다

그런데 보수 체계 개편과 관련하여 한 가지 미리 짚고 넘어갈 게 있다. 직무급이나 성과급, 직능급 등을 도입한다고 하면 기존의 보수 체계를 아예 폐기하고 새로운 제도를 적용한다는 오해를 많이 하여 벽에 가로막히는 경우가 많다. 100% 직무급과 100% 성과급은 없다. 전체 보수 중 어떤 비중으로 얼마의 금액을 줄 것인가에 대한 판단과 결정이다. 적정한 비중은 이해 당사자끼리 합의하면 된다. 처음에는 그 비중이 적어도 상관없으니 시도라도 해보자.

고위공무원단을 세우면서 직무급을 보수에 도입했고, 아주 적은 비중이지만 중요 직무급 제도를 운영하고 있다. 문재인 정부와 윤석열 정부는 연이어 공공 부문의 직무주의 인사 관리와 직무급 도입을 국정 과제로 삼아 추진했다. 이후의 정부들도 똑같이 시행할 것이다. 또한 직무급 도입을 공기업 평가에 반영하고 있어 공공 부문에서는 앞다퉈 직무급을 도입하려고 하고 있다. 직무급을 실시하는 공공기관의 수는 계속 늘어나고 있다. 하지만 내부 사정을 면밀히 살펴보면 전체 보수의 2~5% 정도만 직무급에 반영하고 있어 아직은 무늬만 직무급이라고 보면 된다. 1억 원의 보수를 받는 사람의 직무급 비중이 2~300만 원 정도라는 이야기다. 이는 계급 관료제의 특성인 연공서열과 기수 문화를 그대로 유지하면서 기존 직급을 기반으로 직급수당 정도의 보수를 얹어주는 수준이다. 그럼에도 불구하고 나는 공공 부문에서 직무급을 도입한 시도만으로도 충분한 의미가 있다고 본다. 방향을 잡고 그리로 한 발 한 발 나아가면 된다. 필요한 때가 되면 속도를 내게 될 것이다.

직무급 도입에는 여러 차원과 방식이 있다. 가장 근본적인 방법은 공직 분류 체계를 직위분류제로 완전히 전환하고, 전 공무원의 직위 값에 따라 개별적으로 직무급을 지급하는 일이다. 이는 거의 실현이 불가능한 이상적인 방법이다. 보수에 많아야 5%, 10%를 반영하기 위해 굳이 이렇게까지 시간과 비용을 들일 필요가 없다.

현실적으로는 숫자가 적고 책임의 곤란을 판단하기가 비교적 용이한 관리자급부터 먼저 직무급으로 전환하는 방법이 있다. 중앙부처를 예로 들면, 과장급 이상을 대상으로 성과 연봉제를 개편하는 것이다. 기본급에 직무급을 차등 적용하는 식으로 말이다. 이때 직무의 난이도를 판단하여 직무 등급을 지정하는 일은 각 부처에서 실시하도록 위임해야 한다. 내부 직원들 간에는 이미 수년간 조직을 운영하며 쌓인 데이터가 있다. 본부의 실·국장, 심의관, 소속기관장, 소속기관 부장 등은 직무의 곤란한 정도에 대한 대체적인 수용 범위가 형성되어 있다. 인사혁신처를 예로 들어 보자. 차장과 소청 심사위원은 고위공무원단의 똑같은 가급 직무에 해당하며 똑같은 직무급을 받는다. 본부와 소속기관의 국장은 고위공무원단의 똑같은 나급 직무로 같은 직무급을 받고 있다. 그런데 이를 현행 두 개 등급에서 네 개 등급으로 구분할 수도 있다. 구체적으로 차장-소청위원-본부국장-소속기관 국장 등의 방식으로 나눠 직무급을 차등 지급하는 것이다. 혹은 본부나 소속기관 내에서 등급을 더 세분화시킬 수도 있다.

지금까지 직무급 중심으로 보수 체계를 바꿔야 한다는 주장은 계속 제기되어 왔지만, 그때마다 선결 조건인 직무 분석과 직무 평가라는 벽에 가로막혀 실행하지 못했다. 이는 어쩌면 전 부처에 균등한 보수 체계를 적용해야 한다는 강박관념에서 나온 변명일지도 모른다. 무엇보다도 각 부처의 직무 등급은 각 부처에서 가장 잘 알고 있다. 그러니 부처에서 자율적으로, 직무급을 2~3단계 이상으로 세분화하여 운영하도록 허용해야 한다. 인사혁신처는 부처 내에서 중요 직무를 선정하고 직무급 설정과 관련한 기본 가이드라인만 제공하면 된다. 표준적인 직무 분석과 평가는 부처 간 업무가 세분화된 지금 시점에서는 매우 어렵다. 인사혁신처는 고위공무원단에 대한 직무와 보수 체계를 관리하며 보수 제도가 적합하다는 사실을 간접적으로 보여주면 되는 일이다.

11
호봉제의 연공성 완화

6급 이하 공무원을 대상으로 한 호봉제의 개편은 뜨거운 감자다. 이는 공무원 노조가 선뜻 동의하지 못하고 있는 주제이기도 하다. 40~50대의 입장에서 보면, 과거 낮은 호봉(연봉)에서 출발하여 이제 겨우 여기까지 왔는데, 그리고 가만히 있어도 매년 호봉이 올라가면서 보수도 오르는데, 하는 생각이 먼저 든다. 그 호봉제를 깨고 미래가 불확실한 직무급이나 성과 연봉제로 전환한다고 하니 불안해하는 것은 당연하다. 그러나 20~30대의 디지털 세대 공무원들은 일한 만큼 똑같이 보상을 받아야지 오래 근무했다는 이유만으로 더 많은 보상을 받아가는 것은 공평하지 않다고 여기며, 공직을 뛰쳐나가고 있다.

이렇게 서로 상반된 입장을 지니고 있다. 나는 디지털 시대의 주연은 디지털 세대이므로 이들이 공직에 들어와 신바람 나게 일하는 시스템을 세우는 일이 옳다고 본다. 따라서 장기적으로 직무급으로의 전환을 추진하면서, 단기적으로는 기본급의 연공성을 완화하는 정책이 필요하다. 호봉제에 기반한 봉급표가 존재하는 한 호봉 간 보수 격차를 부분적으로 완화한다 하더라도 연공주의의 근본을 바꾸기가 어렵기 때문이다. 그뿐만 아니라 연공주의의 인식을 해소하는 일 또한 불가능하다.

호봉제의 개선은 단계적으로 추진할 필요가 있다. 먼저, 급격한 제도 전환 없이 호봉제를 유지하면서 현재 시행 중인 중요 직무급 제도를 확대 실시하는 것이다. 현재 총 정원의 24%인 중요 직위에만 지급하는 것을 6급 이하 전원에게 지급하는 직무급으로 설계해야 한다. 직무 등급을 설정할 때 등급 수는 기관의 특성을 반영하여 2~3개로 정하는 것을 권한다. 이때 중요한 것은 각 기관이 자율적으로 설정하는 일이다. 중요 직무급을 시행할 때 필요한 추가 예산은 기존의 성과 상여금을 활용하면 될 것이다.

두 번째는 호봉 간 격차를 완화하는 방법이다. 앞으로 매년 호봉이 낮은 사람에게는 높은 보수 인상률을 적용하고 호봉이 높은 사람에게는 낮은 인상률을 적용하여 차등적인 처우 개선을 실시하는 것이다. 현재 한국에서는 1호봉과 가장 낮은 호봉 간 봉급 격차가 1.93배(6급의 경우 2.08배)가 난다. 독일 1.26배, 미국 1.29배, 일본 1.35배에 비해 월등히 높다. 이와 함께 호봉 수도 계속 축소해 나가야 한다. 한국의 평균 호봉 수는 28.7개임에 반해 독일은 8개, 미국은 10개이다. 또한 독일이나 미국처럼 연차에 따라 호봉의 승급 속도를 다르게 적용하거나 일본처럼 성과평가 결과에 따라 호봉의 승급을 차등하는 방법도 있다. 이 경우 이해당사자를 만족시키는 적절한 차등 기준을 사전에 합의해야 한다.

세 번째는 현재 5급 이상에게만 적용하는 누적식 성과연봉제를 확대 적용하는 일이다. 그 해의 성과를 평가하여 성과급을 지급하고, 일정 비율을 다음 해의 기본급에 반영하는 방법이다. 현재 지나치게 복잡한 봉급표에 각종 수당을 통합하여 운영한다면 보수 체계의 통일성과 간결성까지 높일 수 있다는 이점이 있다. 이럴 경우 기존 공무원들의 반발 등을 고려하여 신규 입직자나 승진자 중심으로 연봉제를 확대해 나가는 방식을 택하기를 권한다. 지금까지 내가 경험한 바에 따르면 호봉제를 연봉제로 전환하면 상당한 보수 인상의 효과가 나타난다. 하지만 성과평가에 담긴 연공주의의 특성을 먼저 걷어내지 않는다면 현 성과급 제도의 문제점을 전 직급으로 확대하는 일이나 마찬가지다. 이 경우 보수 제도에 대한 불신만 심화되는 결과를 낳을 수도 있다.

12
성과평가제도 전면 개편하기

연공주의가 강하게 작용하는 성과평가의 문화 속에서, 평가자 개인의 양심에 기대어 공정한 평가를 실현하기란 매우 어렵다. 나는 30년 공직생활 내내 주로 일도 많고 현안이 많은 부서나 직책을 전전하면서 휴가 한 번 제대로 가보지 못하고 평가 스트레스 속에서 살아왔다. 사무관 중고참이 되기 전의 6~7년 동안에는 항상 중간 등급 이하를 받았고, 서기관 승진 후에도 대부분 중위권이었다. 평가자 입장이었던 인사혁신처 차장 때의 일이다. 밑의 국장이 교육 훈련을 가지 않겠다고 하여 나는 그 국장을 설득하려고 C등급을 줘도 시원찮을 그 국장에게 A등급을 주고 나 스스로 B등급을 받은 적도 있다.

　과장 때부터 직원 성과평가를 할 때마다 다음에 승진시켜 위로 올릴 사람이 누구인지를 먼저 생각하고, 그 사람에게 최고 등급을 줬다. 일 잘하고 역량 뛰어나고 성과를 많이 낸 직원들에게는 기껏 쓰디쓴 소주 한 잔 사준 것이 전부일 때가 많았다. 대한민국 1호 성과관리 팀장을 역임하며 성과관리시스템을 각 부처에 확산하고, 성과관리를 주제로 박사 학위까지 받은 사람으로서 못할 짓들을 한 셈이다.

　이제는 이런 성과평가 관행을 척결해야 한다. 사람의 힘, 개인의 힘만으로는 이런 관행을 부술 수 없다. 문화도 쉽게 달라지지 않는다. 유일한 방법은 시스템을 바꾸는 것이다. 그럼 어떻게 성과평가 시스템을 바꿔야 할까? 사실 간단하다. 외국 정부나 민간 기업이 진행하는 성과평가 중 우수 사례를 참고하는 것이다.

　먼저 줄 세우기식 상대평가를 폐지하고 절대평가 방식으로 전환해야 한다. 상대평가는 지나치게 관대한 평가를 막고 엄정하게 처리할 수 있다는 이유로 도입되었다. 하지만 구성원간의 불필요한 경쟁을 유발하고 목표의 하향 설정, 성과 부풀리기와 같은 문제점을 발생시킨다. 그뿐만 아니라 보여주기식 업무 행태, 산더미 같은 서류작업 등 장점보다는 부작용이 더 크게 나타나고 있다. 직원들을 직접 평가해본 입장에서 상대평가는 결국 암묵적으로 직원들의 서열을 정하는 것으로 이어진다고 느꼈다. 그래서 계급제하에서 관행처럼 굳어진 연공서열에 따라 보수적으로 평가하게 된다. 상대평가가 연공서열을 더 강화하고 조장하는 것이다.

　만약 절대평가라면 연공서열이 낮더라도 일을 잘하고 성과를 내는 직원에게 높은 등급을 줄 수 있을 것이다. 대부분의 공무원들은 연공서열에 관계없이 자신에게 주어진 업무를 성공적으로 수행한다. 조금만 더 격려하고 자긍심을 심어주면 더 열심히 일할 자세가 되어 있다고 나는 장담한다.

둘째로 연말에 정기적으로 실시하는 개인 성과평가의 비중을 줄일 필요가 있다. 그리고 관리자와 직원들 간에 수시로 소통하며 목표 달성을 점검하는 성과 관리 쪽으로 방향을 바꿔야 한다. 성과평가의 목적을 세부적으로 따져보는 일도 중요하다. 이를 통해 보상을 주기 위한 수단으로 활용하는 것보다는 직무 성과를 보다 효율적으로 잘 달성하도록 점검하는 해결책으로 삼아야한다. 필요한 역량이나 자원이 미치지 못하거나 부족하면 이를 채워주기 위한 목적으로 전환해야 한다. 그러기 위해 업무 프로세스의 단계별로 팀 리더와 팀원이 무엇을 어떻게 해야 하는지 성과 면담을 하고 상호 점검하는 시스템을 적용해야 한다. 사람을 평가하는 것이 아니라 직무를 관리하자는 것이다. 그리고 사람에 대해서는 코칭해 주고 육성하는 방향으로 가야 한다. 세계적인 기업 제너럴 일렉트릭(GE)에서는 관리자를 '타인에게 잠재력을 불어넣고 영감을 부여하는 존재'로 새롭게 정의했다. 이 사실을 곱씹어 보자.

셋째, 평가 결과와 보상을 분리시켜야 한다. 시험을 보고 성적순으로 줄 세우기 당하는 일도 유쾌한 일이 아닌데, 먹을 것까지 성적순으로 차등 지급을 받는다고 가정해 보자. 그때 우리 기분이 어떨까? 시험 성적은 객관적이고 공정하다고 말하지만 정말 그럴까? 조직에서 사람을 공정하게 평가하면 된다고 하는데 그게 과연 가능할까?

성과를 내는 사람에게 당연히 그에 맞는 보상을 해줘야 더 열심히

3 · MZ세대를 위한 채용과 보상 혁신

일할 것 아니냐고 반문할 수도 있다. 그러나 연구[17] 결과, 예고된 대가가 오히려 동기부여를 감퇴시킨다고 한다. 대가를 약속받으면 높은 성과물을 내려고 최대한 노력하는 것이 아니라 가장 적은 노력으로 가장 많은 대가를 얻기 위해서 무엇이든 하게 된다는 연구[18] 도 있다. 또한 기업들을 대상으로 한 연구 중에 성과급 실패 사례를 분석한 결과물도 많다. 나는 직원들과 마음 터놓고 소통하는 면담을 많이 해 봤다. '내가 하는 일은 다른 직원들이 하는 일만큼 중요하고, 적어도 다른 직원처럼 일하고 성과를 내고 있으니, 그 사람만큼은 보상받아야 한다.'는 인식을 기본적으로 갖고 있다. 현재까지의 성과평가는 분명한 한계가 있다. 이를 인정하고, 금전적 보상의 차등을 줄이는 방식으로 접근해야 한다. 현재 중앙부처 6급 이하 공무원의 성과 상여금만 해도 등급 간 지급액 격차가 최대 수백만 원에 달한다. 이는 조직 구성원들의 동의를 얻기 어려운 수준의 격차다.

지금까지 성과 지향적인 공직사회를 만들기 위해 성과평가 시스템을 아주 정교하고 체계적으로 설계하다 보니 현실과 괴리되는 측면이 많이 있었다. 정교함이 무너져도 좋으니 눈앞의 현실을 새롭게 구축하자. 미국이나 독일, 일본 등 평가에 굉장히 냉정한 국가들이 정교하고 체계적인 상대평가를 포기하고 절대평가를 도입하고, 평가 결과와 보상의 연계도 느슨하게 하는 이유가 있다.

---

17 에드워드 데시, 미국 로체스터대학교 사회심리학 교수의 연구(『철학은 어떻게 삶의 무기가 되는가』, 야마구치 슈, 다산초당, 2018)에서 참조

18 에드워드 데시, 미국 로체스터대학교 사회심리학 교수의 연구(『철학은 어떻게 삶의 무기가 되는가』, 야마구치 슈, 다산초당, 2018)에서 참조

그렇다고 평가를 대충하자는 말은 결코 아니다. 이 나라들도 평가에 아주 신경을 쓴다. 평가 과정 하나하나에 아주 공을 들인다. 무엇보다도 상대평가라는 패러다임을 전환하여 절대평가를 진행해야 한다. 직원들 간의 우열을 가리려고 하지 않는 것이 핵심이다. 절대평가와 수시평가로 전환하면서 평가자가 평가 역량을 향상시킬 수 있도록 지원하고 교육해야 한다. 그뿐만이 아니다. 평가자와 피평가자가 상시적, 지속적으로 소통하고 피드백을 주고받을 수 있는 성과관리 시스템을 두 버전으로 구축해야 한다. 온라인과 모바일로 말이다.

부서원에 대한 평가는 관리자의 주요 직무로, 조직의 지속가능한 성장을 위해 꼭 필요하다. 모든 업무를 혼자서 다 하는 관리자는 좋은 관리자가 아니다. 조직 구성원들에게 알맞은 업무를 분배하고 업무 수행의 성과를 점검하고 개선 방향을 제시하는 관리자가 되어야 한다. 만약 이제껏 다른 역할에 치중했다면 그러한 관리자로의 변화가 필요하다. 이를 위해 가감 없는 절대평가를 정착시키는 일과 동시에 관리자의 평가가 제대로 이루어졌는지를 확인하고 점검할 수 있는 장치도 마련해야 한다.

그리고 과장이나 실국장 등 부서장급 관리자에 대한 평가는 일반적인 성과평가와 달라야 한다. 다른 체계로 접근해야 한다. 부서장은 한 부서를 총괄하고 대표하는 사람이다. 그 부서가 얼마나 잘 운영될지, 얼마나 성과를 낼지, 부서원들이 얼마나 능력을 발휘할지는 모두 부서장의 역량에 달려 있다. 내가 직원이었을 때를 떠올리면 문제를 잘 해결해 주는 과장이나 국장을 만나는 것은 운이자 복이다. 공직생활을 하며 과장이나 국장 한 명으로 인해 해당 조직이 살아나는 것을 많이 봐왔고, 순식간에 망가지는 모습도 많이 봤다. 그만큼 국장, 과장은 한 명 한 명이 중요하다.

따라서 부서장급에 대한 평가는 아주 냉정하고 엄격하게 실시해야 한다. 그리고 그 결과에 상응하는 책임을 물어야 한다. 이게 바로 '책임행정'이다. 장관과 차관도 엄격하게 평가하고 공과에 대한 책임을 물어야 한다. 그럼 구체적으로 어떻게 평가해야 할까?

과장급 이상은 부서평가와 다면평가를 정기적으로 할 것을 주장한다. 부서 평가는 해당 부서가 맡고 있는 핵심 추진 과제들을 당초 목표한 대로 잘 수행하고 있는지를 평가하면 되는데, 이미 정부 부처에서 국정 과제, 자체 과제 등을 평가하는 시스템을 갖추고 있으므로 이를 어떻게 반영할 것인지만 결정하면 된다.

다면평가는 사실상 직원들에게 평가받는 일이다. 과거에는 개인적인 감정이 개입될 수 있고, 인기투표로 매도되어 외면 받았던 평가다. 하지만 이제 직원들의 의식수준이 높아졌고, 인사혁신처에서 직접 운영해본 결과 상당히 합리적인 결과가 나온다는 것을 경험했다. 가까이서 직접 보면서 함께 일해 본 부하직원이나 동료가 그 사람의 업무 역량과 여러 면모를 가장 잘 알 수 있다. 또한 한 명이 아니고 여러 명이 직접 보고 평가하는 것이라서 신뢰할 만하다. 그러니 장관도 직원들의 평가를 받아야 한다. 경험상 직원들은 자신의 상사나 기관장을 허투루 평가하지 않는다. 직원들의 평가는 현실을 정확히 반영한다. 평가를 받고 고칠 건 고쳐 나가고, 발전시킬 건 발전시켜야 한다.

4

MZ 세대를 위한 정년 혁신

직업 앞에 '직업'이라는 단어가 또 붙은 직업은
공무원밖에 없다.
민간 기업도 정년을 규정하기는 하지만
정년까지 신분을 보장해 주는 정도가
공무원보다 훨씬 약하다. 이러한 이유로
공직자들에게 더 높은 도덕심이나
사회적 책임감을 요구하는 것이다.

1장

공무원연금 개혁

1

공무원연금의 현실

공무원연금 제도는 공무원의 직무 전념을 유도하고 본인과 유족의 생활 안정을 보장하는 제도다. 공무원의 고용주인 국가가 운영하는 사회보장제도로 민간과 비교하여 부족한 퇴직금을 보완해 준다. 재직 중 민간과의 보수 격차를 줄이고 보호해 주는 인사 정책적인 요소도 포함되어 있다.

공무원연금제도는 1960년에 처음 도입되었다. 그 당시 우리나라의 평균 기대수명[19]은 52세였다. 공무원 보수는 박봉이었지만, 부정부패

---

19 70년에 61.9세, 90년에 71.7세, 2010년에 80.2세, 2023년 82.7세이다. *보험개발원 기준(2023.11월)은 남 86.3세, 여 90.7세

저지르지 않고 평생 국가와 국민에게 봉사하는 마음가짐으로 직무에 전념하면 퇴직 후 연금이라는 선물이 기다리고 있었다. 실제로 공무원 연금 제도는 국가에서 공무원들의 노후 생활을 보장하겠다는 취지로 도입한 것이다. 그 후 1990년대까지 우리나라는 고도성장을 구가했다. 공무원연금은 퇴직 후 노후 연금 생활의 용도보다는 일시금으로 받는 퇴직금 성격이 더 강했다. 90년 당시 연금 수급자는 2만 5천여 명으로, 연금 수급자의 부양율(수급자 수/재직자 수)이 3%에 불과했다. 연금으로 매월 지급받는 것보다 일시금으로 한꺼번에 받아 투자하는 것이 훨씬 유리했기 때문이다.

 IMF 금융위기 이후 상황은 급변했다. 연금 수급자 수는 2000년 14.9만 명, 2010년 30.8만 명, 2022년 62.6만 명까지 급증했다. 부양율도 2000년 16.5%, 2010년 29.3%, 2022년 48.9% 수준으로 가파르게 올라 갔다.[20] 풀어서 말하자면, 90년까지만 해도 100명의 공무원이 3명의 퇴직공무원을 먹여 살렸지만 2022년에는 100명의 공무원이 49명의 퇴직공무원을 먹여 살리고 있는 셈이다.

 공무원연금의 수입과 지출은 어떻게 이루어지는가? 공무원연금의 수입과 지출 구조는 적립 방식과 부과 방식, 이렇게 둘로 나누어진다. 적립 방식은 연금이 들어오는 별도의 주머니를 만들어 놓고 현직 공무원이 낸 연금 부담금을 적립하여 운영하다가 현직 공무원이 퇴직하면 이 주머니에서 돈을 빼내 연금을 지급하는 방식이다. 부과 방식은 당해

---

[20] 국민연금의 경우, 연금 선택률이 90년 49.9%에서 2020년 93.7%로 상승했지만, 아직 부양률은 27.2% 수준이다.

연도 현직 공무원들에게서 거둬들인 돈에서 퇴직 공무원들에게 연금을 지급하는 방식이다. 만약 현직 공무원들이 낸 돈이 부족할 경우 그 차액을 정부 예산에서 보전금이라는 명목으로 지원해 준다. 우리나라는 제도 초기인 1960년대에는 부분 적립 방식이었으나, 2000년대 이후 부과 방식으로 변경[21]했다. 현직 공무원들이 내는 돈을 기여금이라고 하고, 정부에서 부족한 연금 수입을 보전해 주는 돈을 보전금이라고 한다. 2022년 연금 수입은 13.7조였고 연금 지출은 18.2조였다. 여기서 부족한 4.4조원이 정부 보전금으로 채워졌다. 참고로 2025년 정부 보전금은 8.7조 원에 달할 것으로 예상된다.[22] 국민연금은 적립식으로 운영되고 있어 아직 보전금 이슈 등 쟁점이 드러나지 않지만, 기금이 고갈되는 시점이 되면 그 규모가 공무원연금과는 비교가 되지 않을 정도로 커질 거라는 우려가 나온다. 그래서 현재 지속가능한 연금으로 개혁해야 한다는 이슈가 계속 제기되는 것이다.

2
진퇴양난 공무원연금

공무원연금은 그간 네 차례의 모수개혁(1995년, 2000년, 2009년, 2015

---

[21] 2001년에 첫 정부 보전금이 발생했다.
[22] 외국 사례를 보면 정부에서 기여금을 많이 지불하지 않고, 연금 자체를 정부 예산에서 지급하는 경우도 많다.

년 개혁)을 통해 형평성과 재정 건전성 측면에서 진전을 이뤘다. 그럼에도 불구하고, 국민연금과의 연금액 격차로 인해 형평성 논란이 지속되고 있다.

국민연금을 살펴볼 때는 우리나라의 사회경제적 환경을 고려해야 한다. 현재 우리나라는 기대수명과 연금 수급자 수의 증가에 따라 정부 보전금의 지출이 증가한 상황이다. 이로 인한 재정 위기가 확대되어 국민연금 추가 개혁의 압박이 존재한다.

연금 개혁에 따른 모수구조 변화(더 내고, 덜 받고, 늦게 받는 개혁)

1	기여율(%)	5.5(2000년) → 7.0(2009년) → 9.0(2025년)
2	지급률(%)	2.1(2000년) → 1.9(2009년) → 1.7(2015년)
3	지급 연령	임용 시기에 따라 60세 또는 65세(09년) → 전체 65세(15년)

가장 최근에 실시한 2015년 공무원연금 개혁은 공무원 입장에서는 뼈를 깎는 고강도의 개혁이었다. 과거 국민연금보다 1.2배 더 내고, 1.5배 더 받던 구조에서 2배 더 내고 1.7배를 받는 구조로 변경했다. 이를 통해 형평성을 제고하여 2015년 개혁 당시 향후 70년간 497조 원의 보전금을 절감할 것으로 전망했다. 신규 임용자만을 분리하여 계산했을 때 지속가능한 제도를 달성한 것이다.

하지만 현 제도의 주요 지출 요인은 신규 임용자가 아니다. 구제도의 적용을 받는 장기 재직자와 연금 수급자다. 또한 1차 베이비붐 세대가 은퇴하고 2차 베이비붐 세대도 대거 퇴직하는 향후 10년간 보전금은 급속히 증가할 것으로 예측된다. 지금까지의 공무원연금 개혁은 기존 수급자의 연금액은 변동시키지 않는다는 전제 하에 진행했다. 따라서 구제도에서 비롯된 과도한 연금 혜택이 지속적으로 유지되는 실정이다. 현재 최고 연금액 수령자가 한 달에 7백만 원 넘게 수령하고 있다. 월 400만 원 이상 수급자만 해도 약 6천 명에 달한다. 쉽사리 납득하기 힘든 수치다.

마일스와 피어슨(2001)에 따르면 연금 개혁 과정은 집권 세력의 입장에서는 '표를 얻는 과정(Credit Claiming)'이라기보다는 '비난을 피하는 과정(Blame Avoidance)'이다. 즉 연금 정책은 수혜를 받는 집단과 비용을 부담하는 집단이 모두 많은 배분 정책의 성격을 가지고 있어 정책 당국이 개혁에 소극적인 입장을 취할 수밖에 없다. 이 경우 정책의 추진 여부를 담보할 수 없고 개혁이 차일피일 연기되는 현상이 발생한다. 국민연금 개혁 이슈가 2018년 국회에 제기된 이후 답보 상태로 미뤄지고 있는 것 또한 원인은 마찬가지다.

공무원연금은 그간 수차례 개혁이 이루어지기는 했으나, 앞으로 정부 보전금의 액수가 계속 늘어날 수밖에 없는 구조이므로 또 다른 개혁을 피할 수 없는 숙명에 처해 있다. 2023년에 정부가 지출한 정부 보전금의 규모는 5조 8천억 원에 달했다. 2015년 공무원연금 개혁 당시, 재정 위기의 원인으로 꼽혔던 보전금이 3조 원이었던 점을 생각하면 또 한 번의 개혁을 목전에 두고 있는 것이다.

2015년 연금 재정을 미루어 계산한 바에 따르면 개혁 이후에도 매년 보전금 지출이 0.5 조원, 1조 원씩 지속적으로 늘어 2030년, 예상 보전금 지출이 8조 원 내지 10조 원에 이른다. 현재 평균수명의 증가 속도가 과거의 예측보다 빠르다는 점을 고려할 때 지출 액수가 그보다 더 늘어날 가능성도 있다. 전 국민에게 25만 원의 민생지원금을 지급했을 때 전체 재원의 규모가 13조 원대였고 이 사실이 큰 논란으로 번졌던 적이 있다. 이를 고려하면 전 국민의 약 2~3%에 불과한 퇴직 공무원들에게 매년 그 수준의 재원을 추가 부담해야 하는 상황이 얼마나 많은 논란을 초래할지 예측 가능하다.

이제 사실상 연금 문제는 관리할 수 있는 범위를 넘어섰다. 그간 인사혁신처는 공무원연금을 추가로 개혁해야 한다는 주장, 관련된 문제 제기에 대해 어떤 입장을 취해왔을까? 2015년 개혁의 장기적인 효과를 지켜보자는 유보적인 입장을 유지해왔다. 하지만 재정 위기가 명백히 보이는 상황에서 지속적으로 방어만 한다면 국민들은 인사혁신처의 역할에 의문을 제기할 것이다. 그렇다면 다가오는 2030년을 위해 우리는 연금 개혁 문제에 어떻게 접근해야 할까.

3
반쪽짜리 개혁

그간 네 차례의 공무원연금 개혁 모두 재직자의 희생을 강요했다고 말해도 과언이 아니다. 단순한 수량 논리로 접근해 '더 내고, 덜 받고, 늦게 받는' 방향으로 모수 구조를 조정했던 것이다. 모두 개혁 당시 현 재직자가 기여금을 더 내면서 나중에 연금은 더 적게 받고, 그것도 늦은 나이에 받기 시작했다. 연금 수급자는 현 재직자가 더 내고 덜 받고 늦게 받으면서 모인 피 같은 돈을 그대로 가져가는 구조다. 기존 연금 수급자는 현 재직자보다 훨씬 더 적은 기여금을 내고 더 오랫동안 훨씬 더 많은 연금을 받는 것이다. 그런데 현 시점에서 연금 수급자의 수는 60만 명 이상으로 급증했다. 그 증가 속도는 점점 빨라지고 있어 현직 공무원 두 명이 퇴직 공무원 한 명을 먹여 살리고 있는 구조가 되어 버렸다.

따라서 공무원연금 개혁은 재직자와 수급자 간의 형평성을 파괴함으로써 심각한 세대갈등을 낳았다. 젊은 공무원들은 본인들이 낸 기여금으로 수십 년 동안 퇴직 공무원들(심지어 수급 조건도 훨씬 유리했던)을 먹여 살려야 한다는 실정을 누구보다 잘 알고 있다. 그들은 공무원연금을 차라리 국민연금과 통합하자는 자조적인 성토를 한다. 공무원연금이 앞으로 공무원의 자긍심을 고취시키고 성실한 근무를 유도하는 본래의 목적으로 지속 가능하려면, 결자해지結者解之의 관점에서 개혁의 무게중심을 수급자 대상으로 과감히 전환해야 한다.

지금까지의 개혁이 세대갈등을 증폭시킨 이유는 간단하다. 모두 현 재직자와 신규 임용자를 대상으로만 개혁을 실시했기 때문이다. 기존 수급자의 수급권에 가한 조치는 5년간 연금 동결, 소득 심사에 따른 연금 일시정지 정도밖에 없다. 그조차도 현재 수급액의 액면가를 줄이거나 영구적으로 정지하는 것도 아니기에 결국 수급자에 대한 근본적인 개혁 조치는 전혀 이루어지지 않았다.

그간 연금 개혁이 재직자만을 집중 타격했던 이유는 연금 수급권이 재산권에 준하기 때문에 신뢰 보호의 대상이 된다는 논리 때문이었다. 하지만 재정 위기는 명백하게 구제도가 초래한 것이므로, 이를 해결하지 않는 이상 마른 수건을 쥐어짜듯 신규 가입자의 모수 구조만 악화시킬 뿐이다. 이미 2016년 이후에 공직에 입직한 사람 대다수가 공무원연금에 기대치가 없다. 이래서야 공무원연금이 재직자의 직무 전념을 유도할 수 있을까. 신뢰 보호라는 허울 좋은 명목으로 기득권에 손을 대지 못한 반쪽짜리 개혁의 한계다.

4
정년 문제는 외면한 근시안적인 개혁

2015년 공무원연금 개혁이 남긴 숙제들 중 현 시점에서 가장 해결이 시급한 것은 공무원 소득 공백의 문제다. 당초 공무원연금이 출범한 1960년만 해도, 일정 기간을 근무하고 퇴직한 공무원에게는 퇴직 형태에 상관없이 즉시 퇴직연금을 지급했다. 그러나 지나친 보장이 문제되면서 2009년, 개혁을 통해 법정 정년과 연금을 지급하는 시점을 일치시켰다. 정년에 연금 지급 시점을 맞춘 이유가 있다. 법적인 한계로 인해 근무하지 못하는 상황에 처할 때 그간 공로에 대한 최소한의 대가로서 일정 수준의 소득을 보장하는 일이 연금 정책의 기본 취지였기 때문이다.

하지만 2015년에 공무원연금 개혁을 속도감 있게 추진하는 과정에서 이러한 취지가 깨지고 말았다. 연금을 지급받는 나이를 65세로 늦춘 것이다. 대표적으로 지출을 감소하는 조치로써 개혁의 일환이었다. 당시에는 분명히 조건이 있었다. 국회 내 사회적 대타협 기구에서는 연금개혁의 후속 조치로써 공무원 정년 문제를 다루기로 합의했다고 한다.

그러나 논의는 사장되었다. 국회 입장에서는 공무원의 정년은 민간 기업에 미칠 영향이 크고, 청년 고용을 위축시킬 우려가 있기 때문에 나서서 문제를 제기할 이유가 없었던 것이다. 연금 제도를 향한 공무원들의 신뢰는 추락했다.

물론 공무원연금 입장에서는 다소 억울할 수 있다. 연금이란 근무를 전제로 성립하는 개념이다. 따라서 논리적으로는 공무원 정년 연장을 우선적으로 추진하고, 연장된 정년에 맞춰 연금의 지급 시점을 65세로 늦추는 일이 이치에 맞다. 사회적으로 타협이 어려운 공무원 정년 문제를 회피하고 근시안적으로 재정 개혁만을 앞세운 결과다. 이로 인해 실제로 정년퇴직을 하고도 퇴직연금을 받지 못하는 공무원들이 생겨났다. 심지어 그 수는 수천 명에 이르고, 이러한 사람들이 급속도로 늘어나고 있다. '목돈 연금'은 그동안 철밥통과 함께 공무원의 상징처럼 여겨지며 국민들의 미움을 사왔다. 따가운 눈총을 받았지만 몇 안 되는, 확실한 장점이었다. 그러한 목돈 연금이 설 자리가 점점 없어지고 있다.

이러한 소득 공백 현상은 국민연금에서도 똑같이 발생하는 문제다. 민간 기업의 정년 연장 또는 계속고용 문제도 이와 맞물려 있다. 현재 한국의 법정 정년인 60세가 되면 당연히 퇴직해야 한다는 사회적인 압박을 거의 모든 국민이 받고 있는데, 막상 퇴직한 후 새로운 일자리를 구하기가 너무나도 어렵다. 은퇴한 사람들은 소득이 없는 상태로 무료한 하루하루를 보내야 하는 것이다.

그렇다고 해도 정년 연장은 간단히 해결할 수 있는 문제가 아니다. 이보다 훨씬 시급한 청년실업 문제가 오래 전부터 머물러 있다. 기업의

4 · MZ세대를 위한 정년 혁신

임금 상승 문제 또한 눈앞에 있다. 그리고 4차 산업 시대에는 장기근속이 전문성 축적이나 생산성 증대로 연결되지도 않는다. 그뿐만이 아니다. 우리나라 노동 시장에 고급 인력이 부족하지도 않다.

5
공적연금 통합

우리나라의 4대 공적연금은 국민연금, 공무원연금, 군인연금, 사학연금이다. 연금개혁을 이야기할 때 어느 하나만 갖고 이야기해서는 안 된다. 같이 검토해야 한다. 그렇다고 연금과 관련한 제도를 모두 똑같이 가야 한다는 말은 아니다. 각자 목적과 대상, 실행해 온 역사가 다르기 때문이다.

현재 공적연금의 대표적인 개혁 쟁점은 특수직역 연금(공무원연금, 군인연금, 사학교원연금)을 국민연금에 통합하자는 일명 '공적연금 통합론'이다. 기금 규모와 가입자 수가 상대적으로 적은 특수직역연금을 국민연금기금에 합쳐서 하나의 제도로 만들자는 것이다. 4대 공적연금의 기여율, 지급률과 같은 모수 구조를 동일하게 설정하여 민간과 정부의 연금 사이에 제도적인 차이를 없애자는 주장도 있다. 모두 민간 노후소득과 정부 노후소득 간 형평성을 확보해야 한다는 차원에서 제시되는 방안들이다.

기본적으로 모든 국민이 현행 국민연금과 비슷한 수준의 기여금을 부담하고, 연금 지급율도 같은 수준으로 가져가는 모습이 가장 이상적이라고 생각한다. 퇴직연금이나 개인연금은 직역 특성에 따라 다르게 운영하는 구조 또한 바람직하다. 그러면 형평성 시비도 없어질 것이다. 현 재직자 입장에서는 굳이 반대할 이유가 없다.

그러나 기대와는 달리, 직역연금과 국민연금의 통합은 현실적으로 쉽지 않다. 무엇보다 제도를 전환하는 비용이 엄청나게 발생하며 이 비용을 정부가 떠안아야 한다. 2014년 KDI 연구용역 결과, 공무원연금 제도를 국민연금에 통합할 경우 신규 가입자에게 얻는 수입이 단절되어 기존 수급자에게 지출하는 비용을 당장 정부가 부담해야 하는 문제가 발생한다. 연구에서는 이 문제를 지적하며 2015년 당시로부터 2042년까지 총 146 조의 추가 부담이 발생할 것을 예상했다. 물론 장기적으로 봤을 때, 통합 전 공무원연금 제도를 적용받는 수급자가 점차 감소하면서 보전금 절감 효과는 발생한다.

하지만 또 다른 문제가 있다. 현행 국가회계 제도에서는 공무원에게 지급할 예상 연금 지출의 총합인 '연금충당부채'를 계산하고 공표하고 있다. 만약 국민연금에 통합 시 현 연금충당부채 약 900조 원에 대한 국가의 회계 책임을 회피하는 것으로 인식될 우려가 있다. 이는 결국 국가 신용도에 악영향을 끼치는 상황으로 이어진다.

또한 국민연금과 특수직역연금은 제도의 취지가 전혀 다르다. 국민연금은 시민의 노후소득을 안전하게 확보하여 사회적인 위험을 줄인다는 강제 저축, 사회보험의 성격이 강하다. 공무원연금이나 군인연금은 장기간 공직에서 성실히 봉사한 대가로서 연금을 지급한다는 것으로 인사 정책에 가깝다. 제도의 취지에 따라 연금을 지급받을 권리에 대해서도 전혀 다른 접근 방식을 취하고 있다.

대표적인 사례가 있다. 공무원이 성범죄나 횡령 등 비리를 저지른 경우 공무원연금을 감액하여 지급한다. '공적 업무에 성실하게 봉사했다'는 전제가 성립되지 않으면 수급권을 제한하는 것이다. 반면 국민연금에는 이와 같은 제한이 없다. 국민연금의 운영 목적은 사회적 위험의 감소일 뿐, 근로자의 성실한 근무에 따른 보상이 아니기 때문이다.

연금 개혁에 대한 이야기가 나올 때마다 공적연금 통합론이 제기되곤 한다. 하지만 위와 같은 이유로 결국, 기여율이나 지급율, 소득 대체율 등 모수 개혁 쪽으로 개혁의 방향이 이동해왔다. 따라서 먼저 초고령화 사회로 진입 등 우리나라의 현실과 환경 변화를 연금 제도에 반영해야 한다. 그리고 공무원연금의 수입과 지출에 해당하는 재정 구조를 합리적으로 안정시키는 조치를 우선적으로 실행해야 한다. 공적연금 통합은 그 다음 단계에서 할 일이다.

6
네 차례의 결과를 정확히 직시하자!

공무원연금은 수차례의 개혁을 통해 '부담은 높지만 지급받는 돈은 적은' 구조로 이동했다. 반면 오히려 국민연금과 군인연금은 상대적으로 '저부담 고급여'의 구조로 운영되는 상황이다. 국민연금은 제도의 창설 이래 2007년, 단 한 번의 개혁이 있었다. 이 개혁을 통해 수급 구조를 조정했고, 군인연금은 아예 공무원연금의 십 수 년 전 수급 구조를 여전히 유지하고 있다. 두 공적연금이 먼저 개혁되지 않는 이상 공무원연금 추가 개혁의 정당성을 확보하기가 현실적으로 어렵다.

언론에서는 국민연금과 공무원연금의 수급액 격차를 언급하며 국민연금이 공무원연금보다 불리한 제도임을 주장한다. 이것은 언뜻 보아서는 이해하기가 어려운데, 결론적으로 실상은 그렇지 않다는 걸 말하고 싶다. 일반적으로 한 개인은 '내는 돈(법정 기여금) x 재직 기간 x 소득 비례 연 지급률의 누적치(법정 지급률)'라는 공식으로 연금을 지급받는다. 즉, 매달 월급의 몇 퍼센트를 내는지 몇 년을 일했는지, 1년을 일하면 그에 대비해 몇 퍼센트를 향후 연금에 반영할 것인지에 따라 최종 연금액이 결정된다. 현재 공무원연금과 다른 연금의 수급 구조는 아래와 같다.

	법정 기여율	지급률	지급률
공무원연금	월소득의 18%	월소득의 1.7%	0.094(9.4%)
국민연금	월소득의 9%	월소득의 1%	0.111(11.1%)
군인연금	월소득의 14%	월소득의 약 1.9%	0.135(13.5%)

예컨대 똑같은 돈 100원을 내면 공무원연금은 9원, 국민연금은 11원, 군인연금은 13.5원을 돌려준다는 것이다. 그러므로 현 제도에서는 오히려 공무원연금이 국민연금이나 군인연금보다 상대적으로 높은 비용을 부담하는 구조가 맞다. 다만 공무원연금 가입자들의 평균 급여가 국민연금 가입자들의 평균 급여보다 높고, 재직기간은 더 길기 때문에 최종적으로 받는 액수가 국민연금보다 클 뿐이다.

따라서 공무원, 특히 현 제도를 적용받는 신규 공무원의 입장에서는 또 다시 공무원연금만을 개혁하자는 것이 다소 억울하게 느껴질 수 있다. 국민연금과 군인연금이 우선 좀 더 고부담 구조로 이행하여 공무원연금과 균형이 맞춰지거나 공적연금의 동시 개혁을 추진해야 비로소 연금 간 형평성을 달성할 수 있다.

최근 연금 개혁에서는 소득 대체율[23]을 얼마만큼 설정할 것인가가 쟁점이다. 현재 공무원연금은 51%(30년 납입), 국민연금은 40%(40년 납입) 정도다. 공무원이 36년 근무하고 퇴직하면 소득 대체율은 61.2%까지 올라간다. 국민연금은 아직 역사가 짧아 가입 기간을 40년까지 채운 가입자가 거의 없어 실제, 30% 이하로 추정된다. 공무원연금은 국민연금에 비해 기여금을 두 배 더 낸다는 사실을 간과해서는 안 된다. 따라서 소득 대체율을 기준으로 비교해서는 안 되며, 실제로 기여금 납부 대비 연금 수령액의 비율은 국민연금보다 훨씬 낮다. OECD 회원국을 기준으로 외국 정부의 평균 소득 대체율은 63% 정도이다. 미국 71.3%, 프랑스 60.5%, 일본 57.7%, 독일 50.9% 수준으로 꽤 높다. 우리나라에 비해 은퇴 후 넉넉한 노후 생활을 보장하고 있는 것이다.

일단 소득 대체율을 높이려면 더 많이 내는 쪽으로 개혁해야 한다. OECD 국가들의 공무원연금 총 기여율은 우리나라보다 훨씬 높은데, 대부분 정부에서 부담하는 비중이 월등히 높다. 우리나라 민간 기업에서는 고용주가 근로자의 퇴직금을 적립해 주는데, 이처럼 그 돈을 미리 연금 기여금으로 부담한다고 생각하면 된다.

위의 계산식에서도 볼 수 있듯이 이제 공무원연금 제도는 더 이상 고부담 구조로 이행할 수 없는 지경에 이르렀다. 소득 대체율은 아직

---

23   연금 소득 대체율 = 연금 수령액 / 가입 기간 평균 소득 * 100 또는 재직 연수 * 법정 지급율

어떤 행동은 나라를 바꾼다

공무원연금 개혁에서 다룰 쟁점은 아니다. 국민연금을 개혁할 때 이러한 외국 사례 등을 참고로 하여 기여율을 높이면서 소득 대체율도 높여가는 방식으로 바꿀 필요가 있다.

결국 차기 공무원연금의 개혁은 현 제도를 완전히 무너뜨리고 새롭게 설계하는 데 초점을 맞추기보다는 과거의 제도로 인한 지출 요인을 어떻게 통제할 것인지의 문제로 접근해야 한다.

7

정면 돌파

그간의 연금 개혁이 수급자 대상의 개혁으로 이어지지 못한 이유와 소득 공백 문제를 방치한 이유는 사실상 동일하다. 당장의 실적을 내는 데 급급하여 사회적 이슈가 될 만한 쟁점은 회피하고 추진이 용이한 과제 위주로 접근했기 때문이다. 연금 정책의 기본 취지는 점차 무색해지고, 현실 타협에 초점을 맞춘 개혁안들로 인해 연금 제도는 누더기가 되어 가고 있다.

이제는 수급자를 대상으로 한 개혁 카드를 꺼낼 때가 되었다. 그간의 연금 개혁은 수급자의 신뢰를 보호한다는 명목으로 기존 수급권을 성역으로 남겨뒀다. 그간의 연금이 특별한 혜택이었음을 인정하고, 공직 선배로서 기득권을 내려놓을 수 있는 공적 사명감이 필요한 시점이다. 구체적인 방법이 몇 가지 있다.

먼저, 연금 재정 위기의 원인인 기대수명 증가를 감안하여 수급 기

4・MZ세대를 위한 정년 혁신

간이 길어지면 연금을 적게 올려주는 방법이 있다. 더 나아가 연금 피크제도 정교하게 설계해야 한다. 현재는 물가상승률(CPI)만큼 매년 연금액을 인상해 준다. 이를 20년 이상 수급자는 연금액 동결, 10~20년의 수급자는 CPI의 절반, 10년까지는 CPI만큼 올리는 것이다. 왕성하게 활동하는 60~70세보다 90~100세 때 더 많은 연금을 받는 구조는 좀 이상하지 않은가? 그 연금은 누가 가져갈까?

또한 독일의 공무원연금 개혁 사례와 같이 재정안정화 기여금을 수급자를 대상으로 징수할 수도 있다. 사실상 연금액의 감축이지만, 수급권의 외형을 보전하면서 공직 선배들의 자발적인 참여를 유도할 수 있다는 점에서 설득력이 있다.

기존의 후한 제도로 인해 고액 연금을 수급하는 이들을 대상으로 사회적 책임을 강화하는 방안도 있다. 예컨대 재직자의 평균 보수보다도 많은 액수의 연금을 받는 수급자는 그 시점부터 연금액을 동결하는 방법이다. 나아가 처음 연금액을 정하는 시점에서 이미 그러한 조건에 해당하면 초과분은 연금으로 받지 못하게 막고 일시금으로 지급하는 방법도 있다.

또한 수급자가 공공기관이나 공기업 등 공직유관단체나 일정 보수 이상을 받는 민간 기업에 취업했을 때는 연금액 전액을 지급 정지하는 제도도 확대할 필요가 있다. 퇴직 후 그러한 단체나 기업에 취직할 수 있었던 것은 공직에 근무한 경력의 도움이 컸을 것이기 때문이다. 이 제도를 확대, 적용할 경우 퇴직 후 근로 의욕을 꺾어 오히려 연금 재정에 부담을 초래할 수 있다는 비판도 있다. 하지만 경험상 퇴직 후 근로 활동에 그렇게 큰 영향을 미치지 않는다고 말해주고 싶다. 딱 공무원연금을 받을 만큼만 일하고 퇴직한 사람이라면 노블레스 오블리주를 실천하도록 만들어야 한다.

위와 같은 고강도의 개혁 조치를 일방적으로 단행한다면 엄청난 반발에 흐지부지될 가능성이 높다. 연금 피크제, 고액 연금 상한제, 전액 정지를 적용하는 대상 기관의 확대, 재정 안정화 장치 등 새롭게 도입할 방안에 대해서는 반드시 공론화 과정을 거쳐야 한다. 이미 형성된 기존 수급자의 연금 수급권에 큰 영향을 미치고 법적으로도 논란이 될 수 있기 때문이다.

또한 이러한 수급자 문제는 공무원연금에만 적용되는 사항이 아니다. 따라서 국민연금, 사학연금, 군인연금 등을 포함한 4대 공적연금을 한 테이블 위에 올려놓고 논의하는 일도 생각해 볼만하다. 앞으로 고령화 사회는 가속화될 것이고, 평균수명도 계속 늘어날 확률이 높다. 그러면 현재 존재하는 4대 연금은 우리 아들딸과 손자, 손녀에게 엄청난 짐으로 자리할 것이다. 절대 지속 가능하지 않고 세대를 분열시킬 것이 자명하다.

또한 공무원연금의 다음 개혁에서는 반드시 정년 문제와 소득 공백 문제의 해결도 함께 논의되어야 한다. 이미 2015년 연금 개혁에서 신뢰가 한 번 깨진 상황이기 때문에 이번에는 정년 문제를 먼저 해결하고 넘어가지 않는다면 개혁의 추진 자체가 불가능할 것이다. 정년 문제는 보수 체계의 개편 없이 논의할 수 없는 주제다. 연금, 정년, 소득 공백, 보수 문제는 서로 밀접하게 연계되어 있다. 따라서 함께 검토하고 논의하는 것이 바람직하다. 은폐하고 회피하는 반쪽짜리 개혁이라는 그간의 오명을 벗고 정면 돌파하는 모습을 그려나가야 한다.

8
세대 갈등의 고리 끊기

공무원연금은 오랜 기간 공적 업무에 봉사한 공무원 개개인에게 감사를 표한다는 취지에서 시작되었다. 하지만 몇 차례의 개혁을 거치며 수급 구조의 세대 간 격차가 심화되었다. 구제도의 엄청난 혜택을 유지하고 수혜자들을 부양하기 위해 신규 공무원들에게 언제까지 감내하라고 강요할 수만은 없다.

연금 제도는 확정 급여 방식DB: Defined Benefit과 확정 기여 방식DC: Defined Contribution이 있다. 전자는 일정한 비율을 납부하고 일정한 비율로 받는 것이다. 후자는 개인이 납부한 비용에 이자만 쳐서 돌려주는 것이다. 우리 공무원연금은 DB 방식이다. DB 방식의 이점은 계산이 쉽다는 점이다. 퇴직 시점에서 소득 정보만 있으면 일정 비율로 곱해 연금을 지급할 수 있기 때문이다. 반면 후자는 개인별 계좌 정보를 근무 기간에 관리해야 하므로 운영하는 입장에서는 더 번거롭다.

DB 방식의 연금 제도는 안정된 사회에서 쓰기 적합한 모델이다. 또한 DB 방식의 문제점은 낸 시점과 받을 시점에 사회경제적인 환경이 급변하면 유불리가 크게 바뀐다는 점이다. 현재 한국은 수급자 입장에서는 돈을 낸 시점보다 받을 시점에 기대수명이 급격히 늘어나면서 크게 유리해졌고, 반대로 당국은 크게 불리해진 상황이다. 수명, 출산율 등 어떤 인구 지표도 예측보다 빠르게 변하는 현대사회에서는 제도의 지속가능성을 담보하기가 어려워 어울리지 않는다.

DC 방식의 문제점은 가입자가 많아질수록 개인별 계좌 관리에 엄

어떤 행동은 나라를 바꾼다

청난 자원을 투입해야 한다는 점이다. 하지만 이제는 정보통신기술을 활용하여 전자 장부로만 관리한다면 충분히 실현 가능하다. 공무원연금도 장기적으로는 DC 방식으로 전환해야 한다. 개인별로 기여한 만큼만 받도록 해야 한다. 그래야 기여 시점과 지급 시점의 불일치로 인한 체계적인 오차를 해결할 수 있다. DB 방식 공무원연금이 불러오는 세대 간 갈등과 다른 연금들과의 격차로 인한 소모적인 논쟁을 극복하고, 공무원연금이 공무원들에게 지속적인 동기부여의 수단으로 작동하기 위해서는 연금 패러다임의 전환이 절실하다.

2장

공무원 정년 연장

1
공무원 정년의 현실

우리나라는 직업공무원 제도를 채택하고 있다. 직업공무원제는 직업으로서의 공무원 신분을 정년까지 보장해 주는 대신, 몇 가지를 지켜달라는 것이 핵심 취지다. 정치적으로 중립을 지키면서 비리 저지르지 말고 공직생활 내내 국가와 국민을 위해 봉사와 헌신을 해달라는 것이 바로 그 몇 가지의 내용이다. 직업 앞에 '직업'이라는 단어가 또 붙은 직업은 공무원밖에 없다. 민간 기업도 정년을 규정하기는 하지만 정년까지 신분을 보장해 주는 정도가 공무원보다 훨씬 약하다. 이러한 이유로 공직자들에게 더 높은 도덕심이나 사회적 책임감을 요구하는 것이다. 그럼에도 불구하고 공직사회가 그 기대에 미치지 못하고 있기 때문에 공무원들을 철밥통이라고 부르는 것이라고 생각한다.

우리나라 공무원의 정년은 직종마다 다르나, 일반직은 60세로 통일되어 있다. 교사는 62세, 교수 65세, 검사 63세, 판사는 65세다. 군인, 경찰, 소방, 경호 직종은 계급 정년을 두고 있다. 공무원들이 정년까지 일하고 퇴직하는 비율은 2023년 기준으로 약 36%인데, 2013년 23.6% 이후 전반적으로 증가하고 있다. 36%라는 정년퇴직 비율이 낮아 보일 수있지만 대부분 정년 1~2년 남기고 명예퇴직 등을 선택하는 점을 고려하면 상당히 높은 수준이다. 교사나 교수는 대부분 정년 근처까지 근무하고 있다. 중하위직 공무원이나 경찰, 소방공무원들도 정년을 거의채우는 비중이 높다. 2023년, 퇴직자 평균 연령은 52세다. 이러한 수치로만 봐도 민간 기업에 비해 상당히 유리한 근무 조건이라는 것을 알수 있다.

2
정년 연장이 쟁점이 되지 않는 이유

최근 급속한 고령화로 인구구조가 변하면서 고령 인력을 활용해야한다는 이슈가 가끔 고개를 빼꼼히 내밀고는 있으나, 사회적 이슈나 쟁점화로 이어지지는 않고 있다. 우리나라에서 어떤 사회문제가 쟁점화되어 정책 의제가 되기 위해서는 특정한 조건이 필요한 경향이 있다. 관련한 대형사건이 발생하여 언론에 대서특필되거나 대중이 정말 필요하다는 인식을 같이하며 이구동성으로 외치거나 정치 지도자가 강력하게 추진 의지를 밝혀야 한다. 정년 연장 문제는 적어도 우리 사회에서 아직 그럴만한 이슈로까지는 성숙하지 않은 것으로 보인다.

첫 번째 이유로 정년 연장은 고령층과 청년층의 이해관계가 극심하게 갈리는 주제 중 하나이기 때문이다. KDI 정책포럼(2020년 5월 14일)은 정년 연장이 고령층의 일자리가 증가하면서 청년층의 일자리가 줄어든다는 문제 때문에 첨예한 갈등을 불러일으킬 소지가 크다는 점에 주목했다. 10인~999인 민간 사업체에서 정년 연장 수혜자 1명이 증가할 때 55~60세 고령층의 고용은 0.6명 증가하고 15~29세 청년층 고용은 0.2명 감소하는데, 정년 연장의 폭이 컸던 사업장에서 청년 고용의 감소가 상대적으로 크게 나타나고 있다. 청년실업률만 해도 2011년에 7.6%였던 것이 2020년에 9%까지 올랐으며 여전히 하락의 기미가 보이지 않고 있다.

채용 정원을 늘리지 않는 이상 누군가의 정년이 연장된 기간에는 정년퇴직자가 발생하지 않으므로 해당 기간에 신규 채용의 감소가 불가피하다. 신규 채용 감소에 따라 전체 고용 시장에서 취업률이 하락할 수 있으며 특히 청년실업률은 그 영향을 더 크게 받을 수밖에 없다.[24] 이 말은 아직은 우리나라 고용 시장에 노동력이 생각보다 부족하지 않다는 의미이기도 하다. 60대 이후 일하고자 하는 인력도 풍부하지만, 직장을 구하지 못한 젊은 청년들도 많이 있다는 것을 뜻한다. 또한 정년 연장으로 혜택을 보는 사람들은 대부분 대기업이나 공공 부문에 종

---

[24] 일본은 2013년 고령자 고용확보조치를 의무화한 후 2021년에 정년 연장을 결정했다. 일본의 청년실업률(15~24세)은 2013년 6.9%였던 것이 2020년 4.6%까지 줄었다.

4 · MZ세대를 위한 정년 혁신

사하는 기성세대이며, 이들이 근무하는 대기업이나 정부, 공공기관은 소위 질 좋은 일자리이자 청년들이 들어가고 싶어 하는 곳이라는 점이다.

두 번째 이유는 정년 연장이 조직 내부에서 세대 갈등을 유발할 가능성이 매우 큰 주제라는 점이다. 조직 안에서 조직의 고령화와 승진 적체 등으로 인한 젊은 세대의 불만이 커질 수 있다. 1~2차 베이비붐 세대들은 고도성장사회의 도움으로 조직에서 이미 성공한 자리를 차지했다. 정년이 연장되면 젊은 직원들의 승진은 그만큼 늦어지고 승진의 희망을 유예하게 되어 일을 열심히 할 의욕을 꺾게 될 가능성도 무시 못한다. 인사혁신처 차장 시절, 정년을 1년 남겨둔 사람들이 공로연수라는 제도를 활용하니 국회에서 왜 일도 안하는 사람들에게 보수를 주느냐고 비판을 가했다. 나는 비판에 밀려 그 기간을 6개월 이하로 줄이려고 시도했는데, 당시 하위직 공무원들의 승진 적체 불만이 쟁점이 되어 권고만 하는 수준으로 결론을 냈다.

세 번째는 가장 중요한 이유인데, 바로 재정 부담이다. 민간의 중견 기업 사장들을 만나 정년 연장에 대한 의견을 묻자마자 손사래를 쳤던 기억이 생생하다. 그들 중 누군가는 현행 보수 시스템을 그대로 유지한 채 정년 연장을 하라고 하면 기업에게는 재앙이 된다고 했다. 또 다른 누군가는 보수, 보상 체계의 사전 개편 없이, 그리고 구조조정 가능성의 범위를 열어두지 않고 정년 연장을 논하는 것은 절대 반대라고 답변하기도 했다. 설사 정년이 연장된 기간의 보수를 일부 감액하더라도 신입 직원의 보수보다는 높을 것이다. 또한 보수뿐만 아니라 퇴직연금 등 4대 보험에 미치는 영향까지 포함하면 그 부담은 훨씬 커지게 될 것이 자명하다.

또 다른 이유는 국민연금이나 공무원연금 모두 연금 수급 시기를 65세로 이미 정해놓았다는 데 있다. 그래서 재정 당국이나 정책 당국에서는 정년 연장 조치에 서두를 이유가 없다. 얼마 전 프랑스에서는 국민들의 엄청난 반대에도 불구하고 정년을 62세에서 64세로 연장했다. 그 이유는 연금 수급 시기를 늦춰서 연금 재정의 적자를 줄이고자 하는 것이었다.

3
그러나 정년 연장 논의는 꼭 필요하다

정년 연장 문제가 아직은 크게 이슈화되지 못하고 있지만, 현재 우리나라의 인구구조 상황이 급격히 악화하고 있는 실정이라 이에 대한 대비가 절실하다.

15~64세인 생산가능인구가 2019년에 이미 감소로 전환했는데, 감소하는 속도가 훨씬 더 빨라지고 있다. 통계 발표에 따르면, 생산가능인구는 2020년 3,738만 명에서 2030년이 되면 3,417만 명으로 321만 명 감소할 것으로 예상된다. 반면에 65세 이상 고령 인구는 2020년 약 815만 명에서 2030년 1,298만 명으로 483만 명 증가할 것으로 보인다. 25~29세 청년 인구도 2022년 이후 계속 감소 추세에 있다. 청년 인구는 2021년 368만 명으로 정점을 찍은 후 2030년에는 277만 명으로 감소할 것으로 전망된다. 이와 같은 수치는 우리나라는 세계에서 가장 빠른 속

도로 고령화가 진행되는 나라라는 사실을 증명한다. 따라서 퇴직으로 인한 편익 대상자를 비용 감수자로 빨리 전환할 필요가 있다.

이와 함께 정년 이후의 소득 공백을 잊지 말아야 한다. 우리나라는 평균적으로, 60세 정년 이후 65세까지 5년 동안 소득 공백이 발생하고 있다. 2015년 공무원연금 개혁으로 인해 연금 개시 연령이 65세까지 단계적으로 상향되었는데, 정년 이후 5년간 소득 없이 살아야 하는 상황이다. 충분히 일할 수 있는 나이에, 그리고 아직 일해서 자신과 가족을 부양해야 할 위치에서 정년에 도달했다는 이유로 일자리를 잃게 되면 그 상실감은 곧 사회의 부담으로 전환된다. 국민연금도 마찬가지 상황이다.

이제 정년 연장이든, 퇴직 후 재고용이든 어떤 형태로든지 고령 인력의 활용 방안을 적극적으로 논의할 때다. 우리나라와 공직(기업)문화가 유사한 일본의 정년 연장 사례를 살펴보자.[25]

일본은 2011년부터 사회적 논의를 시작하여 2018년 8월, 정년 연장 안을 국회에 제출했다. 그런데 처음 논의를 시작한 지 10년이 지난 2021년에야 공무원 정년을 65세로 연장하는 법을 통과시켰다. 그리고 2023년부터 2031년까지 단계적으로 정년을 연장하기로 결정했다. 일본의 사례를 통해 정년 연장은 그만큼 고려해야 할 변수가 많고, 논의 절차가 복잡하고 시간이 오래 걸리는 이슈라는 사실을 알 수 있다. 또한 정년 연장을 논의하는 과정에서 일괄적 정년 연장, 단계적 정년 연장, 선택적

---

25 미국이나 영국은 정년이 없고, 독일은 연금 수급개시 연령 상향과 연계하여 2029년까지 현재 정년 65세에서 67세로 연장하고 있다.

어떤 행동은 나라를 바꾼다

정년 연장, 퇴직 후 재임용, 임금 피크제 등 다양한 논의가 이루어졌다. 충분한 사전 준비와 검토가 함께 이루어졌음은 물론이다.

민간 부문에서는 청년 실업에 충격을 주지 않고 정년 후 소득 공백 문제를 해결하는 일에 노력을 기울였다. 이를 위해 일본은 2000년부터 '65세까지 고용확보조치'[26]라는 이름의 노력 의무 제도를 시행했다. 또한 2006년부터 단계적으로 정년을 연장하여 2013년에 65세로 높였다.[27] 정년 연장, 계속고용, 정년 폐지 이 세 가지 중에서 기업이 상황에 맞게 선택하도록 하고, 고령자 고용확보조치 중 계속고용 희망자 전원에 대한 계속고용 전면 의무화를 시행하고 있다. 2021년부터는 직원의 취업 기회를 70세까지 보장하도록 '70세까지 취업 확보조치'[28] 노력 의무도 법에 규정했다.

일본의 정년 연장에 대해 우리가 눈여겨봐야 할 부분은 아주 충분한 시간을 두고 단계적으로 추진하고 있다는 점이다. 그리고 공무원 정년 연장과 관련하여 관리감독직의 근무 상한 연령을 60세로 규정하는 직책정년제를 도입했는데, 이후 관리감독직 이외의 직위에 강임 또는 전임 제도를 마련하고, 60세를 초과한 공무원의 보수액을 70% 수준으

---

26 일본은 1994년 고령자 고용안정법을 개정하여 98년부터 60세 이상 정년 의무화를 시행했고, 60세 미만 정년을 법적으로 금지했다. 그리고 2000년 이 법 개정을 통해 '65세까지 고용확보조치' 노력 의무를 도입했는데, 그 내용은 1)65세로 정년을 연장하거나, 2)65세까지 계속 고용 제도를 도입하거나, 3)정년을 폐지하는 세 가지 조치 중 하나를 선택하는 것이다. 2013년에 65세까지 계속고용의무화를 시행했는데 공무원도 여기에 포함되어 있다.

27 2013년에 65세 고령자 고용확보조치 도입이 의무화된 것이지 정확한 의미에서의 정년 연장이라고는 볼 수 없다.

28 '70세까지 취업확보조치'의 주 내용은 1)70세로 정년을 연장하거나 2)70세까지 계속 고용제도를 도입하거나 3)정년을 폐지하거나 4)70세까지 업무 위탁 계약을 하거나 5)70세까지 사회공헌사업에 종사할 수 있는 제도를 도입하는 등 고용 이외의 조치 중 하나를 선택하도록 노력 의무를 부여하고 있다.

로 한 점도 눈여겨 볼만하다.

그리고 또 하나의 중요한 시사점은 민간 부문에서 먼저 고령자 고용확보조치가 정착되는 등 정년 연장 조치가 이루어진 상태에서 공무원의 정년 연장을 논의했다는 것이다. 이를 통해 민간은 2013년에, 공무원은 2023년에 10년 터울로 정년 연장을 이루었다.

그래서 나는 지금까지 계속 정년 연장 논의는 민간 부문에서부터 이루어져야 하고, 공무원의 정년 연장은 민간의 논의 과정을 지켜보면서 사회적 합의를 이끌어내야 하는 주제라고 주장해 왔다. 공무원 사회에서 먼저 정년 연장 이야기를 꺼내면 철밥통만 더 강하게 굳히려 한다는 비판을 면하기가 어렵기 때문이다. 그뿐만 아니라 자칫 잘못하면 논의가 엉뚱한 방향으로 흘러갈 수도 있다.

우리나라도 이제부터 고령자 고용 확보 또는 정년 연장을 위한 사회적 합의 기구를 만들어 논의를 시작하자. 정년-보수-연금은 한 묶음이다. 특히 계급제에서 직무중심의 직위분류제로 개편할 경우 정년 문제도 함께 손을 봐야 한다. 정년 연장과 더불어 지속가능한 보수 체계로의 개편과 연금 재정을 안정화하는 방안은 반드시 논의되고 검토되어야 한다.

4
검토할 수 있는 대안들!

첫째로 독일, 프랑스, 일본이 해왔던 방식으로 공무원 정년을 연장

어떤 행동은 나라를 바꾼다

하는 방법이다. 법에서 보장하는 정년을 더 연장하는 방안으로, 원칙적으로 연장된 기간의 신분, 직무와 그에 따른 인사관리의 연속성은 유지된다. 우리나라도 일본의 사례와 같이 관리감독직에 직책정년제를 도입하고, 보수를 변형해 적용하는 일은 충분히 가능하다. 물론 이 경우 수년에 걸쳐 단계적으로 정년 연장의 조치를 취해야 한다.

둘째, 퇴직 후 재임용을 하는 방법이다. 이 또한 일본의 사례를 참고하면 좋다. 정년 연령은 현행 나이를 유지하되, 정년을 맞은 사람이나 정년을 일정 기간 앞두고 퇴직한 사람을 대상으로 시행하기를 권한다. 이 대상자들을 신분과 직무를 전환하여 재임용하는 방식으로, 재임용자는 신분 전환에 따라 새로운 인사 제도를 적용받을 수 있도록 만든다. 여기서 새로운 인사 제도란 쉽게 말해 시간선택제 공무원, 전문직 공무원 등이다. 또한 대상자의 일부만 선별하여 재임용하는 일도 가능하다. 특정한 직무 분야나 직종에 대해서 일정한 심사를 거쳐 재고용 여부를 결정하는 방식도 가능하다. 이 방법을 실행하면 정년 연장에 있어 특별히 공무원을 우대한다는 민간의 비판은 덜 할 것으로 보인다.

세 번째는 미국이나 영국처럼 아예 정년을 폐지하는 방법이다. 기존의 신분을 유지하며 정년 없이 계속 근무하는 방안으로 언뜻 생각하기에는 가장 이상적이고 희망적인 방안으로 느껴진다. 하지만 현실적으로 이 방안은 법정 정년이 사라져 오히려 조기퇴직으로 이어질 위험이 있다. 또한 퇴직 관리가 어려워 인사관리의 불확실성이 증가할 것이다. 우리나라는 미국 영국과 달리 노동시장의 유연성이 낮고 인력 운영상의 부담으로 인해 정년 폐지는 지금으로써는 실현 가능성이 거의 없다고 할 수 있다.

이상 크게 세 가지 방안이 있다. 그러나 우리나라는 민간 부문의 60세 정년이 전면 시행된 지 이제 10년도 안 되었고, 민간의 반발 등을 고려할 때 현 시점에서 공무원 중심의 정년 연장 이야기를 꺼내는 것은 시기상조로 보인다. 현재 민간이나 정부 모두 평균 퇴직 연령이 정년을 조금 밑돌고 있다. 이 점을 고려할 때도 현 시점에서는 정년 연장 이전에 일본처럼 실질적인 근무 기간을 연장하는 일이 더 바람직하다. 한 가지 짚고 넘어갈 중요한 사실은 정년 연장은 꼭 정년에만 방점을 찍어 논의할 필요가 없다는 사실이다. 인력을 효율적으로 활용하는 일에 초점을 두고 폭넓게 논의해야 한다. 이제 사회적 공론화 작업이 필요하다.

정년 연장 논의는 어떻게 진행되고 있을까?

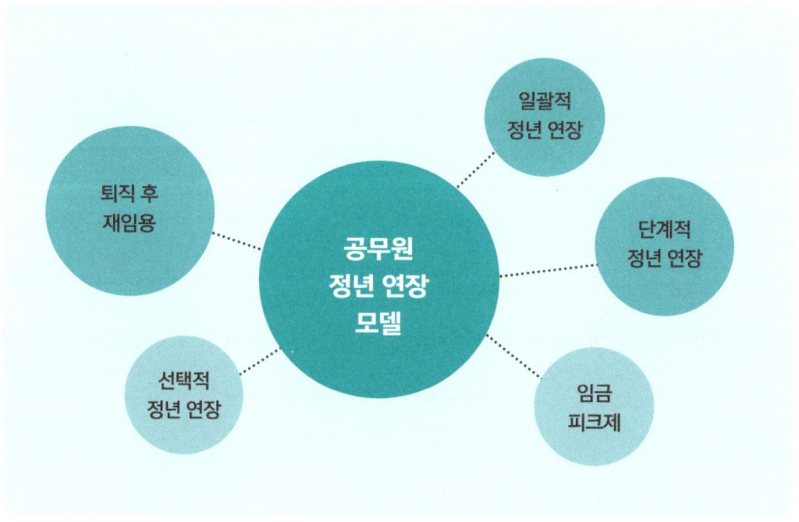

어떤 행동은 나라를 바꾼다

5

MZ 세대에게
전하는
마지막 당부

관리자들에게는 경험에서 우러나온 식견이 있지만,
실무자들에겐 상상에서만 가능한 것들을
제안할 수 있는 패기가 있다.
그 점을 조직 역량으로 활용한다면
어떤 조직이든 창창한 앞날이
기다리고 있을 것이다.

1장

인사혁신을 현실로

1
우리나라 공무원 인사의 현실

인사 운영의 핵심은 사람을 선발하는 일에서 출발하여 사람을 배치, 전보하고 평가하는 일이다. 능력개발을 돕고 승진시키고 보상하는 일 또한 핵심이다. 이중 공무원들이 가장 중요시하는 것이 배치, 전보와 승진이고, 그중에서도 승진을 가장 중요하게 여긴다. 그런데 승진하기 위해서는 좋은 평가를 받아 이미 좋은 보직에 가 있는 상태여야 한다. 그래서 인사철만 되면 승진이 잘 되는 핵심 보직으로 이동하려고 애쓴다. 이를 통해 먼저 승진하려고 하고 보이지 않는 승진 투쟁이 일어난다. 조직마다 나름대로 오랫동안 이어진 시스템과 관행이 있지만, 자리 대비 희망하는 사람이 많아 꼭 규칙대로 흘러가지 않는다. 이 때문에 의외의 발탁이 이루어지고, 유망주가 탈락하는 현상이 자주 발생한다. 그리고 그 이유와 논리가 삽시간에 조직에 퍼진다.

특히 인사권자인 기관장이 바뀌게 되면 조직의 분위기 쇄신을 위해 새로운 인사 기준이 발표되고, 파격 인사가 이루어지는 경우가 많다. 이러한 현상이 반복되면 조직 내 인사운영시스템을 향한 불신이 생기기 쉽다. 각자 인사에서 살아남기 위해 최선의 전략을 짜 실행하게 되고, 인사는 다시 전쟁터가 된다. 계급제적 공직시스템에서는 피하기가 어려운 현상이다.

2
인사를 어떻게 할까?

나는 매주 국무회의에 참석하던 시절, 장관과 기관장들을 만나 몇몇 장관들에게서 어떻게 인사를 해야 잘했다는 말을 들을 수 있냐는 질문을 자주 받았다. 그때마다 내 인사 경험에 빗대어 이야기하며 자주 소통했던 기억이 난다. 그분들은 한목소리로 "인사는 하면 할수록 어렵고, 두렵다. 인사를 잘하려고 노력하면 할수록 저항이 따르고 인사에 대한 평가도 좋지 않아 조직 내 잡음이 생긴다."라고 했다.

그때 나의 대답은 다음과 같았다. "세상에 좋은 인사나 잘된 인사는 없습니다. 좋은 인사, 잘된 인사를 하려고 노력할수록 무리수가 나오게 되고, 인사가 차가운 칼날로 변하게 됩니다. 잘못된 인사, 나쁜 인사를 하지 않는 것이 인사의 본령입니다."

나쁜 인사는 정에 이끌린 인사, 기수에 따른 연공서열 인사, 과거의 인연을 가지고 하는 인사 등을 말한다. 나는 공직생활 동안 수없이 많은 인사권자의 인사를 수없이 보고 경험했는데, 인사를 잘했다고 칭찬받는 인사권자는 거의 보지 못했다. 인사에 대해서 불만이나 뒷말이 거의 나오지 않은 경우가 최고의 평가다. 반면에 "그 사람이 인사를 망쳤다. 그 사람 때문에 조직이 망가졌다. 누구를 어떤 인연 때문에 끌어줬다. 욕 안 먹으려고 그런 사람을 승진시켰다."는 등 잘못된 인사에 대한 이야기는 계속 남아 있다. 잘한 인사라는 말을 듣기 위해 아랫사람 중 실력 있는 사람을 신중히 발탁해야 하지만 그보다도 더 중요한 일이 있다. 바로 해군지마[29]害群之馬를 제외하는 인사다. 능력과 실력이 부족한 사람을 정이나 인연, 관행을 떠나서 과감히 인사에서 배제할 수 있는 결기를 지녀야 한다.

그런데 해군지마害群之馬보다 한 단계 더 중요한 것이 있다. 기존의 잘못된 인사를 시정하는 일이다. 어떤 조직이나 그 조직 내에서 서로 일하기를 기피하며 기회만 있으면 내보내고 싶어 하는 문제 직원, 한 명쯤은 안고 있다. 그런데 내보내고 싶어도 받아주는 데도 없고, 자르고 싶어도 쉽게 자를 수 없고, 본인도 나가려고 하지 않는 경우가 대부분이다. 이런 경우 대부분 문제 직원을 조용히 놔두고 있다가 다음 후임자에게 넘겨주는 방식으로 해결한다. 이러한 일을 당하고 있는 문제 직원은 개선하여 더 나아지지 못한 채 어느 조직에 가나 문제 인물로 남

---

29 '해군지마(害群之馬)'란 무리 가운데서 다른 말들에게 해를 끼치는 말을 뜻하는데, 많은 사람에게 해가 되는 자, 사회에 해악을 끼치는 인물로 풀이할 수 있다.

5 · MZ세대에게 전하는 마지막 당부

기 쉽다. 그리고 이런 몇 사람 때문에 결국 조직은 병들게 된다.

　민간기업이야 문제 직원을 내보내면 그만이겠지만 정부나 공공기관에서는 내보내기가 어렵다. 조직에서 해당 직원을 내보낼 수 없으면 어떻게든 그 조직 안에서 떠안아야 한다. 떠안는 방법은 간단하다. 문제 직원이 어떻게든 조직을 믿고 따를 수 있도록 이끌고 남에게 민폐를 끼치지 않고 제 몫을 하게 만들어야 한다. 인간은 한없이 선해질 수도 한없이 악해질 수도 있으며, 어느 부문에서는 무능하다고 여겨져도 다른 부문에서는 정말 유능해질 수 있다. 해마를 익마로 만드는 작업을 해본 적이 있는가? 문제 직원이 조직에서 어떻게든 성과를 낼 수 있도록 구조를 만들어 주면 된다. 물론 결코 쉬운 일은 아니다. 하지만 그런 노력을 기울여도 해마로 남는다면 그때는 아무리 공공의 조직이라도 내보내기가 쉬워지고, 내보내면 된다.

　나는 그동안 저성과자나 문제가 있는 직원들을 과감히 내보낼 수 있는 인사시스템을 왜 만들지 않느냐는 지적을 수없이 받아왔다. 내가 그런 인사시스템 개발을 외면한 건 절대 아니다. 그런 시도를 여러 번 해봤지만 단 한 번도 성공하지 못했다. 우리 지자체나 외국에서도 그런 시도를 한 사례가 있으나 아직 성공한 모델을 찾지 못했다. 나는 인재원에서 저성과자로 분류하여 보직이 대기된 국장급 고위공무원 20여 명을 대상으로 3개월 정도 성과향상 교육을 시켜 본 일이 있다. 그리고 이들 교육생 중 저성과를 이유로 한 명도 내보내지 못했다.

　너무 중요해서 다시 한 번 강조하겠다. 인사는 잘된 인사, 좋은 인사를 하려고 노력하는 일도 중요하지만 그보다 잘못된 인사, 나쁜 인사를 하지 않도록 애써야 한다. 나쁜 인사를 한 번 해놓으면 두고두고 조직에 부담을 준다. 그뿐만 아니라 인사를 통해 변화와 혁신을 이끌어 내고 성과를 창출해야 한다. 이 과정에서 저항과 아픔이 따르기 마련이다. 차가운 칼끝을 보여주기보다 직원들의 마음을 헤아리고 보듬을 줄 알아야 한다. 그리고 이런 건 인사시스템이 아닌 인심(人心)이 해결한다.

3
새롭게 만들어 갈 인사시스템은?

인사시스템을 단순하게 사람이 모든 걸 처리하도록 설계하면 실패로 이어질 확률이 굉장히 높다. 사람이 인사를 한다는 의미는 인사 권력을 가지고 있는 인사권자가 특정 인사에 영향력을 행사하거나 좌지우지하는 경우다. 지금까지 인사 하면 흔히 생각하는 것이자 대부분의 사람이 생각하는 관념이다. 인사가 만사라는 말이 있다. 실제 대통령이나 장관, 혹은 기관장 정도 되면 본인이 쓰고 싶은 사람을 쓸 수 있고 큰 결격 사유만 없다면 등용해야 하지 않느냐는 분위기가 형성되어 있다. 틀린 말은 아니다.

다만 30여 년 인사를 해 온 결과, 아무리 공평무사한 인사 철학을 가진 사람도 정에 이끌린 인사, 고생에 대한 보은 인사의 덫에서 쉬이 벗어나지 못한다는 사실을 배우게 되었다. 또한 대부분의 사람은 "나도 그 자리에 가면 그만큼은 할 수 있어… 자리가 사람을 만드는 거야.", 이렇게 생각한다. 사람이 인사를 하면 위인설관하게 되어 있다.

그래서 사람이 주도하는 인사, 사람 중심의 인사에서 시스템이 주도하는 인사, 직무(일) 중심의 인사로 바꿔야 한다. 이제는 인사를 바라보는 관점을 사람에서 일 중심으로 확실히 전환해야 한다. 적재적소의 인사가 아니라 적소적재의 인사를 하자는 것이다.

"적재적소, 적소적재. 다 같은 이야기 아니냐, 웬 뜬금없이 말장난 같은 적소적재의 인사를 얘기하냐? 뜬구름 잡는 이야기 그만해라."라고 반문하는 사람도 있을 것이다. 하지만 위인설관의 바른 의미를 알고 그런 말을 하는지 되묻고 싶다. 역사적으로 인사에서 가장 많이 비판받아 온 위인설관 인사에 대해서 잠시 생각해 보자.

어떤 기관장이나 관리자건 간에 그 위치에 올라가면 알게 된다. 본인을 잘 따르는 사람이 있고, 또 본인이 키워주고 싶은 사람이 있고, 또 능력이 뛰어나 조직에 활용하고 싶은 사람이 있기 마련이다. 그래서 이런 사람들을 위해 어떤 자리를 줄 것인가, 어떤 일을 맡길 것인가를 고민하게 되는데 이게 적재적소의 인사이며 위인설관의 인사다. 그런데 현실에서는 사람의 능력이나 자격을 먼저 고려하지 않고, 이런 적재적소의 인사를 포장해서 자기가 좋아하는 사람, 자기편인 사람, 자기에게 이익을 주는 사람, 자기를 잘 따르는 사람, 자기가 챙겨줘야 할 사람을 적당한 직위에 인사하는 모습으로 많이 나타난다. 위인설관 인사의 전형이다.

모든 인사 문제는 여기에서 출발한다. 물론 사람 사는 세상에서 이런 사람을 100% 배제하고 인사할 수는 없겠지만 적어도 그 직위를 가장 잘 수행할 수 있는 사람은 어떤 사람인지 먼저 판단해야 한다. 그 후 해당 직위에 적합한 사람을 찾는 일이 인사의 기본 원칙으로 자리 잡아야 한다. 인사를 할 때 사람을 앞세워서 고려하는 것이 아니라 직위의 종류, 특성, 난이도, 책임 등을 먼저 고려한다. 그 후 해당 직위에 가장 적합한 사람을 찾는 순서로 인사를 하자는 것이다.

어떤 자리에 적합한 사람이 있을 뿐이지 자리가 사람을 만든다는 말은 내 경험상 허구다. 지금 그 사람이 지닌 역량과 능력으로 해당 직위에 적합한 사람인지, 소임을 잘 수행할 수 있는 사람인지 냉철한 판단이 필요하다. 특히 부서장급 이상의 관리직은 그 한 사람의 역량이 바로 조직의 역량이 되고 직원들의 성과를 좌우한다. 이러한 측면에서 바라보며 인사할 필요가 있다. 조선시대의 실학자 이익도 인사혁신의 한 방법으로 위관택인을 언급했다(『성호사설』 인사편). 위관택인은 곧 적소적재의 인사 철학이다.

그 직위에 적합한 사람이 주변에 있으면 정말 좋고, 또 필요하면 가능성을 보고 사람을 키우는 인사도 필요하다. 중요한 것은 인사권자는 이 위인설관 인사의 유혹에 빠지지 않도록 노력해야 한다. 그러기 위해서는 객관적이고 공개적인 인사시스템을 만들고, 다른 사람들의 이야기를 충분히 들어야 한다. 예를 들어 나는 인사혁신국장이나 노사협력관 등 중요 직위의 인사를 할 때 기자들이나 경찰정보관, 업무파트너 등의 의견까지 모두 들어보려고 애썼다.

위관택인, 적소적재의 인사를 하려면 그에 걸맞은 추천 시스템이 필요하다. 사실 대통령실이나 각 행정기관에 기관장의 인사를 보좌하기 위한 인사 추천위원회, 승진 심사위원회 등이 설치되어 있다. 또한 다양한 인사 추천 제도를 운영하고 있는데, 대표적으로 인사 대상 직위의 수요 조사, 인사 사전예고제, 의견 조사, 직위공모제 등이 있다. 이러한 인사 추천 시스템이 제대로 작동만 하면 자연스럽게 좋은 인사, 잘된 인사가 이루어진다. 시스템이 제대로 굴러가려면 인사권자는 직원들에게 이러한 인사 추천 시스템이 원활히 돌아가고 있다는 신뢰를 줘야 한다.

어떤 행동은 나라를 바꾼다

2장

성공하고 싶다면 냉소와 싸워라

1
자긍심과 헌신

　우리나라는 동아시아의 유교적 전통 아래 관료 중심 사회로 국가 체제를 운영해왔다. 70~80년대까지만 해도 시장경제의 발전이 더뎌 자원의 생산과 분배를 모두 관에서 독점하는 형국이었다. 따라서 관료가 되는 것은 사회적 성공을 위한 유일한 통로였고, 마을 잔치를 벌일 정도로 온 집안의 자랑거리였다.

　현대에는 시민사회의 발달, 시장경제의 성숙 등으로 인해 다양한 행위자가 등장하면서 다행히 관료 중심 사회의 틀에서는 벗어났다. 하지만 국가적인 대응이 중요한 각종 사회 재난이 지속적으로 발생하면서 오히려 적극적인 정부의 역할을 기대하는 목소리가 높아졌다.

이미 우리나라 행정 서비스의 수준은 국제사회에서 그 우수성을 입증받은 상태다. 특히 국민 생활과 직접적으로 관련 있는 민원 서비스는 단연코 세계에서 가장 빠른 국가 중 하나가 바로 대한민국이다. 해외에서 귀국한 이들은 우리나라의 민원 서비스가 이렇게 빠르고 심지어 집에서도 가능하다는 사실에 놀라움을 금치 못하며 입을 모아 칭찬한다.

우수한 행정 체계를 갖춘 만큼 우수한 자원들이 공적 업무에 자부심을 느끼며 공공 부문에 종사하고 있다. 공직 선택의 동기에서 자부심이 차지하는 비중은 여전히 다른 이유에 비해 가장 높은 편이다. 그도 그럴 것이 공직에 입문하는 이들의 평균적인 학업 수준 등을 볼 때 충분히 민간 부문에서 능력을 발휘할 수 있는 사람들이기 때문이다. 즉, 사적 이익 추구라는 동기를 넘어 직업적인 보람을 선택한 공무원들이 아직도 대다수라는 것이다. 보람과 자긍심이야말로 공직문화를 지탱하는 원천이다.

2
어제와 오늘이 다른 공직문화

시간이 흐르면서 국민이 바라고 바라보는 공직문화도 바뀌게 되었다. 두 기사는 '시보 떡'을 바라보는 상반된 시각을 잘 드러낸다. 첫 번째 기사는 2008년에 작성된 것으로, 시보 떡이야말로 바람직한 공직문화의 대표적인 사례라며 추켜세우고 있다. 반면, 2021년에 작성된 두 번째

어떤 행동은 나라를 바꾼다

기사에서는 시보 떡을 공직사회의 문화 지체를 상징하는 악습으로 몰아세우며 당장 없어져야 할 폐단으로 묘사하고 있다.

#1

OO세무서 신입들, "선배님 고맙습니다."…식혜로 답례(2008.7.11.)

… 신규 직원들이 십시일반으로 모은 돈으로 떡과 식혜 등을 구입해 이른 아침 출근하는 선배들에게 나눠주면서 '아는 만큼 든든한 후배가 되겠습니다.'라고 자신에 찬 각오도 밝히는 등 눈길을 끌었다. … O 서장은 이어 "직원 상하간 가장 중요한 것은 대화와 소통"이라며…

#2

"없어져야 할 문화"…공무원 울린 '시보 떡' 논란(2021.2.18.)

공무원 '시보 떡' 문화에 대해 전해철 행정안전부 장관이 "확인해 보겠다"고 나선 가운데 그들만의 문화에 관심이 쏠린다. 17일 전 장관은 국회 행정안전위원회 업무 보고에 참석, OO 의원이 "시보 떡 관행에 부정적인 의견이 압도적"이라고 말하자 이같이 답했다.

불과 13년의 시차를 두고 공직문화를 바라보는 시선이 극명하게 바뀌어 버렸다. 현재 대한민국의 공직문화는 국민이 바라는 모습을 담고 있는 그릇일까. 아니면 내부적으로도 정리정돈이 되지 않아 세대 간 갈등을 양산하고만 있는, 당장 깨버려야 할 낡은 그릇일까.

3
법 만능주의

　법에 의한 행정은 행정의 기본 원리다. 특히 산업화 시기 우리나라에서는 공권력이 앞장서서 시민들에게 불법 행위를 일삼은 불행한 역사가 있어, 민주화 이후 관료 사회에는 법과 규정을 지키는 행정이 더욱 중요한 가치로 자리매김했다.

　무엇이든 지나치면 해가 된다. 기본적으로 법과 규정을 만들고 고치는 데에는 국회와의 합의가 필요하기에 시간이 오래 걸리고 절차도 복잡하다. 그래서 때를 놓치기 일쑤다. 법만을 적용했을 때 오히려 그로 인한 피해가 시민에게 돌아가는 경우가 적지 않다.

　법이나 규정은 사람들이 원활하게 살 수 있도록 사회를 뒷받침하며 지원하는 시스템이다. 법이 있고 나서 사회가 생긴 것이 아니라, 사회를 위해 법을 만든 것이다. 하지만 법을 집행하는 개인의 입장에서는 법을 중심으로 생각하게 된다. 왜냐하면 법대로만 하면 더 잘될 것도 잘못될 것도 없기 때문이다. 이렇듯 위험을 회피하며 법과 규정만을 최우선시하는 법·규정 만능주의가 생겨난다.

　법에 의한 행정, 다시 말해 법치 행정이 일어나는 이유는 무엇일까? 똑같은 것을 똑같게 다른 것을 다르게 받아들여 행정의 공정성과 신뢰를 높이기 위함이다. 최소한의 합리성과 공정성이 담보되지 않을 때 제도의 신뢰도는 추락한다. 물론 사회 변화의 속도가 전에 없이 빨라진 오늘날, 법과 규정이 현실과의 마찰을 일으키기도 한다. 하지만 그런 것보다 진짜 문제는 따로 있다. 제도의 본 취지를 잊고 법과 규정의

어떤 행동은 나라를 바꾼다

표면적인 내용만을 금과옥조로 받아들이는 관료의 마음가짐이다. 이런 마음가짐이 공직사회를 지배하게 되면, 공직문화는 경직되고 위축될 수밖에 없다.

4
끝이 없는 보고와 회의

보고는 공직사회의 업무 도구 중 하나로 바람직한 의사결정을 위해 집단지성을 활용하는 일이다. 기본적으로 보고는 방편이자 도구지, 보고 자체가 목적이 아니다. 하지만 공직사회의 수직적인 계급 문화로 인해 보고의 단계가 증가하고, 보고 그 자체가 목적이 됨으로써 비효율을 양산한다. 중간 관리자는 상급자에게 보고하여 눈에 들 기회를 잡기 위해 실무자에게 보고서를 예쁘게 꾸미도록 시킨다. 이에 따라 보고서의 내용이 아닌 형식을 고치느라 엄청난 시간 낭비가 발생한다. 촘촘한 보고 단계에서 누군가의 판단 오류로 보고서를 아예 새로 작성해야 하는 상황이 올 수도 있다. 그간 실무자가 밤새도록 들인 노력은 물거품이 되고, 무한 증식하는 보고 단계는 실무자를 더욱 지치게 만든다.

회의도 마찬가지다. 회의는 쟁점에 합의가 필요한 경우 함께 모여 합의 사항을 결정하고 일을 순조롭게 진행하기 위한 업무 도구다. 하지만 정작 그 회의를 위한 회의 자료를 멋지게 만드는 데에 지나치게 많은 역량을 소모하는 것이 문제다. 우여곡절 끝에 보고와 회의를 마치면, 통상 상급자의 의사결정이나 추가적인 지시 사항이 내려온다. 여기서 하급자는 그 지시 사항을 금과옥조로 받아들여서는 안 된다. 장차관도 한 명의 사람에 불과하기 때문에 인지 능력에 한계가 있다. 사실은 직위가 더 올라갈수록, 만나서 허심탄회하게 이야기를 나눌 사람도 적어지고 현장 경험이 줄어들기 때문에 오히려 식견이 좁아질 수도 있다. 지시 사항에 반영해야 할 것이 있으면 합리적인 반론을 제기하는 일이 오히려 상급자의 위험 부담을 줄여주는 행위다.

계급제인 공직사회는 세부적으로 품의제稟議制라는 제도를 지닌다. 품의제의 사전적 정의는 행정부의 각 부처나 기관들이 내부적으로 의사 결정을 진행하는 절차에서 상관의 결재를 받기 위해 의논하는 제도다. 품의제는 다단계의 의사 결정을 통해 정책의 완성도를 높이는 데에 목적이 있다. 즉, 업무 현장에 있는 실무자의 생각과 의사결정자의 생각이 맞아떨어지도록 의견을 조정해 가는 것이 보고와 회의의 목적이다. 그러려면 일이 잘되도록 만드는 게 최우선이다. 이를 위해서 구두로 쟁점 사항을 미리 확인하거나 급한 상황에서 대면 보고를 기다리다가 때를 놓치지 않게 메신저와 문자로라도 소통하는 일이 필요하다.

관리자는 보고자의 예의와 보고서의 미추를 감별하는 사람이 아니다. 보고 내용이 우리 조직의 정책 방향을 알맞게 담고 있는지, 혹시 모르게 불의의 정책 피해자가 나오지는 않을지 점검하는 것이 그들의 역할이다. 관리자들이 일상에서부터 앞장서서 보고와 회의 문화를 바꿔 나가야 비로소 생산적인 공직문화가 정착할 수 있다.

5
일상 속 눈치 보기

공직사회에는 '공직 O계명', '신임 부서장 관련 참고 사항' 같은 암묵적인 규율이 참 많다. 지금은 그런 문제들이 생기면 바로 지적받는 추세라 그나마 구전되는 정도라면, 예전에는 문서로 만들어 과마다 가지고 있는 경우가 정말 많았다. 누가 어디서 만들었는지조차 정확하지 않지만, 처음 부서에 발령받아 온 직원들은 그 내용을 열심히 숙지하여 내면화하고, 일상에서까지 지키기 위해 노력할 것을 주문받는다.

인사혁신처 차장으로 근무하다가 처장으로 부임하고 나서 한 가지 달라진 점이 눈에 띄었다. 바로 비서실이 생겼다는 것이다. 여느 기관장과 마찬가지로 수행 비서와 일정 비서 등이 비서진을 꾸려 내가 출근할 때마다 반갑게 맞이해주었다. 개인적인 입장에서는 누군가가 업무 보조를 해주면 참 고맙고 든든한 일이지만, 공직문화의 혁신을 담당하는 기관장 입장에서 보면 과한 부분이 없지 않다는 생각이 먼저 든다.

취임 이후 직접 겪은 기관장 비서실의 역할은 정말 다양했다. 기본적으로 타 부처 장차관실과의 사전 업무 연락을 통해 업무 수행을 원활하게 해 주거나 부서 간에 이견이 있을 때 기관장을 대신하여 조정과 소통의 창구가 되어주기도 했다. 언제나 시간이 부족한 기관장에게는 정말 중요하고 필요한 일들이었다.

반면에 기관장이 엘리베이터로 이동 시 버튼 눌러주기, 비 오는 날 우산 씌워주기, 기관장 가방 들어주기 같은 일도 비서실이 해야 하는 역할이었다. 물론 사적인 일로 비서실을 동원하지 않기에 어쩌면 그런

5 · MZ세대에게 전하는 마지막 당부

사소한 역할까지도 공적인 업무로 볼 수도 있지만, 다소 이해가 가지 않았다. 수십 년간 잘만 눌렀던 엘리베이터 버튼이 갑자기 본인에게만 너무 딱딱해져서 혼자 힘으로 누르기 힘들어진 것일까. 수십 년간 챙겨 다닌 업무 자료가 갑자기 무거워져 누가 대신 들어줘야 하는 걸까. 그런 일들을 해 달라고 지시한 사람은 아무도 없지만, 하지 말라고 말린 사람도 그간 없었다고 한다.

기관장이 출근할 때 간부들이 도열한 모습, 일이 없어도 상사의 퇴근 전까지 서로 눈치만 보며 퇴근하지 못하는 공무원들은 이제는 대중문화 속 클리셰로만 나올 만큼 많이 개선되었다. 하지만 꼭 업무 시간에 드러나는 모습뿐만 아니라 업무 외적인 부분에서까지 스스로를 검열하고 감시하는 눈치 보기 문화가 아직도 분명히 공직사회에 잠재해 있다. 누군가가 끄집어내 직접적으로 문제를 제기하지 않으면 아무도 그만할 수 없는 미묘한 현실이자 고질적인 관습이다.

6
공직자의 자긍심을 일깨우는 '적극행정'

적극행정은 한마디로 '국민의 눈높이와 기대를 따라가는 행정'이다. 사회 환경의 급속한 변화에 따라 국민의 눈높이는 계속해서 높아지거나 현실에 맞게 달라진다. 따라서 끊임없이 노력을 기울여야 이에 부응할 수 있다. 우선적으로는 공무원이 업무에 자긍심을 품고 열심히 해야 정책의 효과를 달성할 수 있고 결국 국민 행복으로 이어질 가능성도 높다.

공무원이 된 순간부터 소극행정을 하려는 공무원이 얼마나 될까. 사실 공무원들 모두 처음에는 나름대로 국가와 국민을 위해 열심히 일하고자 하는 봉사심과 자긍심을 품고 공직에 들어온다. 그러나 조직생활을 하다 보면 여러 계기로 인해 자연스럽게 초심을 잊거나 마음 한구석에 제쳐두고 살게 된다. 그 마음속에 있는 것들을 계속 끌어낼 수 있도록 자극해주는 게 중요하다.

업무에서 보람을 찾을 수 있게 아주 작은 성과라도 계속 칭찬하고, 또 소극적인 대응으로 일관하거나 잘못한 일이 있으면 그에 상응하는 대우를 받는다는 원칙을 지속적으로 일깨워줘야 한다. 즉, 입직할 때의 초심을 기억하도록 제도적 장치를 만드는 것이다. 인사혁신처는 그동안 우수 공무원을 뽑아 적극 포상하고, 실수가 있어도 보호해 주는 제도를 정착시켜 왔다. 적극행정을 하면 반드시 보상을 받는다는 인식을 공직사회 내에 심기 위해서였다.

또 공직사회에서는 성공적인 적극행정을 위해 적극행정위원회를 두고 있다. 적극행정위원회는 법령 미비 등으로 업무 추진이 어려울 때, 의사결정의 활용을 지원 해 주는 제도다. 다행히 적극행정위원회 도입후 회부된 안건 수가 연 200~300여 건을 유지하고 있다. 적극행정이 공직사회에 잘 스며들고 있다는 증거다. 과거에는 가만히 앉아 있을 수밖에 없던 것을 지금은 해보겠다고 나설 수 있게 되었다.

적극행정은 거창한 것이 아니다. 업무의 크고 작음을 떠나서 국민의 입장에서 한 번 더 생각해 보는 것이 적극행정이다. 그동안 매 정부마다 적극행정을 구호로 외쳐 왔지만, 본격적으로 이를 제도화한 건 이번이 처음이다. 2019년에 제도화, 2020년은 공직 내 확산, 2021년에는 국가공무원법에 법제화까지 완료했다. 나는 적극행정이 더 이상 구호로만 남지 않고 공직문화의 하나로 자리 잡을 수 있게 인사혁신처의 차장, 처장을 거치며 지속적으로 노력했다고 자부한다.

공무원의 고용주는 국민이다. 국민들은 자신이 고용한 공무원들이 신바람 나게 일할 수 있도록, 잘한 일은 칭찬하고 관심을 둘 필요가 있다. 반면에 일탈하거나 복지부동하는 공무원에게는 그 잘못된 인식을 깨 줄 필요도 있다. 한편, 공무원들도 국민들이 그렇게 해주기를 바라고 있다. 왜냐하면 대다수의 공무원은 성실하게 일하는데, 소수의 일탈 행위로 인해 국민들이 공직사회와 공무원에 대해 잘못된 인식을 지니는 것이 달갑지 않기 때문이다. 근래 공직사회의 일탈 행위에 대하여 국민들이 부정적으로 바라보는 것만큼이나 내부적으로 공무원들도 문제가 있다고 생각한다.

인사혁신처는 그동안 적극행정의 제도화를 위해 다양한 작업을 실시했다. 나는 적극행정을 한 공무원은 보호와 보상을 받고, 소극행정은 엄벌에 처하는 제도까지 확립되었다고 자부한다. 앞으로도 공직사회에 적극행정이 물 흐르듯 잘 스며들어 전반적인 대국민 서비스와 정책의 품질이 제고될 것이라고 기대한다.

공무원 개개인이 적극행정을 무리 없이 실천하기 위해서는 입무에 대한 자긍심만으로 해결되지 않는다. 최소화된 법령과 규정이 전제되어야 한다. 공무원은 법에 따라 업무를 하는 존재다. 따라서 예컨대 직권남용 혐의처럼 법으로 인해 오히려 피해 보는 행위가 일어날까 봐 법의 테두리 안에서 소극적으로 행정을 할 수밖에 없는 것이 현실이다.

따라서 우리의 행정이 실질적인 적극행정으로 나아가기 위해서는

어떤 행동은 나라를 바꾼다

사사건건 법령으로 처리하는 것보다는 상황 변화에 탄력적인 업무 매뉴얼과 가이드라인을 중심으로 유연하게 대처해야 한다.

7
상급자의 내려놓기

『88만원 세대』의 저자로 유명한 경제학자 우석훈은 그의 책『민주주의는 회사 문 앞에서 멈춘다』에서 직장 민주주의의 달성 조건과 가능성을 진단하고 있다. 그가 생각하는 조직문화 혁신과 직장 민주주의를 한 문장으로 표현하면 '말단 직원이 억지로 웃지 않는 것'이다. 실로 그렇다. 말단 직원은 아무리 재미없는 유머에도 조건 반사적으로 웃을 수밖에 없는 것이 공직과 민간을 막론한 우리나라의 현실이 아닐까. 마음 편한 직장생활을 위해서는 많은 고민과 전략이 필요하다. 원리는 단순하다. 조직 내에서 많이 가진 자가 하나씩 내려놓는 것이다. 일상에서 내려놓을 수 있는 것들은 얼마든지 많다.

최근 국내 민간 분야에도 조직문화 혁신의 바람이 불었다. 삼성전자는 5년 전부터 부서 내 직급별 호칭을 '프로'와 '팀장' 단 두 개만으로 정리한 바 있다. 많은 기업이 직장 내에서 직위 고하와 관계없이 상호 존댓말을 사용하도록 권고한다. 언뜻 사소한 일이라 생각할 수도 있다. 하지만 문화라는 것이 결국 사람과 사람 사이의 소통 방식이라는 점에서 모두 의미 있고 또 바람직한 시도라고 생각한다.

나는 인사혁신처장 시절에 활기찬 공직문화를 조성하기 위해 여러

가지 선도적인 노력을 시도했다. '조직문화 10대 개선 과제'를 시작으로 중앙부처 최초로 '리버스 멘토링(역으로 지도하기)'을 도입하여 운영해 봤다. 또한 취임한 이후부터 처장 집무실을 벗어나 과에 직접 찾아가 업무 현안을 나누는 '처장이 간다'라는 프로그램도 실천했다.

조직문화를 바꾸기 위한 10대 과제는 구성원들이 일상적으로 가볍게 받아들이고 실천에 옮길 수 있도록 최대한 간결한 문구로 만들었다. 10개나 되는 개선 과제를 한 번에 실천하기는 쉽지 않기에 한 달에 한두 개씩만 선정해서 인사혁신처 내부망 팝업창에 게시했다. 과제당 즉각 실행에 옮길 수 있는 키워드도 3개씩 선정했다.

인사혁신처 조직문화 10대 개선과제

1 눈치야근은 그만하게	6 보고는 간결하게
2 휴가는 자유롭게	7 칭찬은 계속되게
3 근무는 유연하게	8 팀워크는 견고하게
4 식사는 자유롭게	9 불필요한 일 버리게
5 회의는 똑똑하게	10 관계는 평등하게

어떤 행동은 나라를 바꾼다

리버스 멘토링, 다른 말로 '역逆으로 지도하기'는 전통적인 멘토링 (직장 선배가 멘토, 직장 후배가 멘티가 되어 선배가 후배의 조직 적응 등을 돕는 OJT 기법)과는 반대로, 조직 내 간부가 멘티가 되어 젊은 세대의 문화를 배우고 적응하는 재사회화 방법이다. 이 기법은 미국 GE^{General Electric}사의 잭 웰치^{Jack Welchi} 회장이 도입한 인적자원 관리 도구다. 그는 1990년대 후반 영국 출장 중 말단 직원으로부터 인터넷의 중요성에 대한 설명을 듣고는 500명의 임원들에게 "후배에게 직접 인터넷 사용법을 배우고 멘토로 삼으라."고 지시했다. 물론 잭 웰치 본인도 20대 직원의 멘티가 됐다. 일찌감치 '디지털 전환'의 필요성을 절감하고 혁신적인 조치를 단행한 것이다. 관리자들에게는 경험에서 우러나온 식견이 있지만, 실무자들에겐 상상에서만 가능한 것들을 제안할 수 있는 패기가 있다. 그 점을 조직 역량으로 활용한다면 어떤 조직이든 창창한 앞날이 기다리고 있을 것이다.

GE사보다는 한참 늦었지만, 우리나라 인사혁신처에서도 중앙부처 최초로 국장급 이상 전원이 멘티로 참여하는 리버스 멘토링을 실시했다. 최근에 MZ 세대의 성향과 특징이라고 하는 것들을 언론으로만 접했다가 직접 리버스 멘토링에 참여해 보니 정말 젊은 직원들과 생각하는 방식이 다르다는 점을 피부로 느낄 수 있었다. '본캐(본래 캐릭터, 공적인 자아)'와 '부캐(부가 캐릭터, 사적인 자아)'를 넘나드는 젊은 세대의 사고 방식과 삶이 부럽게 느껴지는 시간이었다.

리버스 멘토링

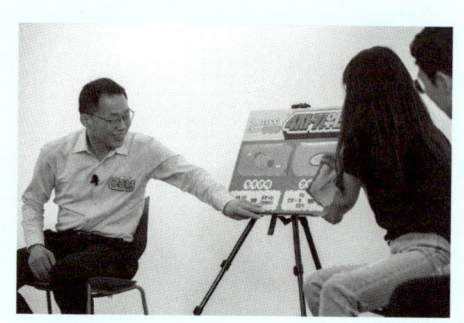

메타버스를 통한 만남

마지막으로 '처장이 간다'를 시작한 이유는 아주 간단하다. 일반 직원들은 처장실에 올 수 있는 기회가 거의 없기 때문이다. 조직 내에서 차장으로 업무를 수행하다가 처장이 되고 나니 업무적으로도 업무 외적으로도 직원들과 얼굴 볼 기회가 거의 없어졌다. 터놓고 얘기하고픈 마음으로 처장실 앞에 팻말까지 내걸었다. 팻말에는 내 이름인 '우호'와 '우호적이다'라는 단어를 활용하여 중의적인 의미가 깃든 '우호적으로 듣겠습니다'라는 말을 썼지만, 직원들 입장에서는 망설여질 수밖에 없는 공간이겠거니 싶었다.

그래서 직원들 얼굴도 보고 인사도 나눌 겸 직접 찾아가기로 했다. '처장-직원 간 간담회' 같은 일회성 행사는 의미가 없고 오히려 부서 입장에서는 부담이 될 것을 알기에 부서의 보고 건이 있을 때 장소를 옮겨 부서에서 보고를 받기로 했다. 그냥 가면 서운해 할지 몰라 선물도 좀 챙겨서.

8
성공하고 싶다면 냉소와 싸워라

GE사 잭 웰치의 조직혁신 사례는 문화 관리의 중요성에서 빼놓지 않고 언급되는 고전적인 사례이다. 기존의 조직혁신은 일명 구조조정으로 불리는 대규모 인력 감축[30]이나 제품의 가격 경쟁력 확보를 위한 여러 비용 절감 조치를 뜻하는 것이었다. 반면 GE는 성과 관리를 혁신하고 재직자의 재교육을 강화하는 등 다양한 조치를 통해 일하는 방식을 바꿈으로써 수십 년에 걸쳐 문화적인 체질을 개선한 것으로 평가받는다.

---

30 물론 잭 웰치가 이와 같은 고전적인 방법을 사용하지 않은 것은 아니다. 오히려 너무나 많이 사용했다. 잭 웰치의 파괴적인 인력 감축 정책을 중성자탄(건물은 남기고 생물체만 죽이는 무기)에 비유하여 중성자탄 잭(Neutron Jack)이라는 별명이 생겼을 정도다.

그렇다면 우리 공직사회도 문화 혁신을 이루어낼 수는 없을까? 물론 우리 공직사회와 GE사는 많이 다르다. 우리 공직사회는 신분 보장이 비교적 강한 직업공무원들로 구성된 계급제적 조직을 운영하고 있어 인력을 대규모로 조정하는 일이 어렵다. 예산, 법령, 국회라는 활동 반경이 명확히 설정된 상태에서 움직이기 때문에 점증적인 정책 변동만이 허용된다. 업무적으로도 이윤과 비용이라는 단순 기준으로 평가할 수 없는 공적 업무를 수행하고 있다. 우리에게 주어진 유일한 혁신의 척도는 구성원이 보람을 지니고 행복하게 일할 수 있는 직장을 만들어낼 수 있느냐 하는 것이다.

개인적으로는 그간 과장으로, 실·국장으로 공직에서 근무하며 담당 부서의 조직문화를 수평적으로 만들기 위해 진심으로 노력해 왔다. 의전은 최소화하고, 직원들에게 대접받기보다는 직원들에게 해줄 것이 없는지 고민함으로써 최소한이라도 문화 개선을 하고자 했다. 돌아보건대, 조직문화 개선의 가장 강력한 적은 조직 구성원들의 냉소다. "그게 그렇게 한다고 바뀌겠어? 소용이 있겠어?" 누구나 바람직한 조직문화가 조직 성과에 긍정적인 영향을 미치리란 생각은 하지만, 그것을 실제로 입증하기는 쉽지 않다.

그런데 여러 연구 결과에 따르면 조직문화 개선이 정말 소용 있는 일이라고 한다. 2015년 미국의 한 학회Journal of Organizational Behavior에 재미있는 연구가 소개되었다. 한 자동차 프랜차이즈 대리점의 조직문화와 고객 만족도, 매출액과의 상관관계를 분석한 결과, 바람직한 조직문화가 조직 성과에 기여한다는 것을 실제로 입증한 것이다. 더욱이, 그 결론에 부친 구체적인 설명이 문화 혁신에 중요한 화두를 던진다.

연구진에 따르면 조직문화가 개선되었을 때 당해 연도의 고객 만족도는 증가하지 않았다. 조직문화 개선의 효과는 1년 또는 2년 후에 직접적으로 나타났는데, 문화 개선이 고객 만족도와 판매량을 증가시키는 데 기여한 것이다. 문화가 구성원들의 사고방식을 변화시키고, 달라진 사고방식이 행동의 변화로 나타나는 데에 수년이 걸린다는 뜻이다. 지금 당장은 효과가 없어 보이는 시도가 2030년대 한국 공직사회를 바꾼다. 겁먹지 말고 일단 시도하자.

공무원들이 행복하게
일하는 모습을 그리며

나는 대한민국 공무원이나 직장인들이 모두 자기가 좋아하고, 하고 싶고, 잘하는 일을 신나게 하면서 행복하게 살았으면 좋겠다. 이게 내가 꿈꾸는 세상의 한 단면이다.

우리나라 전체 취업자 수는 2,700~2,800여만 명이다. 우리나라가 세계 10대 경제대국이자 G20국가가 되었다는데 우리 국민들의 행복지수는 OECD 38개 국가 중 최하위권인 36위에 머물고 있다. 한국보다 훨씬 가난하거나 열악한 환경에 속한 국가의 사람들 중 행복을 느끼는 사람들이 참 많은데 우리나라 사람들은 행복하지 않다는 현실이 이상하지 않은가?

나는 한국 특유의 계급 의식이 강한 문화에서 그 이유를 찾는다. 계급은 흔히 사회적 위치나 지위로 표현된다. 사람의 가치가 돈이나 권력, 사는 동네나 집, 다니는 직장, 하는 일이나 직급으로 매겨진다. 한국에서는 이를 기준으로 끊임없이 자신과 타인을 비교하면서 살고 있다. 결국 비교의 기준이 계급이다. 과거 절대왕정 시대, 신분제 사회에나 통용되던 계급이 폐지된 지가 언제인데 아직도 우리는 계급을 머리와 마음속에 달고 사는 것이다. 우리 직장인들이 직장 내 신분 상승의 일종인 승진에 목매는 이유다. 하지만 사람은 특정한 기준을 통해 가치를 매길 수 없다는 사실을 기억해야 한다. 사람은 사람 그 자체로서 소중하다.

거의 모든 사람은 일에서 존재의 가치를 찾는다. 세상에 가치 있는 일과 가치 없는 일, 좋은 일과 나쁜 일을 무 자르듯 정확히 구별할 수 없다. 내가 이 일이 좋아서, 하고 싶어서, 잘할 수 있는 일이라서 하는 것이 가장 가치 있고, 가장 바람직하다. 이제 그렇게 만들어 가 보자. 다행히 시대도 그런 걸 원하고 있다. 공무원 조직과 공공기관, 민간기업을 막론하고 우리 조직에서 20~30대 디지털 세대의 비중이 이미 절반을 넘어섰다. 디지털 세대에게 계급제는 창살 없는 감옥이다. 이제 계급에 연연하지 않고 진정 일에서 존재의 가치를 느끼도록 해 주자!

이 책을 꼭 써야 하는지 고민을 많이 했다. 기라성 같은 공직 선배들이 왜 공직사회와 공직시스템 개혁을 주제로 글을 쓰지 않았는가에 대한 질문도 많이 해 봤다. 괜히 잘못 건드렸다가 후배 공무원들에게 혼란만 주지 않을까 하는 걱정도 여전하다. 인사혁신처 차장과 처장 시절에는 정작 이런 개혁을 하지 않고 퇴직 후에 개혁하자고 주장하는 것은 무책임한 행동이 아닐까, 라는 생각도 들었다. 그러나 현행 공직시스템을 갖고 2030년대 이후, AI와 본격적으로 공존하는 시대에 진입한다면 대한민국의 재앙이 될 수 있다는 생각이 들었다. 이와 더불어 최근 공직사회가 얼어붙고 무너져 가는 모습을 보면서 더 이상 가만히 있을 수가 없었다. 나는 용감하게 책을 쓰기로 결심했다. 공무원 출신이자 인사혁신처장까지 한 사람으로서 책임감이 컸다.

그러나 정책으로 바로 이어질 수 있는 대안을 공개적으로 제시하는 일은 대단한 용기를 필요로 한다는 것을 알았다. 이 대안이 수용할 만하고 실행 가능한지, 합리적인 수준인지 누구도 자신할 수 없기 때문이다. 그러나 누군가 한 명은 나서서 대안을 제시해야 그 이후에 더 구체적인 논의가 진행되고 보다 많은 사람이 동의하고 수용할 수 있는 합리적인 정책이 나온다. 그런 의미에서 이 책은 공직사회 시스템 개혁을 향한 담론을 형성하기 위한 목적으로도 썼음을 밝힌다. 어떤 제도나 시스템이 정말 바뀌려면 먼저 이에 대한 사회적인 논의와 더불어 사회 이슈로 발전해야 한다. 전문가와 시민 다수가 해당 이슈에 주목하고 개선이 필요하다는 공통 인식을 지녀야 하기 때문이다. 이 과정까지 오면 행정학자들의 역할이 중요해진다. 나는 행정학자들의 역할을 기대하며 글을 써 내려갔다.

이 책을 누가 읽어 줄까 하는 고민이 든 적도 있다. 내용이 다소 전문적일 수 있어 처음에는 정책을 제언하는 책으로 내 볼까도 생각해 봤다. 하지만 학문적인 지식이나 배경이 미흡한 나 같은 사람이 그런 글을 쓰는 것 자체가 오만이라는 생각이 들었다. 그래서 공직생활 중 직접 경험하고 느꼈던 것을 투박하고 정제되지 않은 그대로 쏟아내기로 했다.

내가 첫 번째로 생각하는 독자는 대통령, 국회의원, 장차관, 공공기관 임원이나 고위 관료 등 대한민국 정부에 몸담고 있거나 연결고리가 큰 사람들이다. 이 분들은 새로운 공직시스템을 만들어 줄 의무가 있는 사람들이다. 공직자들이 국가와 국민을 위해 기쁘게 움직일 수 있는 공직시스템을 설계해 우리 공직 세계를 환히 밝히고 공무원들의 앞날을 창창하게 열어줘야 한다. 우리 공직자들이 시대에 뒤떨어지고 낡은 공직 시스템 하에서 제대로 일해주기를 바라는가?

두 번째 독자는 오늘도 공공의 이익을 위해 열심히 일하는 220여만 공직자들이다. 이 사람들은 정부 혹은 공공기관 곳곳에서 하루하루를 성실하게 보내고 있다. 나는 공직자 분들을 진심으로 존경하고 믿는다. 타인과 사회를 위해 일하려고 마음먹은 것만으로도 인정받아야 하는 사람들이라고 생각한다. 나는 이 분들이 공직사회에 대한 문제의식을 가지고 스스로 개혁의 주체가 되어 주기를 바라는 마음이다. 공직자는 자신이 일하는 공직시스템을 잘 모르거나 무심해서는 안 된다. 무엇보다도 공직시스템을 잘 이해하고 있어야 공직에서 성공할 수 있기 때문이다.

마지막으로 공직에 입문한 지 얼마 안 된 사회 초년생들, 공직에 들어오기를 바라는 공직 지망생들, 민간 회사원과 일반 국민들이 나의 귀한 독자들이다. 이 독자들은 정부 행정이 어떻게 움직이고 있는지, 공무원이 어떤 환경에서 어떻게 일하고 있는지 알고 싶을 것이다. 공무원의 보수나 연금, 정년제도 등은 어떻게 되어 있는지, 구체적으로 나의 민원은 어떻게 처리되고 있는지 등에 대해서도 많이 궁금할 것이다. 현황을 밋밋하게 설명하는 것보다는 문제점과 변화 방향을 확실히 짚어주고 풀어서 이야기하는 책이 정부나 공공 부문이 어떻게 돌아가는지 이해하는 데 더 도움이 될 것이라고 자신한다. 정부 돌아가는 것도 모르면서 어떻게 정부를 상대할 수 있겠는가? 모르고 있으면 얻을 것도 못 얻는다.

한편, 글을 쓰면서 30여 년 동안 몸담았던 공직사회와 공무원의 민낯을 그대로 드러내며 쓴소리를 해야 해서 마음이 아프기도 했다. 재직 때 개선 방안을 실행하지 못하고 퇴직 후에 목소리를 내는 건 좀 비겁하지 않나, 라는 자책감도 들었다. 또한 정책 사례나 인사 경험은 대부분 특정인이 연관되어 있어 책에 마음대로 담을 수도 없었다. 그때마다 이제는 공직사회와 공무원이 제대로 평가받았으면 하는 마음과 공무원들이 행복하게 일하는 모습을 그리며 글을 써 내려갔다.

대한민국 공직사회의 발전과 미래를 위해 걱정하며 이 책을 읽어주신 독자들에게 무한한 경의를 표한다.

어떤 행동은 나라를 바꾼다

초판 1쇄 발행일 2025년 4월 23일
초판 3쇄 발행일 2025년 5월 28일

지은이 김우호

발행인 조윤성

편집 추윤영 **디자인** 서진아 **마케팅** 최기현

발행처 ㈜SIGONGSA **주소** 서울시 성동구 광나루로 172 린하우스 4층(우편번호 04791)
대표전화 02-3486-6877 **팩스(주문)** 02-598-4245
홈페이지 www.sigongsa.com / www.sigongjunior.com

ISBN 979-11-7125-814-7 03350

*SIGONGSA는 시공간을 넘는 무한한 콘텐츠 세상을 만듭니다.
*SIGONGSA는 더 나은 내일을 함께 만들 여러분의 소중한 의견을 기다립니다.
*잘못 만들어진 책은 구입하신 곳에서 바꾸어 드립니다.

WEPUB 원스톱 출판 투고 플랫폼 '위펍' __wepub.kr
위펍은 다양한 콘텐츠 발굴과 확장의 기회를 높여주는
시공사의 출판IP 투고·매칭 플랫폼입니다.